# Fahrradlust Rheinland

## 30 Traumtouren

für Pedalritter und E-Bike-Entdecker

**GPS-Daten zum Download**

www.kompass.de/gps

Kostenloser Download der GPS-Daten der im Fahrradbuch enthaltenen Fahrradtouren.

# INHALT



# TOURENÜBERSICHT

ALL DAS MACHT MIR

# Fahrradlust

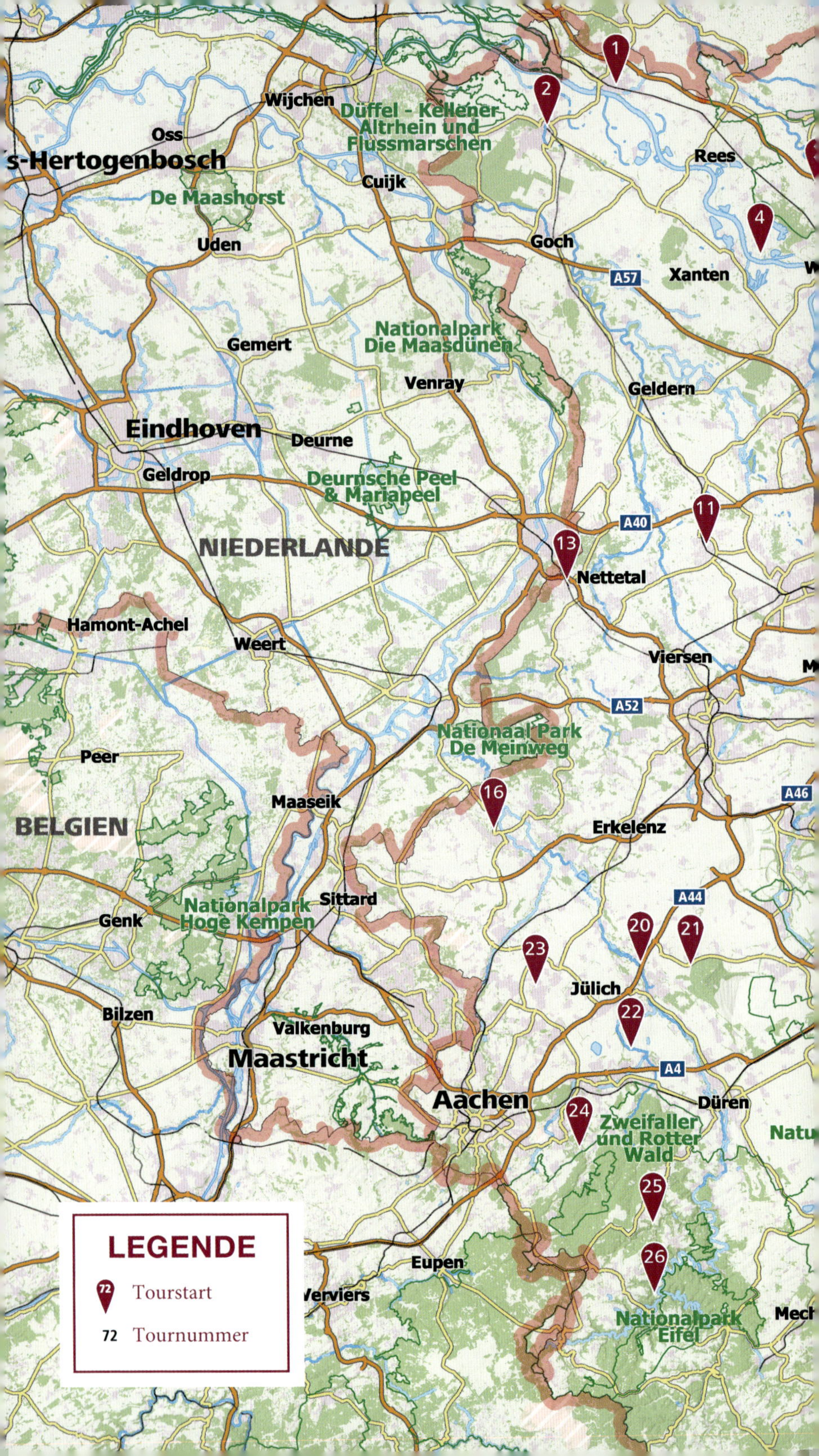

Wijchen
Düffel - Kellener Altrhein und Flussmarschen
Oss
's-Hertogenbosch
Rees
Cuijk
De Maashorst
Uden
Goch
A57
Xanten
Gemert
Nationalpark Die Maasdünen
Venray
Geldern
Eindhoven
Deurne
Geldrop
Deurnsche Peel & Mariapeel
A40
NIEDERLANDE
Nettetal
Hamont-Achel
Weert
Viersen
A52
Nationaal Park De Meinweg
Peer
A46
Maaseik
Erkelenz
BELGIEN
Sittard
A44
Genk
Nationalpark Hoge Kempen
Jülich
Bilzen
Valkenburg
Maastricht
A4
Aachen
Düren
Zweifaller und Rotter Wald
Eupen
Verviers
Nationalpark Eifel
1
2
4
11
13
16
20
21
22
23
24
25
26
LEGENDE
72 Tourstart
72 Tournummer

# ÜBERSICHTSKARTE

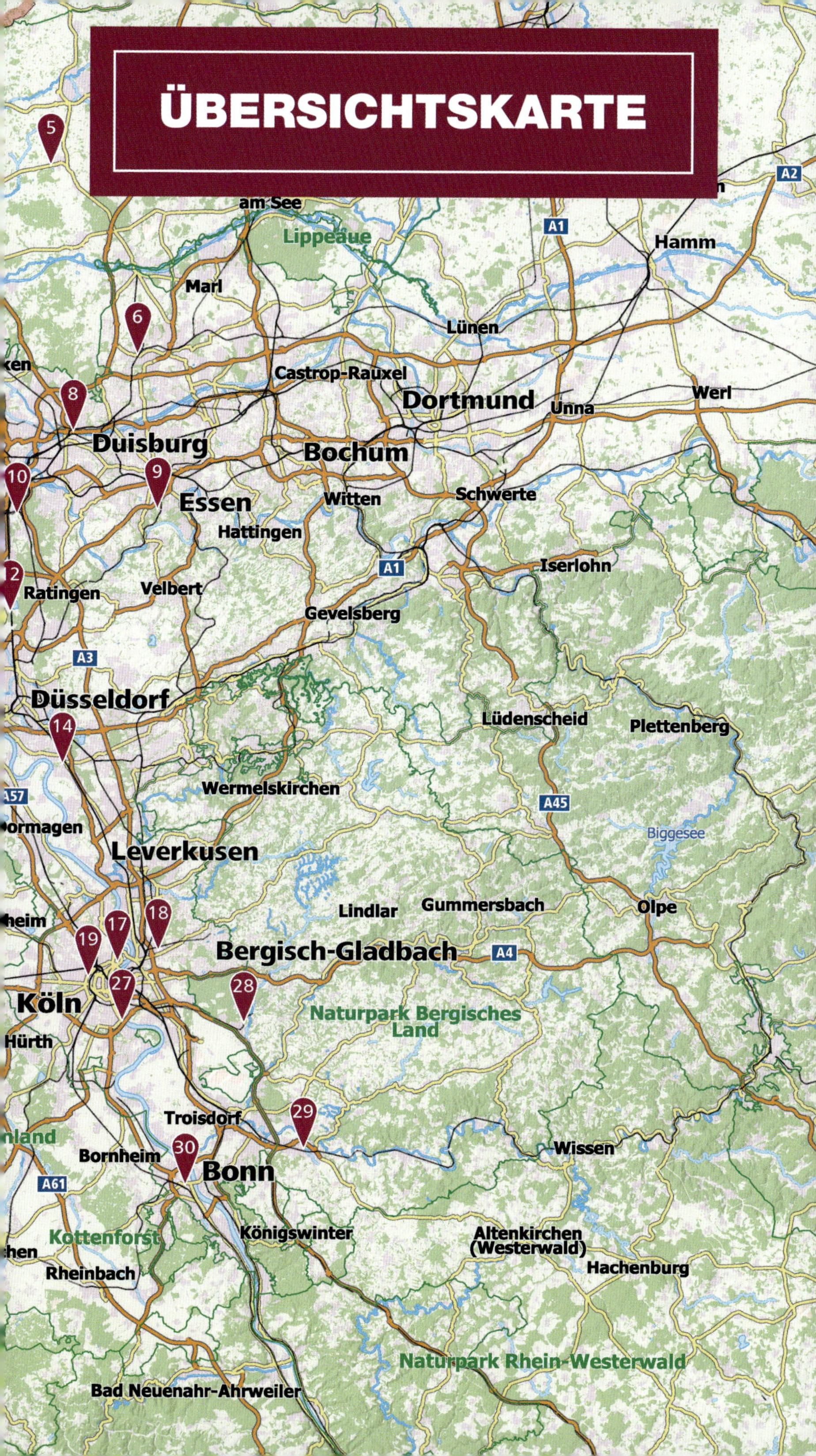

WISSENSWERT - PRAKTISCH

# Tourenplanung

Ohne große Erfahrung plant man am Anfang besser eher kürzere Touren. Wenn man sein Konditionslevel nicht kennt, ist es hilfreich, vorab mit beladenem Tourenrad eine Testfahrt zu unternehmen. Dabei sollte man möglichst ohne große Anstrengung fahren, da es auf die Ausdauer und nicht auf die Geschwindigkeit ankommt. So wird schnell klar, bei welcher durchschnittlichen Tageskilometer-Leistung die eigene Komfortzone liegt und was die Stärken und Schwächen des Rades und der Sitzposition sind. Des Weiteren gilt es, regelmäßig Pausen einzuplanen und die Verpflegung nicht zu vergessen.

Wie viele Kilometer schafft man? Pauschal kann dies nicht beantwortet werden, da zu viele Faktoren eine Rolle spielen wie u.a. die eigene Kondition, das Gepäck, die zu überwindenden Höhenmeter oder auch das Wetter. Starker Gegenwind kann die Durchschnittsgeschwindigkeit halbieren. Mit dem E-Bike kann die Distanz schnell um 20–30 % oder sogar 50 % und mehr gesteigert werden. Die nachfolgende Auflistung zeigt Erfahrungswerte, also Tages-Distanzen in Abhängigkeit vom Konditionslevel für Radtouren in ebenem bis mäßig hügeligem Gelände und dient der groben Orientierung:

| | |
|---|---|
| < 30 km | relativ einfach (Anfänger und Etappen mit Kindern) |
| 30–40 km | gemütlich (häufige Pausen und größere Gruppen) |
| 40–50 km | durchschnittlich (ab 50 km sind Sportliche gut dabei) |
| 50–80 km | erhöhte Kondition (nach Training gut machbar) |
| 80–120 km | gute Kondition (mit viel Gepäck benötigt man für 120 km den ganzen Tag) |
| > 120 km | sehr gute Kondition |

## Anreise mit dem Zug

Umweltfreundlich, mit Freunden als Gruppe und ohne Stau. Mit genügend Vorlaufzeit und Planung gelingt die An- und Abreise mit dem Zug problemlos. Die Frage, wie man nach der Radtour das am Start abgestellte Auto erreicht, stellt sich erst gar nicht. Informationen bieten die folgenden Adressen.

Die Fahrradmitnahme kann je nach Anbieter und Verbindung variieren und sollte vorab geprüft werden.

Alle Informationen über die Mitnahme des Fahrrads bei der Deutschen Bahn:
**www.bahn.de**

Informationen über die Fahrradmitnahme in den Zügen der Österreichischen Bundesbahnen:
**www.oebb.at**

# Notruf

Über die kostenlose Telefonnummer 112 erreichst du in ganz Deutschland automatisch die nächstgelegene Rettungsleitstelle und können dort Unfälle, medizinische Notfälle oder Feuer melden – und zwar sowohl aus dem Fest- als auch aus jedem Mobilfunknetz. Wenn du die 112 wählst, ist für die Rettungskräfte sehr wichtig, dass du den Notfall knapp und präzise beschreibst. Dabei können dir die sogenannten W-Fragen helfen:

- Wo ist der Notfall/Unfall passiert?
- Was ist geschehen?
- Wie viele Verletzte gibt es?
- Welche Art der Verletzung?

# Wettervorhersage

Deutscher Wetterdienst
**www.dwd.de**
Wetter im Internet
**www.wetteronline.de**
**www.wetter24.de**
**www.tagesschau.de/wetter/deutschland**
**www.wetter.com**
**www.wetter.tv/de-DE**

VORBEREITUNG

# Tipps vom Experten

Die Profis von Diamant blicken auf eine über 135-jährige Geschichte zurück. Für uns haben sie das Wichtigste zusammengeschrieben, damit die Fahrradtour gelingt.

**Checkliste vor jeder Fahrt:**

- Lenker und Vorbau kontrollieren
- Laufräder prüfen (Reifendruck, Befestigung etc.)
- Bremsen testen (Bremsbelag, Scheiben, Felgen etc.)
- Kettenspannung überprüfen
- Sattel (Sitz) und Sattelstütze kontrollieren
- Federung prüfen und Wartungsintervall checken
- Beleuchtung und Reflektoren sicherstellen
- Rahmen und Gabel begutachten
- Akku beim Elektrorad prüfen
- Pannenset & Kompatibilität kontrollieren

Die Länge einer Tour hängt von vielen Faktoren ab. Insbesondere von der eigenen Kondition, der Motivation, den Wetter- und Wegebedingungen und natürlich auch von den Wegbegleitern. Greift man auf ein Elektrorad zurück, sind weitere Faktoren zu beachten. Es ist sowohl vor Antritt als auch während einer Fahrt schwierig, die Reichweite der Akkuladung exakt vorherzusagen. Allgemein gilt jedoch:

Bei gleichem Unterstützungslevel des E-Bike-Antriebs: Je weniger Kraft du einsetzen musst, um eine bestimmte Geschwindigkeit zu erreichen (z.B. durch optimales Benutzen der Schaltung), umso weniger Energie wird der Antrieb verbrauchen und umso größer wird die Reichweite einer Akkuladung sein. Je höher der Unterstützungslevel bei ansonsten gleichen Bedingungen gewählt wird, umso geringer ist die Reichweite.

# Spezielles zum Elektrorad

- Ganz wichtig: Mach dir bewusst, dass andere Verkehrsteilnehmer womöglich nicht damit rechnen, dass ein Elektrorad schneller fahren kann als ein herkömmliches Fahrrad. Außerdem erhöht eine schnellere Geschwindigkeit das Unfallrisiko.
- Überlaste den hinteren Gepäckträger nicht. Die maximal erlaubte Zuladung des hinteren Gepäckträgers beträgt in der Regel 20–25 kg.
- Reinige das E-Bike niemals mit einem Hochdruckreiniger. Die elektrischen Komponenten sind feuchtigkeitsempfindlich. Unter Hochdruck auftreffendes Wasser kann in Steckverbindungen und andere Teile des Elektrosystems eindringen.
- Akku vor längerer Nichtbenutzung auf bis etwa 60 % aufladen (normalerweise 3 bis 4 LEDs der Ladezustandsanzeige). Nach 6 Monaten den Ladezustand prüfen. Leuchtet nur noch eine LED der Ladezustandsanzeige, Akku wieder auf bis etwa 60 % aufladen.
- Es ist nicht empfehlenswert, den Akku dauerhaft am Ladegerät angeschlossen zu lassen.
- Wird der Akku längere Zeit in leerem Zustand aufbewahrt, kann er trotz der geringen Selbstentladung beschädigt und die Speicherkapazität stark verringert werden.

PRAKTISCH

# Eingepackt

Was muss mit? Die Packliste hilft bei dieser Frage. Individuelle Anpassungen sind erforderlich, da jede Radreise einzigartig ist. Beutel und Packsäcke sorgen für Ordnung in den Packtaschen.

**NAVIGATION**

- Kartenmaterial, Radreiseführer
- Handy (Ladekabel, Akkus)
- GPS-Fahrradcomputer (Ladekabel, Akkus prüfen)

**ALLGEMEINES**

- Ausweise, Papiere, Telefonnummern
- Reisedokumente
- Bargeld, EC-Karte, Kreditkarte
- Stift & Notizbuch
- Stirnlampe/Taschenlampe (Ladekabel, Akkus prüfen)
- Wasserdichte Schutzhüllen f. Handy und Wertsachen
- Powerbank (mobile Stromversorgung)

**FAHRRADSPEZIFISCH**

- Tacho/Fahrradcomputer
- Getränkeflasche/Schlauch-Trinksystem
- Fahrradlicht vorne & hinten
- Fahrradwerkzeug für Standardreparaturen & Flickzeug
- Ersatzschlauch & Reifenheber
- Luftpumpe, Lappen
- Schloss
- E-Bike-Ladegerät nicht vergessen!

**NOTIZEN**

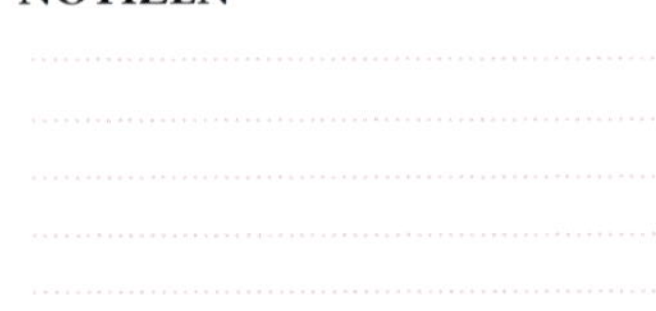

**KLEIDUNG & SCHUTZ**

- Tages- & Wechselkleidung
- Gepolsterte Radunterhose
- Leichte Isolationsjacke
- Regenjacke und Regenhose
- Eventuell Badezeug
- Radtourenschuhe
- Wechselschuhe oder Sandalen
- Sport-, Sonnenbrille (bruchsicher)
- Helm
- Unterhelmstirnband/-mütze
- Schlauchtuch/Buff
- Fahrradhandschuhe

**REISEAPOTHEKE**

- Erste-Hilfe-Set (ergänzt um pers. Medikamente)
- Desinfektionsmittel, Mundschutz, Seife
- Pflaster/Stretchverband
- Sonnen- & Insektenschutz
- Augentropfen
- Ohrstöpsel

**SONSTIGES**

- Ersatzbrille
- Fotoapparat (Speicherkarte & Akkus prüfen)
- Unterhaltung: Buch, Spielkarten, Zeitschrift …
- Kopfhörer
- Feuerzeug & Taschenmesser (optimal mit Schere)
- Spülmittel, Schwamm und Geschirrtuch
- Campingausrüstung (falls erforderlich)
- Geschirr & Besteck

# TOUREN 01 – 30
# Beschreibungen

**KARTEN**
Legende

- ○ Start = Ziel
- ● Ziel
- ▲ Richtung
- ▬ Wegverlauf

*Die schönsten Kilometer ab*

# 1 EMMERICH AM RHEIN

*Start/Ziel*

## BAHNHOF EMMERICH

*Rundtour*

*41,6 Kilometer*

*152 Höhenmeter*

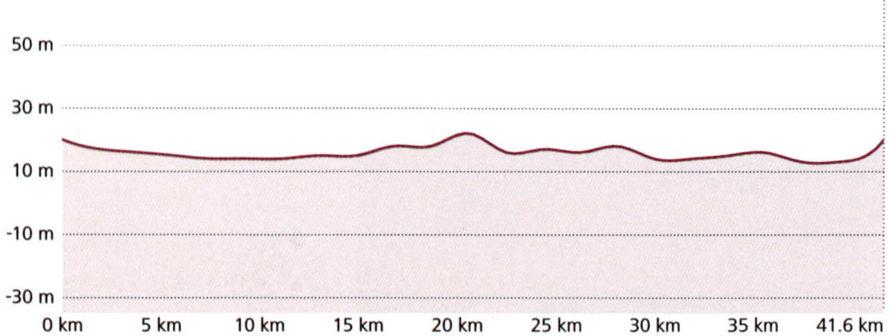

Die Wasserburg Anholt in ihrer Pracht.

**Offene Landschaft, eine märchenhafte Wasserburg und eine wahrlich grenzenlose Erfahrung erwarten dich auf dieser Tour am äußersten Norden der Region. Und am Ende locken fantastische Blicke auf die Golden Gate des Niederrheins.**

Fast durchgängig aslphaltierte, fast ebene Strecke und mit einem Zwischenstopp im Biotopwildpark Anholter Schweiz auch für Familien mit sportlichem Nachwuchs geeignet.

Schön ist er nicht, der Bahnhof in Emmerich, aber dafür praktisch gelegen. Und den uncharmanten Start die Reeser Straße entlang haben wir rasch hinter uns gelassen. Immerhin findet sich am Wegrand ein echter „Hidden Champion“. Die Emmericher Maschinenfabrik, heute: Probat, entwickelte das Verfahren, nach dem noch heute die meisten Kaffeeröstereien arbeiten. Sogar ein kleines Museum wurde zu Ehren dieser Erfolgsgeschichte eingerichtet. Danach geht der Weg nach links, den Niederlanden entgegen. Wir folgen den Radschildern die Netterdensche Straße entlang und schon nach wenigen hundert Metern erreichen wir an der Brücke – die Niederlande. Jetzt geht es sehr entspannt weiter. Wir folgen dem Emmerikseweg bis zum hübschen Örtchen Netterden. Vorsicht: Freche Fahrräder werden hier schon mal an Bäume gehängt.

Radlerfreuden: der Deich mit Blick auf das saftige Grün des Altrheins.

Das nächste Ziel liegt mitten im Grün, du fährst über die Jonkersstraat bist du den Schriekseweg erreichst. Entspanntes Pedalieren ist hier angesagt. Rechts den Munsterweg entlang erreichen wir einen höchst eigenwilligen Rastplatz: De Moezeköttel (Asbroek 2A, 7078 AE Megchelen, moezekottel.nl) ist eine ehemalige Notunterkunft, die sich, liebevoll gestaltet, zum beliebten Zwischenstopp bei Wandernden und Radfahrenden entwickelt hat. Du darfst dich selbst bedienen, das Angebot ist allerdings überschaubar. Wenn deine Speisekarte etwas ausgefallener sein soll, findest du vier entspannte Kilometer den Nieuweweg entlang im Dorf Megchelen zwei ansprechende Gaststätten. Weiter geht es anschließend nördlich der St. Martinuskerk in den Geerdink-Johanninkweg, von dem bald rechts die Heisestraat abzweigt. Halte dich am Abzweig links und durch die Felder geht es über eine wirklich sehr grüne Grenze wieder zurück nach Duitsland.

An der Sternenbuschstraße weisen dich die Radschilder nach links zur Wasserburg Anholt (Schloß 1, 46419 Isselburg, wasserburg-anholt.de). Das imposante Bauwerk wird als Parkhotel und Museum genutzt. Rittersaal, Bibliothek, Waffensammlung und reichlich Prunk des 16. und 17. Jahrhunderts kannst du hier bestaunen. Die Gastronomie bietet an den Wochenenden Kaffee, Kuchen und

# Highlights
## am Wegesrand

**1945**
Aus den Trümmern des Kriegs entstanden im Grenzland mehrere Notunterkünfte. De Moezeköttel war eine davon. Bis zu fünf Personen wohnten hier mehrere Jahre lang auf engstem Raum. Dort scheint die Zeit stehengeblieben zu sein: Alte Zeitungen liegen herum und draußen hängt die Wäsche.

**Alpen**
Weil der Anholter Fürst Leopold den Vierwaldstätter See liebte, baute er sich eine Kopie am Niederrhein. Seine Anholter Schweiz bietet heute neben Alpenidyll mit Schweizer Haus am See auch einen Biotopwildpark mit fünfzig heimischen Tierarten.

**Km 36**
Ein geschütztes Flora-Fauna-Habitat erstreckt sich links von uns auf dem Weg zwischen Dornick und Emmerich. Hier darf der Rhein frei fluten, wenn er Hochwasser führt, und die Flutrinnen durchziehen seit Jahrhunderten die Weiden. Besonders Schwäne sind hier oft zu beobachten.

einen fantastischen Blick über das Wasser. Empfehlenswert ist in jedem Fall ein kleiner Spaziergang durch den Schlosspark, der seit dem 16. Jahrhundert angelegt und sichtbar bestens gepflegt wird.

Unsere Tour geht weiter die Klever Straße entlang nach Norden. Wir fahren direkt am Stadtgraben nördlich um den Ortskern herum und staunen darüber, wie man dereinst mit Eiskellern – rechts von uns taucht ein ehemaliger auf – langfristige Kühlketten aufrechterhalten konnte.

Über die Adolf-Donders-Allee geht es zurück zur Isselburger Straße und damit zur Radbeschilderung, die uns bis zum Ort Isselburg bringt. Kurz danach biegen wir in die Parkstraße, die rechts von der Minervastraße abgeht und folgen ihr später weiter. Vorher solltest du aber noch die paar Meter bis zum Marktplatz weitergerollt sein. Die Gusspfanne macht es deut-

Die Vehlinger Mühle – kaum zu übersehender Wegpunkt.

lich: Das beschauliche Örtchen ist ein Kind der Industrie. Dampfmaschinen, Leuchttürme, Motoren – vieles kam einmal von der hiesigen Minerva-Hütte; und im Deutschen Reich besaß die Firma sogar das Monopol auf gegossene Briefkästen.

Zurück auf der Parkstraße folgen wir dem Straßenverlauf, queren die Landstraße, legen am Knick vielleicht eine kurze Trinkpause ein und fahren dann weiter. Kurz bevor du ihn erreichst, findest du rechts den Parkplatz der Anholter Schweiz (März–Nov. tgl. 9–18 Uhr, anholter-schweiz.de). Auch hier lässt sich gut Zeit verbingen zwischen rund 50 meist heimischen Tierarten, die es in artgerechter Haltung zu beobachten gibt.

Wieder im Sattel erreichst du schnell die Anholter Straße, dieser folgst du, bis zu einem Highlight, das du nicht übersehen kannst: die Vehlinger Windmühle, liebevoll in den vergangenen Jahrzehnten restauriert. Dem Radweg in die Windmühlenstraße

folgend beginnt deine Grenzwanderung. Achte auf die Beschilderung! Nach einem knappen Kilometer geht dein Weg nach links, und während die Kühe zu deiner Rechten schon auf Holländisch grüßen, befindet sich der hier etwas holprige Weg gerade noch im Inland. Die kurze Grenzerfahrung endet am Grenzweg, dort wende dich nach links, wieder links und überquere die A 3. Die Schilder führen dich über das Schaffeld schließlich nach Millingen, wo wir wieder auf der Anholter Straße landen. Eine geradere Verbindung wäre also möglich gewesen, aber lange nicht so schön. Der Hauptstraße folgen wir quer durch den Ort, bis die Hueth'sche Straße rechts abgeht. Die bringt uns nach einem Linksknick schnurgerade bis zum letzen, aber umso längeren Radhighlight: dem Rheindeich.

Fast bis zum Schluss der Tour genießen wir die Ausblicke über das weite Rheinvorland und den Bienener Altrheinarm. Der Belag ist fast durchgängig vorzüglich und so ist lockeres Rollenlassen angesagt. Dabei passieren wir Praest und setzen unseren Weg zum schon bekannten Ort fort. Hinter Dornick, wo wir einen guten Rastplatz finden, taucht immer mehr die Golden Gate des Niederrheins links vor uns auf, die große Rheinbrücke von Emmerich. Nach einem kurzen Stück durchs Gewerbegebiet und die Reeser Straße entlang erreichst du wieder deinen Ausgangspunkt, den Bahnhof Emmerich.

Fertig? Nicht ganz. Der logische Schluss ist eine kleine Verlängerung der Strecke links in die Hafenstraße und dann rechts den Parkring entlang. Der liegt nämlich mitten auf der Rheinpromenade, die nun wirklich alles für den perfekten Tourabschluss bietet. Restaurants, Bistros, Cafés – und einen exzellenten Blick auf die langsam untergehende Sonne am Rhein.

N316
N827
's-Heerenberg
N816
B220
N827
NEDERLANDE
Omsteg
Netterden
Klein-Netterden
Emmerich-Ost
3b
K16
GELDERN
DEUTSCHLAND
NORDR
A3
Emmerich
am Rhein
Rastplatz Löwenberger
Landwehr
NSG Hetter-Millinger
Bruch
K16
L90
Löwenberger Landwehr
Hafen
Emmerich
L7
Vrasselt
Praest
Dornicksche
Ward
Dornick
Bienener Altrhein,
Millinger Meer
und Hurler
Meer
Rhein
Deichvorland
bei Grieth
mit Kalflack
Emmericher
Eyland
Volksgatt
L8
Grietherorter
Altrhein
Alte Kiesgr
Neue
Volksgatt
Grietherort
Grietherorter
Altrhein
Grieth
Deichvorland
bei Grieth
0
1 km
L18

N817
Gendringen
Keizersbeek
ZWARTEBEEK
N317
Aa-strang
NIEDERLANDE
Kluunpand
Issel
GELDERN
L605
L606
Regnieter Bach
Issel
Goersee
MÜNSTERLAND
L605
Issel
L459
Megchelen
Hülsdonker Senke, westlich von Isselburg
Isselburg
Rastplatz Millingen
Millinger Landwehr
L468
Hetter-Millinger Bruch
A3
Wolfssee
Rastplatz Kälberweide
4 Rees
Millinger Landwehr
Naturpark Hohe Mark - Westmünsterland
L458
Millingen
B67
Bienen
L7
Empel
Millinger Meer
Hurler Meer
Hurler Landwehr
Landwehr
NSG Empeler Meer
L459
Haldener Bach
Aspeler Landwehr
Haldener Bach

*Die schönsten Kilometer in*

# 2 KLEVE

Start/Ziel

## KLEVE

*Rundtour*

*48,4 Kilometer*

*209 Höhenmeter*

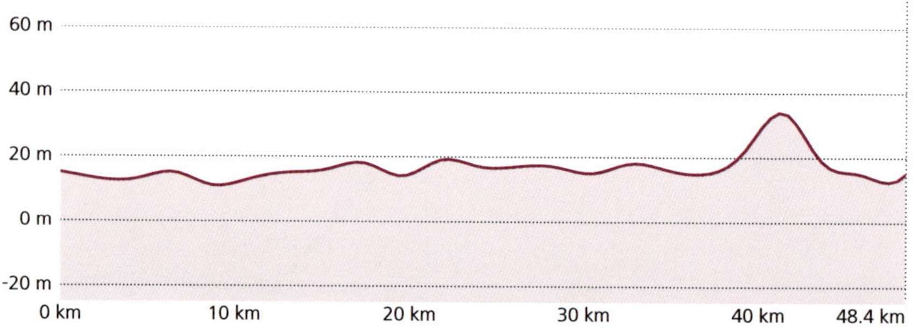

Wir entdecken kleine Rheinarme bei Grietherort.

**Ganz viel weites Land und mittelalterliche Ortskerne wie jener in Kalkar bietet uns diese Tour. Dabei überqueren wir zweimal den breiten Strom: einmal mit Panoramablick bei Rees und einmal mit der sanft schaukelnden Fähre.**

Entspannte Tour für alle mit ein wenig Kondition. Der Voltaire-Weg im letzten Abschnitt ist etwas sandig und für schmale Reifen nicht gut geeignet, gegebenenfalls ist ein kurzes Ausweichen über die Bundesstraße ratsam.

Der gut erreichbare Bahnhof Kleve mit seinem Parkplatz ist unser Ausgangspunkt. Die parallele Van-den-Berg-Straße geht nach Süden in die Riswicker Straße über und nachdem wir den Klever Ring (B9) überquert haben, liegt die Stadt unterhalb der Schwanenburg schnell hinter uns. Unter dir bester 1a-Radweg entlang der Sommerlandstraße, vor dir eine Landschaft, die sich immer weiter öffnet und das Thema für deine heutige Tour vorgibt.

Nach knapp fünf Kilometern haben wir uns warm geradelt und sind bereit für den ersten Richtungswechsel: Wir biegen bei Erfgen links in den Schlenk in Richtung Huisberden ein. Hinter dem Deich liegt Niederrhein in Bestform. Flach, weit und sehr grün. Am Ortseingang von Huisberden wenden wir uns wieder nach links und bei nächster Gelegenheit nach rechts, dem Emmericher Eyland entgegen.

Die größte Mühle Deutschlands liegt in Kalkar.

Fast vollständig umgeben von Wasserläufen ist das kleine Örtchen, das nicht einmal eine Kirche hat, tatsächlich so abgeschieden wie eine Insel. Fahr noch ein Stückchen weiter geradeaus und dann rechts in den Weidenweg, der lange an Gehöften und Feldern vorbei schließlich nach Grieth führt. Von dort folgst du am besten den Radschildern bis zum Markt. Dort stellt unter anderem das Griether Hanseládchen, genossenschaftlich organisiert, die Nahversorgung des kleinen Örtchens sicher – und serviert dir am Sonntag auch Kaffee und Feingebäck.

Direkt daneben führt dich der „Durchlass" hinunter zur Rheinfähre (Mi, Fr–So, Fei 10–19 Uhr, niederrheinfaehre.de). Die Überfahrt mit der „Inseltreue B" ist tatsächlich ein Erlebnis. Zwischen den großen Frachtschiffen, die ständig auf dem Rhein unterwegs sind, wirkt die Fähre etwas zierlich und bekommt auch einiges an Seegang mit. Räder lassen sich aber gut befestigen und die Überfahrt lohnt sich. An fährfreien Tagen oder wenn beispielsweise Hochwasser den Betrieb unterbricht, ziehen wir Plan B aus der Tasche: Du nimmst am Ortseingang die Griether Straße und fährst rheinaufwärts. Am Kreisverkehr weiter der Griether Straße folgen, vorbei am Wunderland Kalkar, das einmal ein Kernkraftwerk werden sollte und heute ein Freizeitpark ist. Vor Hönnepel geht es anschließend nach links

# Highlights
am Wegesrand

**Km 10**
Orte, die mal auf der einen, dann auf der anderen Rheinseite zu finden waren, gibt es einige am Niederrhein. So wie die Bislicher Insel einmal rechtsrheinisch war, so war es auch das Emmericher Eyland, bevor der Strom sich ein neues Bett suchte. Die Ortsnamen erzählen in diesen Fällen die Geschichte.

**Kaffeepause**
Nicht weit hinter der Rheinbrücke, bietet die Bäckerei Bettlay (Rheinstraße 386, 47546 Kalkar) einen guten Anlaufpunkt für den kleinen Hunger zwischendurch. Auf regionale Zutaten wird hier Wert gelegt.

**Beuys in Moyland**
Neben den viel beachteten Wechselausstellungen gilt ein Augenmerk des Schlosses Moyland dem Joseph-Beuys-Archiv. Hier werden nicht nur Teile des Werks verwaltet, es finden sich auch Medienberichte, Briefe und weitere Zeitdokumente, die einen international bedeutsamen Fundus für die Kunstforschung bilden.

bis du an der Rheinstraße wieder auf unsere normale Route triffst.

Und die führt auf der rechten Rheinseite durch Grietherort, vorbei an dicht bewachsenen alten Rheinarmen bis Grietherbusch. An der Straßenkreuzung folgst du links dem Radweg nach Bienen. Den Hofladen kurz hinter dem Ortsausgang nicht übersehen! Wir zweigen rechts in den Weg „Zur Rosau“ Richtung Esserden, der quer durch die Felder führt. Bei den nächsten Gehöften biegen wir rechts in den Evangelistenweg, der in den Dammweg übergeht. Wieder nach rechts geht es in den Spykweg, der uns zur größeren Wardstraße führt. Links sehen wir bereits die Rheinbrücke vor uns. Die Überquerung ist hinsichtlich der Verkehrsführung ein wenig unglücklich, aber hier leider alternativlos und wird dafür mit ein paar schönen

Panoramablick aufs Kunstschloss Moyland.

Blicken über den breiten Strom und die niederrheinische Landschaft belohnt.

Am Brückenfuß am anderen Ufer erreichen wir eine Abzweigung, an der wir uns nach rechts wenden. Weiter rollen wir die Rheinstraße entlang – Kalkar ist dein nächstes Ziel. Wir folgen den Radschildern links in das Hochend, an dessen Ende es kurz rechts und sofort wieder links in die Spyckstraße geht. Sie bringt dich nach Hanselaer, einen winzigen Ort, der aber herrlich ursprünglich wirkt mit seinen Höfen, die sich etwas struppig um St. Antonius gruppieren. Die Kirche selbst zählt zu den schönsten und ältesten Dorfkirchen der Region.

Die Spyckstaße führt hinter der Rheinstraße schießlich als Hanselaerer Straße direkt in den nur noch zwei Kilometer entfernten Ortskern von Kalkar. Begrüßt wirst du am Ortseingang von der größ-

ten Mühle des Niederrheins. Der Marktplatz, nur wenige hundert Meter weiter, verströmt mit seinem dominierenden Rathaus noch ein wenig mittelalterliches Flair. Eine Pause haben wir uns nach mittlerweile gut dreißig Kilometern verdient und wir finden hier mit Eisdiele, Pizzeria und gutbürgerlicher Küche ein breites Angebot.

Von hier aus folgen wir der Kesselstraße mit ihren zahlreichen denkmalgeschützten Häusern und biegen am Ende links in den Bovenholt. Nach wenigen hundert Metern treffen wir die Tiller Straße, die uns rechts bis zum Ortsteil gleichen Namens führt. Am Haus Till, drei Kilometer weiter hinter dem zweiten Kreisverkehr, biegen wir links in den Radweg, der uns geradewegs zum kulturellen Highlight der Tour bringt: Schloss Moyland (Am Schloss 4, 47551 Bedburg-Hau, moyland.de). Von Wechselausstellungen über Taschenlampenführungen bis hin zu Performances findet sich hier ein breites kulturelles Angebot. Wenn dir das im Rahmen der Tour zu aufwändig erscheint, solltest du zumindest über einen kleinen Spaziergang im Park mit seinen Kunstwerken nachdenken.

Kurz hinter dem Schloss und der Touristeninformation endet die Moyländer Allee am Kreisverkehr. Fahre rechts weiter und sofort links auf den parallel zur Bundesstraße verlaufenden Voltaire-Weg. Der hügelige Waldweg bietet gegen Abschluss der Tour noch einen schönen Kontrast zur offenen Landschaft, die du heute schon erradelt hast. Der Rosendaler Weg ist die gerade Verlängerung dieser Waldstrecke. In die Uedemer Straße abbiegend und dann den Radschildern nach rechts folgend erreichen wir wieder die Bundesstraße, neben der wir links zurück Richtung Kleve radeln. Eine Bahntrasse zweigt knapp einen Kilometer weiter rechts ab und bringt uns direkt zurück zu unserem Ausgangspunkt, dem Bahnhof Kleve.

Griethausen
Düffel - Kellener Altrhein und Flussmarschen
L8
Warbeyen
Warbeyener Graben
B220
Kellener Altrhein
Kalflack
Kellen
B9
KLEVE
Lambeer
Kellener Altrhein
Molkereigraben
Huisberden
Kolk
Koppelgraben
Wetering
Tiller Graben
Qualburg
Hasselt
Tillerfeldgraben
Wetering
Lambeer
Wetering
L362
B57
Hau
Schneppenbaum
Till-Moyland
K27
Louisendorf
L362
B67
0
1 km

Vrasselt
Praest
L7
Dornicksche Ward
Dornick
Bienener Altrhein, Millinger Meer und Hurler Meer
Bienener Altrhein
Volksgatt
Bienen
L458
Grietherorter Altrhein
Alte Kiesgrube
Neue Kiesgrube
L7
L8
Grieth
Grietherort
Wardgraben
Deichvorland bei Grieth
Wissel
L18
Wisseler Dünen
Mahnensee
Esserden
Grietherorter Altrhein
Wisseler See
Wisseler See
Wisselwarder Graben
Rhein
Kalflack
Hönnepel
L8
Connesgraben
KALKAR
Niedermörmter
L41
Leybach
Stadtgraben
B67
B67
Botzelaer Meer
Connesgraben
Oybaum Südsee
Neue Ley
Appeldorn
B57;B67
Hohe Ley
K27
B57;B67

*Die schönsten Kilometer ab*

# 3 HAMMINKELN

*Start/Ziel*

## HAMMINKELN

*Rundtour*

*48,7 Kilometer*

*220 Höhenmeter*

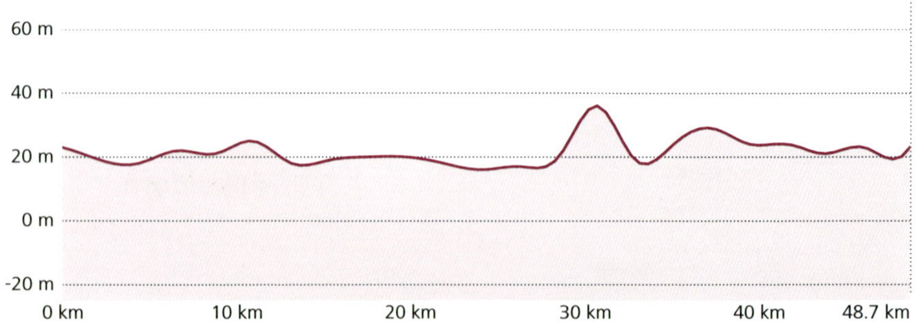

Wir genießen das Panorama über den Rheindeich.

**Hier fühlen sich nicht nur die Störche wohl: Rings um das Örtchen Bislich zwischen Hamminkeln und Wesel findest du alle Zutaten für einen vollwertigen Radurlaub an einem Tag. Beste Aussichten, gute Wege, tolle Cafés und einen Badesee, der zu den schönsten am Niederrhein gehört.**

Leicht zu fahrende Strecke, steigungsfrei (vom Deich abgesehen), fast durchgängig asphaltiert. Badesachen einpacken!

Los geht es mitten in Hamminkeln. Wir starten mit einem Schlenker am örtlichen Wahrzeichen vorbei. Die Windmühle Weßling am anderen Ende der Straße wirkt mit ihrem leichten Knick beinahe märchenhaft. Wir biegen zweimal nach links in die Straße An der Windmühle und folgen den Radschildern in die Rosenstraße. An der T-Kreuzung biegen wir links ab und hinter dem Kindergarten rechts in die Kesseldorfer Straße, die uns jenseits der Umgehungsstraße direkt in die landschaftlich schöne Isselniederung leitet.

Der Radweg schlängelt sich jetzt durch eine heitere Mischung aus Streuobstwiesen und Feldern und biegt, kurz bevor die lärmende Autobahn ernsthaft stören könnte, nach links auf den Heckenweg. Genießen lautet die Devise. Rechts über die Schledenhorster Straße erreichen wir die Kreutzstraße.

Gut bewacht: Schloss Diersfordt.

Deren Verlängerung folgen wir die nächsten Kilometer. Hinter der Reeser Straße heißt sie mittlerweile Koepenweg, dem wir weiter bis zur Rheinstraße folgen. Allerdings ist der Weg im Mittelteil ziemlich holprig. Möchtest du das lieber umfahren, biege einfach nach links in die Alte Reeser Straße ab, die ebenfalls zur Rheinstraße führt und fahre dort dann nach rechts durch das Wohngebiet. Direkt hinter der Linkskurve biegen wir nach rechts ab, um über die Bonekampstraße in den Ort Mehr zu gelangen, den wir, der Radschilderung folgend, durchqueren. Es geht durch die Straße Am Eiermarkt und dann jenseits der Heresbach- in die Mehrbruchstraße. Wo rechts die Häuser aufhören, halten wir uns links: Op de Geest und Alte Bislicher Straße führen uns nach zwei Kilometern zum Rheindeich – unserem nächsten Panoramahighlight.

Enstpannt rollen wir dem Ort Bislich entgegen, rechts vor dir taucht der Xantener Dom auf der anderen Rheinseite auf. Aber auch der Blick nach links lohnt sich. Schon kurz vor dem Ort tauchen die ersten Storchennester auf, die in einer eigenen Storchenroute zusammengefasst wurden (www.bislich.de/content/storchenrundweg). Direkt hinter Bislich führt der Weg rechts zur Fähre, die dich nach Xanten und auf die Bislicher Insel bringen würde. Wir steigen aber nicht auf die Fähre, sondern biegen auf den alten Rheindeich nach links und

# Highlights
## am Wegesrand

**11**
So viele Nester umfasst die 14 Kilometer lange Bislicher Storchenroute. Einige davon sind kunstvoll gestaltet, andere klassisch schlicht. Die meisten kannst du sogar am Wegesrand von unserer Tour aus entdecken.

**Apfelsekt**
Frisches Obst gehört zum Niederrhein wie die Weiden und Deiche. Einen kleinen Umweg wert ist der – alkoholfreie – Apfelsekt des Biohofs Clostermann (Jöckern 2, 46487 Wesel, www.clostermann-organics.com), der sich leicht in unsere Route einbauen lässt.

**Km 36**
Die bedeutende Hansestadt Wesel verlor im Krieg viel von ihrer alten Substanz. Die „Grote Kerk", der Willibrordi-Dom, wurde recht schnell wieder aufgebaut. Die prachtvolle Rathausfassade am Großen Markt im spätgotisch-flämischen Stil wurde erst 2011 vollendet – mithilfe von Spenden aus aller Welt.

stehen vor dem alten Fährhaus (Marwick 26, 46487 Wesel, faehrhausbislich.de). Die Kombination aus großem Angebot und fantastischem Ausblick in dem Café und Restaurant macht es zu einem fast unwiderstehlichen Rastplatz. Sollte es dir dort aber zu trubelig sein – und die Gefahr ist an sonnigen Tagen aus guten Gründen nicht gering –, bieten sich in der Umgebung mehrere Alternativen an. Empfehlenswert ist in jedem Fall das Café Landluft (Westerheide 15, 46487 Wesel, www.cafe-landluft.de) knapp drei Kilometer weiter unsere Route entlang. Den Rheinblick gibt es dort zwar nicht, aber der Kuchen ist den Stopp wert. Wir fahren einfach den alten Postdeich entlang, der bald Marwick heißt, bis zur Bislicher Straße. Das Café finden wir nach wenigen Metern zu unserer Linken. Am Abzweig bietet sich auch eine ganz andere Option. Wer der Bislicher Straße nach rechts folgt, verkürzt unsere Tour um knapp sechs Kilometer. Kein Schloss – mehr Zeit für den Badesee: Du entscheidest!

Das Wahrzeichen von Hamminkeln ist die Windmühle Weßling.

Die längere Route führt die Bislicher Straße über die Kreuzung hinaus – zur Apfelsekt-Probe hier weiter geradeaus – bis zum Schüttwich, dann nach rechts. Zunächst aber gelangen wir zu einem der großen Kiesabbaugebiete, die links und rechts des Rheins an vielen Stellen die Landschaft prägen. Hier, am Diersfordter Waldsee, geben mietbare Hausboote dem Baggersee eine neue Bedeutung. Vom Ufer kannst du sie im Vorbeiradeln erkennen. Schüttwich führt uns zur Mühlenfeldstraße zurück und links zum Abzweig zum Schloss Diersfordt (Am Schloß 3, 46487 Wesel). Die Gräben zeugen noch von der einstigen Wasserburg. Obwohl das Anwesen mehrfach umgebaut wurde, abgebrannt ist und einmal Sitz der britischen Militärkommandantur war, wirkt es immer noch recht stattlich. Zurück über das Herrschaftliche Feld geht es am Haus Constanze vorbei in die Rosenallee, die schnurgerade durch den Wald zur Bislicher Straße führt. Wir halten uns links nach Wesel. Vor der Grav-Insel, mit seinen 2000 Stellplätzen Deutschlands größter Campingplatz, wechselt der Radweg die Straßenseite und wird zum Deichweg, der uns zwischen Altrhein und Auesee (Auedamm 46487 Wesel, www.wesel.de/kultur-freizeit/auesee) bequem und schnurstracks zum Badestrand bringt.

Den See hast du im Vorbeifahren bereits zwischen den Bäumen erkennen

können. Wo der Radweg nach rechts abknickt, liegt links der Strand – beliebt, beaufsichtigt und mit erfrischendem Seewasser. Wenn dir danach nach einer Abkürzung zumute ist: Halte dich am Auedamm geradeaus weiter nach Osten, der jenseits der B 8 Nordstraße heißt, und du kommst nach etwa zwei Kilometern wieder zu unserer Route zurück. Unsere ausführliche Tour bringt dir erst einmal die verdiente Stärkung mit Rheinblick. Am Yachthafen vorbei und den Römerwardt entlang rollst du nach wenigen Minuten bereits auf die Rheinpromenade und hast die Entscheidung zwischen Biergarten und „Q-Stall". Die Promenade führt dich nach links auf die Fischertorstraße und weiter geradeaus zum Willibrordi-Dom am Großen Markt, dem alten Zentrum von Wesel. Folge der Radausschilderung weiter im Bogen um die Fußgängerzone über Pastor-Bölitz- und Pastor-Janßen-Straße, Magermannstraße, Esplanade und Wallstraße bis zum wuchtigen Berliner Tor. Solltest du jetzt doch noch über eine Abkürzung nachdenken: Zweihundert Meter hinter dem Tor ist der Bahnhof und Züge nach Hamminkeln fahren im stündlichen Takt.

Allerdings sind es nur noch knapp zehn Kilometer, der größte Teil durch entspanntes Grün. Richtung Feldmark geht es über die Poppelbaumstraße zum Kurfürstenring, über diesen hinweg in die Blankenburgstraße und geradeaus zum Kreisverkehr. Rechts in die Nordstraße und hinter der Emmericher Straße, wo die Radschilder links in die Konrad-Duden-Straße weisen, wird die Bebauung langsam vorstädtischer. Wenn die Konrad-Duden-Straße nach rechts abbiegt, fahren wir Auf dem Heiken geradeaus und nach dem Knick rechts – und befinden uns unverkennbar auf der grünen Zielgeraden. Wir fahren über Zu den vier Winden und den Bruchweg, zwei wenig befahrene Straßen, nach Norden und genießen noch einmal den Charme der Isselniederung. Nach vier Kilometern stehen wir an der Brüner Straße, wo links unser Start liegt.

Haffensche Landwehr
Sonsfeldsche Bruch, Hagener Meer und Duene
Hagener Meer
Haffen
Mehrhoog
L602
L7
Bellinghover Meer
NSG Rissw
Mehr
Lange Renne
Pastorswoy
Bislicher Ley
Bislicher Meer und Wat Ley
Bergerfurth
Bislicher Meer und Wat Ley
Krähenbusch
Bislicher Ley
Diersfordter Waldsee
Rheinaue Bislich-Vahnum
Rhein
Reeser Schanz, Rheinaue zwischen Obermörmter und Vynen, bei Gut Grindt und Haus Lüttingen
BISLICH
Altrhein
Lüttingen
Prekksee
Droste Woy, Rheinaue zwischen Wesel und Bislich
B57
Clossenwoy
XANTEN
BEEK
L480
Alter Rhein
Bislicher Insel
0
1 km

B473
5 Hamminkeln
sselniederung
L602
RINGENBERG
Weikensee
K19
Seegraben
Ringenberger Bach
L602
Naturpark Hohe
Mark - Westmünsterland
A3
HAMMINKELN
Wolfsgraben
NSG Rigauds
Busch
L480
Rastplatz Kranekamp
Issel
B473
ordter
ald
er
Brüner Mühlenbach
Schwarzes
Wasser
Blumenkamp
Schill-Kaserne
Strauchheide
L7
K19
FLÜREN
Weseler Aue
und Leygraben
bei Flüren
LACKHAUSEN
Auesee
FELDMARK
B70
OBRIGHOVEN
Angelsportverein
Wesel e.V.
Flürener
Altrhein
Sporthafen
SCHEPERSFELD
hein
WESEL
B58
B8
B58

*Die schönsten Kilometer um*

# 4 XANTEN

*Start/Ziel*

## BISLICHER INSEL

*Rundtour*

*37,3 Kilometer*

*170 Höhenmeter*

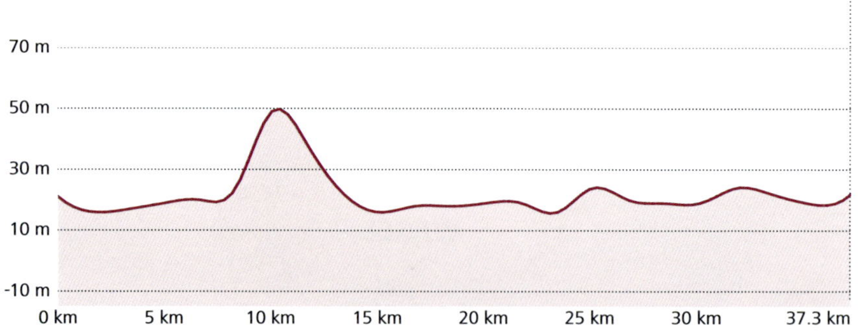

Die Auenlandschaft Bislicher Insel

**Diese Tagestour kann man als vollkommene Acht bezeichnen. Zum einen, weil sie eine Acht beschreibt, zum anderen, weil acht tolle Sehenswürdigkeiten am Wegesrand liegen! Es geht dabei vorbei am Kurpark, an der Südsee, durch ein Naturschutzgebiet und einen Wallfahrtsort, über den Rheindeich und den Alleenradweg, vorbei am Archäologischen Park und der Kriemhild-Mühle.**

Gut befahrbare Asphalt- oder Naturwege, gut geeignet für Familien mit Anhängern, nur eine Steigung unterwegs. Die vielen Tiere am Wegesrand sorgen für Abwechlsung. Im Sommer lockt die „Südsee“ zum Füßebaden, ein Strandbad gibt es an der „Nordsee“.

Wir beginnen unsere Tour am Naturforum Bislicher Insel (Bislicher Insel 11, 46509 Xanten, rvr.ruhr). Nach einem Rundgang in diesem kleinen, aber feinen Infozentrum halten wir uns mit der Tür in unserem Rücken links und rollen in das Naturschutzgebiet ein. Auf einer wenig befahrenen Straße geht es durch die einzigartige Landschaft der Bislicher Insel. Herbe Naturschönheiten begleiten uns auf dem ersten Teil der Tour und auch die ein oder andere Tierbeobachtung lässt sich vom Fahrradsattel aus machen. Es geht über den Deich und durch das Örtchen Werrich, wo wir rechts in die Werricher Straße abbiegen. Kuhdung-Duft begleitet uns. In Ginderich prägt die imposante Kirche das Dorfbild.

Blick aus der Beobachtungshütte auf die reiche Tier- und Pflanzenwelt der Bislicher Insel.

Rechts in Bergacker einbiegen. An der T-Kreuzung halten wir uns links, danach gleich wieder rechts. Wenn wir an die Xantener Straße treffen, biegen wir rechts auf den Radweg. Nachdem wir ein Stück an dieser Landstraße gefahren sind, müssen wir rechts durch ein kleines Metallgatter in einen schmalen Weg abbiegen, der uns auf den Deich hinaufbringt. An der Gabelung geht es für uns links weiter, um parallel zum Deich zu fahren. Am Ende des Deichweges, an der Vorfahrtsstraße, überqueren wir diese und nehmen sofort die erste links Richtung Amphitheater Birten. Rechts liegt erhöht eine Kirche, von dieser fahren wir weiter geradeaus in die Römerstraße, eine Allee. An dieser Kreuzung liegt das Restaurant Zum Amphitheater und das gleichnamige Theater selbst ist in 200 Metern erreicht. Ein schmaler asphaltierter Weg steigt stetig bergan und führt uns in ein kleines Wäldchen. Danach geht es schwungvoll ein Stück hinab, wir überqueren eine Vorfahrtsstraße und kommen nach Xanten.

Vor dem Restaurant An de Poort biegen wir links in den Westwall. Auf unserer linken Seite liegt der hübsche Kurpark Xanten mit dem Gradierwerk. Hier rieselt über ein imposantes Holzgerüst Sole herab, sodass die Luft in der direkten Umgebung Heilwirkung hat. Nach einer Atempause im wahrsten Sinne des Wortes fahren wir rechts und direkt auf das SiegfriedMuseum zu, wo es den Radschildern Richtung Rees folgend, nach links geht. Wir fahren durch die hübsche Altstadt auf das historische Stadttor zu, vor dem wir rechts abbiegen. Schon ist die Kriemhild-Mühle erreicht (Nord-

# Highlights
am Wegesrand

**10,53 km²**
So groß ist das Naturschutzgebiet Bislicher Insel. In dieser Auenlandschaft, die in Deutschland selten ist, brüten jährlich drei Storchenpaare. Bis zu 30.000 arktische Wildgänse überwintern hier und Pirole, Schwarzmilane und Baumfalken, aber auch seltene Schmetterlingsarten sind ebenfalls heimisch.

**X**
Xanten ist die einzige deutsche Stadt, die mit einem „X" beginnt. Zur Römerzeit eine der größten Metropolen in Germanien, ist das hübsche Städtchen heute zugleich Luftkurort, Siegfried- und Römerstadt und einen Besuch wert. Man kann sogar im Stadttor übernachten!

**Hallelujah!**
Ein Wallfahrtsort am Niederrhein? Marienbaum zieht jährlich 15.000 Wallfahrer an. Begonnen hat die Wallfahrtshistorie mit einer Sage um einen gelähmten Hirten, dem im Jahre 1430 ein „Trappenboom", ein treppenförmiger Baum, im Traum erschienen sein soll, ihn zu einer Statue führte und ihm Heilung brachte.

wall 5, 46509 Xanten, kriemhild-muehle.de). Mit der Stadtmauer zur Linken geht es weiter, an deren Ende links auf den Kreisverkehr zu, den wir geradeaus überqueren. Neben uns liegt der APX – Archäologischer Park Xanten (Am Rheintor, 46509 Xanten, apx.lvr.de). Am Varusring geradeaus hinüber ist links vor uns die Südsee, ein herrlicher Baggersee, erreicht. Wir radeln am Antikgeschäft vorbei, biegen links in die Straße Am Blauen Stein.

Es geht geradeaus in einen geschotterten Weg, am Ende rechts, schon radeln wir direkt am Ufer der glitzernden Südsee. Durch ein grün-weiß gestreiftes Gatter verlassen wir das Seeufer nach rechts und biegen links auf eine kleine, wenig befahrene Asphaltstraße. Wardt ist erreicht, wir fahren links-rechts. An der T-Kreuzung links, an der nächsten rechts. Danach rechts auf den Deich, hoch in die Straße Haus Grind. Auf der Deichkrone links abbiegen, oben auf dem Deich weiter. Vom Deich aus

Blick vom Alleenradweg auf die Kriemhild-Mühle, den Xantener Dom und das Römermuseum.

bieten sich schöne Weitblicke – nach rechts über die Nordsee und nach links über schier endlose Kuhweiden. Wir radeln an einem Denkmal des Schiffvereins Vynen vorbei. Rechts ist auch schon der „Vater Rhein" zu sehen. Auf dem mächtigen Fluss herrscht reges Treiben. Freizeitkapitäne schippern mit kleineren Motorbooten rheinauf- oder abwärts, riesige Transportschiffe schieben sich durch das mächtig dahinfließende Wasser.

Wir biegen nun links in Richtung Marienbaum ab. An der Ecke liegt das Lieblingscafé mit schöner Außenterrasse, wo wir für die fantastischen Eiskreationen wie „Abschied aus der Sonne" einen Stopp einlegen (1. & 3. Wochenende/Monat, Fr–So 17–22 Uhr, Rheindamm 87, 46509 Xanten, unser-lieblingscafe.de). Wir folgen der Vorfahrtsstraße geradeaus und kommen an einer Pferdewiese vorbei. Auf dieser Tour sieht man wirklich alles, was die niederrheinische Tierwelt zu bieten hat: Raubvögel, wilde Kaninchen, Schafe, braungefleckte und schwarzbunte Kühe, Martinsgänse, Störche, Hühner, Pferde, Ponys … An der kleinen Straße geht es geradeaus in die Sackgasse weiter. Mit etwas Glück hört man hier bereits die Glocken der Wallfahrtskirche St. Mariä Himmelfahrt in Marienbaum

(Klosterstraße 17, 46509 Xanten, www.sankt-viktor-xanten.de). Links liegt das Wallfahrtsheim, wir biegen rechts in die Klosterstraße und rollen auf die Kirche zu. Anschließend geht es am Kirchenschiff links vorbei Richtung Museum. Nach dem Kirchenvorplatz biegen wir links ab, überqueren die Vorfahrtsstraße und halten uns wieder links. Nach wenigen Metern rechts in die Uedemer Straße.

Wir biegen hier links auf den Alleenradweg, auf dem wir schnurstracks geradeaus für gute sieben Kilometer bis nach Xanten rollen. Die Radstrecke macht ihrem Namen alle Ehre, alle paar Meter sind Bäume gepflanzt. Es müssen einige Straßen gekreuzt werden. Links sehen wir wieder das Gelände des Archäologischen Parks mit dem auffälligen Gebäude des Römermuseums. Dann liegt am Weg ein Gutshof und hier heißt es „Vorsicht vor freilaufenden Hühnern“, die gern auch am Radweg nach Essbarem picken. Wenn der Radweg endet, liegt links die Verwaltung des APX. Am Ende dieses Gebäudes biegen wir links in einen schmalen Radweg ein. An dessen Ende in den Erprather Weg, dann rechts in die Siegfriedstraße und links ins Sträßchen Am Eulenturm. Jetzt können wir wieder die schöne historische Atmosphäre Xantens genießen. Es geht rechts durch das Klever Tor, danach gleich links und an der Kriemhild-Mühle vorbei. Wie auf dem Hinweg mit der Stadtmauer zur Linken radeln wir bis zum Kreisverkehr, in diesem aber rechts auf den Radweg und auf diesem an der Grünanlage mit Spielplatz entlang. Dann geht es in einem Linksschwung hinauf und weiter parallel zum Varusring. An der Ampelkreuzung links in die Gelderner Straße (Richtung Bislicher Insel). Vor dem Restaurant Zur Rheinfähre folgen wir dem Rechtsknick der Straße (oder setzen, wenn wir noch Lust auf eine kleine Bootspartie haben, mit der Fähre Keer Tröch (Palmso.–31.10. Mi, Fr–So, Fei, bislich.de) ans andere Rheinufer über) und sind bald wieder am Ausgangspunkt Naturforum Bislicher Insel unserer schönen Acht angelangt.

Hübsche Grändort
Roosenhofs
Abgrabungsse
Lohrwardt un
Reckerfeld
Rhein
L8
K32
Vynen
Die Eichen
K10
Marienbaum
Xantener
Nordsee
Hohe Ley
B57
Krüpper
L5
Wardt
NN_2793222
Uedemer Hochwald
K32
K37
Pistley
Xantener
Südsee
Niedere Ley
Naturwaldzelle
Hochwald II
L6
Pistley
Hohe Ley
Willichsche Ley
Hohe Ley, Wesendonker
Abzugsgraben,
Urselmanns
Ley, Tacke
Ley
K5
Niedere Ley
K36
XANTEN
Tacke Ley
Urselmanns Ley
Labbeck
L77
Niedere Ley
L480
Tacke Ley
Die Hees
Hohe Ley
Grenzdyck
K21
0
1 km

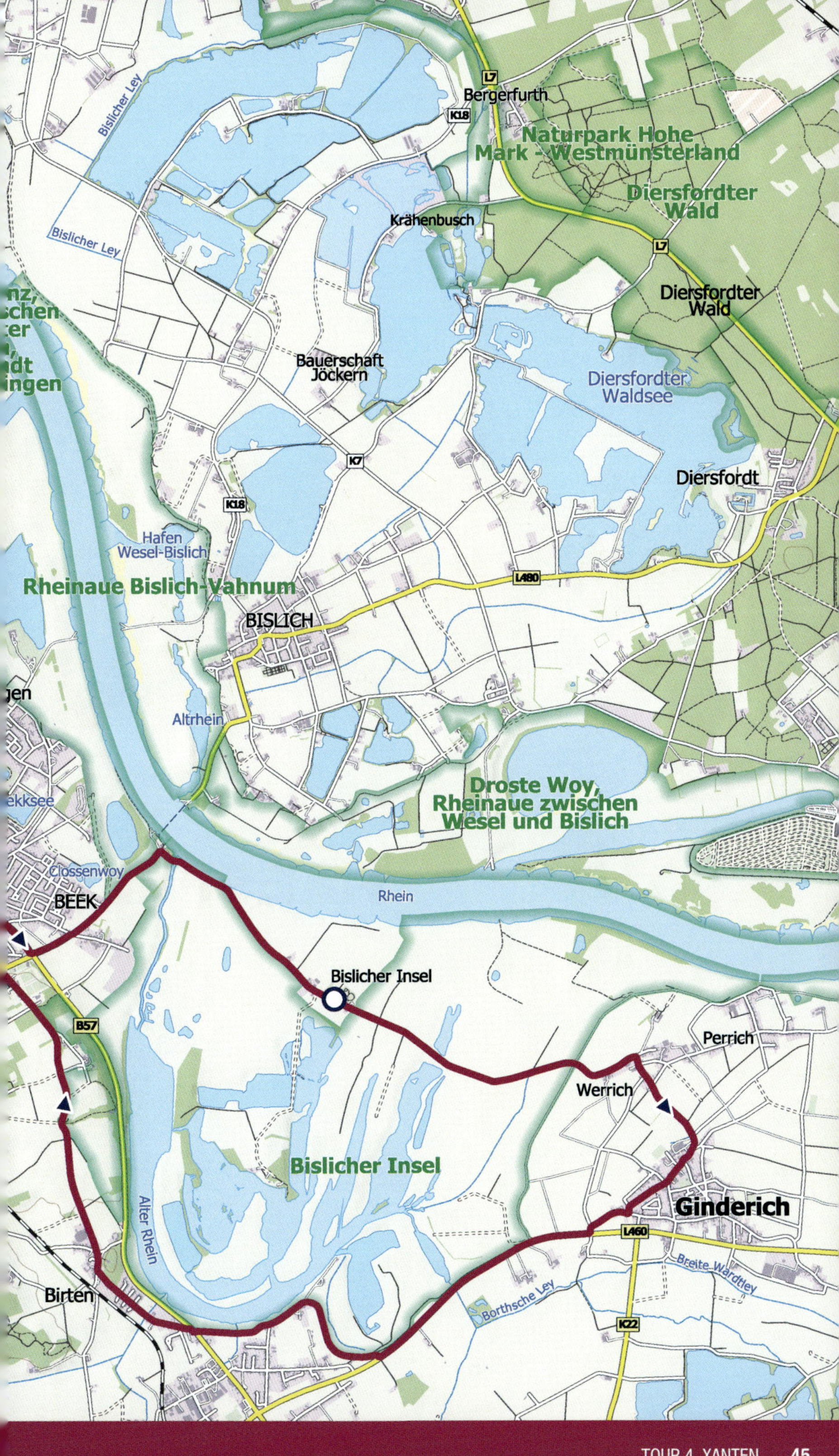

Bislicher Ley
L7
Bergerfurth
K18
Naturpark Hohe Mark - Westmünsterland
Diersfordter Wald
Bislicher Ley
Krähenbusch
L7
Diersfordter Wald
Bauerschaft Jöckern
Diersfordter Waldsee
K7
Diersfordt
K18
Hafen Wesel-Bislich
Rheinaue Bislich-Vahnum
L480
BISLICH
Altrhein
Droste Woy, Rheinaue zwischen Wesel und Bislich
Clossenwoy
BEEK
Rhein
Bislicher Insel
B57
Perrich
Werrich
Bislicher Insel
Ginderich
L460
Alter Rhein
Breite Wardtley
Borthsche Ley
Birten
K22

*Zum spontanen Gebet nach Marienthal*

# 5 DIE RAESFELD-RUNDE

*Start/Ziel*

## RAESFELD

*Rundtour*

*40,9 Kilometer*

*72 Höhenmeter*

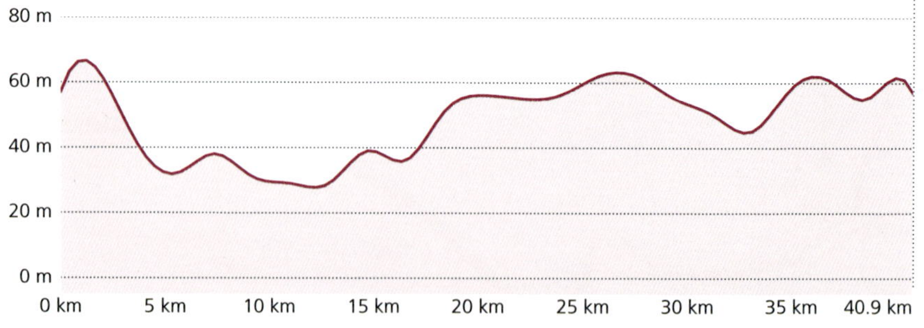

Schloss Raesfeld ist nicht umsonst das Highlight der Tour

Ein Schloss, viele Teiche, ein Tiergarten, ein Kloster, ein Museum, ein Dämmerwald, eine Windmühle – diese Tour ist vollgepackt mit Sehenswürdigkeiten. Und auf den gut 40 Kilometern gibt es genügend Naturlandschaften, die ihr genießen könnt.

Gut geeignet für Familien mit Anhängern, nur moderate Steigungen. Fahrradschloss mitnehmen!

Wir beladen unsere Fahrräder mit den mitgebrachten Trinkflaschen sowie unseren bereits gepackten Taschen. Unsere Tagestour startet und endet auf dem Parkplatz am Schloss. Die Geschichte von Schloss Raesfeld reicht bis ins 12. Jahrhundert zurück (Tiergarten und Außenbereiche ganzj. frei zugängl., Besucherzentrum: April–Sept. Mo–Fr 9:30–12:30, 13:30–17, Sa 13:30–17, So 11–17 Uhr, Okt.–März 9:30–12:30, 13:30–16, Sa–So 13–16 Uhr, Freiheit 27, 46348 Raesfeld, schloss-raesfeld.nrw). In der ersten Hälfte des 18. Jahrhunderts starb das Geschlecht der von Velen zu Raesfeld aus, das Schloss wurde nur noch unregelmäßig bewohnt und verfiel. Zu Anfang des 19. Jahrhunderts wurden Teile der Anlage abgerissen oder bis ins 20. Jahrhundert als landwirtschaftlicher Gutshof genutzt. Nach dem Zweiten Weltkrieg ließen es die Handwerkskammern des Landes Nordrhein-Westfalen als neue Besitzer restaurieren. Heute findet man

Durch den Dämmerwald

im Schloss den Sitz der Fort- und Weiterbildungseinrichtung der Handwerkskammern, außerdem wird es für kulturelle Veranstaltungen und als Restaurant genutzt – seit 2007 kann man hier übrigens auch heiraten. Von den ehemals vier Flügeln der Oberburg stehen heute noch der Westflügel mit dem markanten stufenförmigen Turm und der nördlich angrenzende Altbau mit einem wiederaufgebauten Rundturm. Wassergräben trennen die Ober- von der Vorburg und der dörflichen Schlossfreiheit mit der Schlosskapelle. Wir radeln um das wunderschöne Wasserschloss herum, der blaue Himmel spiegelt sich an der Oberfläche vom Großen Teich. Wir fahren weiter Richtung Südwesten zum Weinbergteich. Der angrenzende historische Tiergarten gehört zu den wenigen erhaltenen aus der Zeit der Renaissance. Dieser ist weder ein klassischer Schlosspark noch ein herkömmlicher Tierpark. Wir entdecken weitläufige Wiesen- und Heideflächen sowie ein ausgedehntes Waldgebiet. Wir können heute noch die Grundstrukturen aus der Zeit der Renaissance erkennen. Sofort fällt uns der interessante Wildwuchs der etwa 100 Hektar großen Anlage auf. Während Reichsgraf Alexander von Velen 1653 neben Großwild auch exotische Tierarten zu seinem Vergnügen hielt, werden die Tiere heute nach modernen Standards gehalten.

Weiter geht es auf unserer Strecke, wir radeln am Langen Teich entlang, kom-

# Highlights
## am Wegesrand

**Augustus**
Zwischen Schermbeck, Erle und Holsterhausen liegt ein weiterer wunderschöner Mischwald, der 1.500 Hektar große Naturraum Üfter Mark – hier entstand einst der Forst „Gewerkschaft Augustus“, um seinerzeit den Holzbedarf des Ruhrbergbaus zu decken.

**SAKRALES**
Die Architektur und die zahlreichen Kunstwerke der Klosteranlage ziehen jährlich tausende von Besuchern an. Auf dem Friedhof neben der Kirche könnt ihr die große gestalterische Bandbreite moderner Sakralkunst sehen.

**52,5 m**
Mit einer Höhe von 52,5 Meter hat das Schloss Raesfeld übrigens den höchsten Turm aller Schlösser in Westfalen. Mitte des 17. Jahrhunderts ließ der Reichsgraf Alexander II. von Velen die Burg zum Residenzschloss im Stil der Renaissance ausbauen.

men zum Ottoteich und fahren dann weiter Richtung Südwesten nach Marienthal an der Issel. Die kleine Issel ist eine echte landschaftliche Bereicherung, die zur romantischen Atmosphäre des idyllischen Dorfes beiträgt. Besucher von nah und fern schätzen den Ausflugs- und Erholungsort, dessen Geschichte bis ins 14. Jahrhundert zurückreicht. Wir biegen nach rechts ab zum Kloster Marienthal (tgl. 7–19 Uhr, An der Klosterkirche 8, 46499 Hamminkeln, karmel-marienthal.de), vermutlich das erste Kloster der Augustiner-Eremiten im deutschsprachigen Raum und heute Karmeliterkloster. Auf dem Hof stellen wir unsere Fahrräder ab und werden herzlich von Bruder Manfred begrüßt, der uns unter anderem über die Öffnungszeiten der Klosterkirche informiert. Es ist kurz vor 12 Uhr und er lädt uns spontan ein, miteinander zu beten. Der herzliche Empfang von Bruder Manfred, nicht zuletzt aber auch der Inhalt des gemeinsamen Gebets bringen uns zum Nachdenken und wir steigen bewegt wieder auf unsere Räder.

Kaum Autoverkehr, wenn wir durch die Allee rollen

Wir verlassen Marienfeld nach Westen und wenden uns am Isselmannsweg nach Süden. Dem Straßenverlauf folgend können wir vom linksseitigen Radweg in die Straße Berggraf links abbiegen. So kommen wir zum Otto-Pankok-Museum (Otto Pankok Weg 4, 46569 Hünxe-Drevenack, pankok-museum-esselt.de). Das ehemalige Gut „Haus Esselt" mit dem Museum, dem Wohnhaus, dem Archiv und der Gartenanlage ist die Kunststätte der Künstlerfamilie Pankok. Ihr könnt hier den Nachlass aller drei Pankoks in beachtlichem Umfang besichtigen. Er umfasst etwa 12.000 Werke Otto Pankoks – in allen von ihm ausgeübten Techniken. Seine Themen sind Menschen, Tiere und Landschaften in ihrer Ursprünglichkeit. Seine Modelle sind oft einfache Leute, Ausgestoßene, Juden. Pankoks 1933 begonnener Zyklus „Die Passion" steht unter dem Eindruck der Machtergreifung Hitlers und der Nazis. Ganz unpolitisch, dafür künstlerisch umso vielschichtiger, sind seine Porträts. Es sind Berühmtheiten, denen er ein Gesicht gibt: Annette von Droste-Hülshoff, Auguste Renoir, Ernst Barlach, Leo Tolstoj, um nur ein paar zu nennen. Wir machen eine Trinkpause und dann geht es weiter.

Wir überqueren erneut die malerische Issel und fahren noch ein Stück Richtung Süden. An Knotenpunkt 9 vorbei durchqueren wir ein Waldstück, an dessen Ende wir uns links über die Straße Steinberg und den Weseler Weg

nach Osten wenden. Weselerwald und Malberg geben uns die Richtung vor. Hier beginnt der weitgehend urtümliche Dämmerwald, den man wunderbar auf mehreren Kilometern durchradeln kann. Er gehört zum Naturpark Hohe Mark und besteht aus einem etwa 1.450 Hektar großen zusammenhängenden Gebiet. Wir machen mehrmals spontan Halt, beobachten Vögel, fotografieren bezaubernde Adlerfarne und Pfeifengräser. Herrlich, diese Natur mit ihren Schönheiten und Überraschungen. Ein Teil des Dämmerwalds gehört zum europäischen Schutzgebiet „Natura 2000“ – das steht unter anderem für den Schutz von Flora und Fauna, also auch für ein sicheres Zuhause für Wildkatzen, Rothirsche, Nachtigalle, Spechte, Wespenbussarde, Waldfledermäuse und den bedrohten Moorfrosch.

Nach soviel Flora und Fauna kommen wir wieder in bewohnte Umgebung. Es geht in Richtung Norden nach Erle. Von der Straße aus sehen wir schon die hübsche Turmwindmühle im Ort. Wir biegen rechts ab auf die Zufahrt an der Mühle und stellen unsere Fahrräder ab. Wir haben Glück mit dem Kaiserwetter und der azurblaue Himmel verlangt nach einer Fotosession mit Mühle. Das Schild „Privatbesitz“ ist gut sichtbar und wir halten daher einen respektvollen Abstand. Wir prüfen die noch bevorstehende Strecke – es liegen noch ca. 10 Kilometer bis zu unserem Startpunkt vor uns. Zum Endspurt steigen wir wieder auf unsere Bikes und radeln Richtung Schloss. Nachdem wir dort unsere Räder abgeschlossen haben, nehmen wir unsere Helme und Taschen und laufen die kleine Gasse am Schloss entlang. Es gibt viele kleine nette Restaurants und Cafés rund um Schloss Raesfeld. Wir sind uns darüber einig, dass wir draußen in der Sonne sitzen möchten. Auf einer Restaurantterrasse sitzen noch andere Radfahrer – leicht zu erkennen an ihrem Equipment und ihrer Kleidung – und wir kommen in einen begeisterten Plausch über diese tolle Radfahrergegend. Mit herzhaften Spinat-Lachs-Flammkuchen und einem Andechser Weißbier alkoholfrei beenden wir diesen wunderbaren Tag.

Im Venn
K26
Nordbrock
L896
Winzelbach
Havelich
Havelich
L401
B70
Winzelbach
L401
Gertendorf
Marienthal
K13
Mönkesbach
Rehbach
Issel
Voshövel
K25
L1
Malberg
Quellbachsystem Siegewinkelbach
Weselerwald
L401
Capellenfeld
Kolonie Lühlerheim
Plankenbach
Oberer Hollebach
Wachtenbrink
A3
0
1 km
Plankenbach

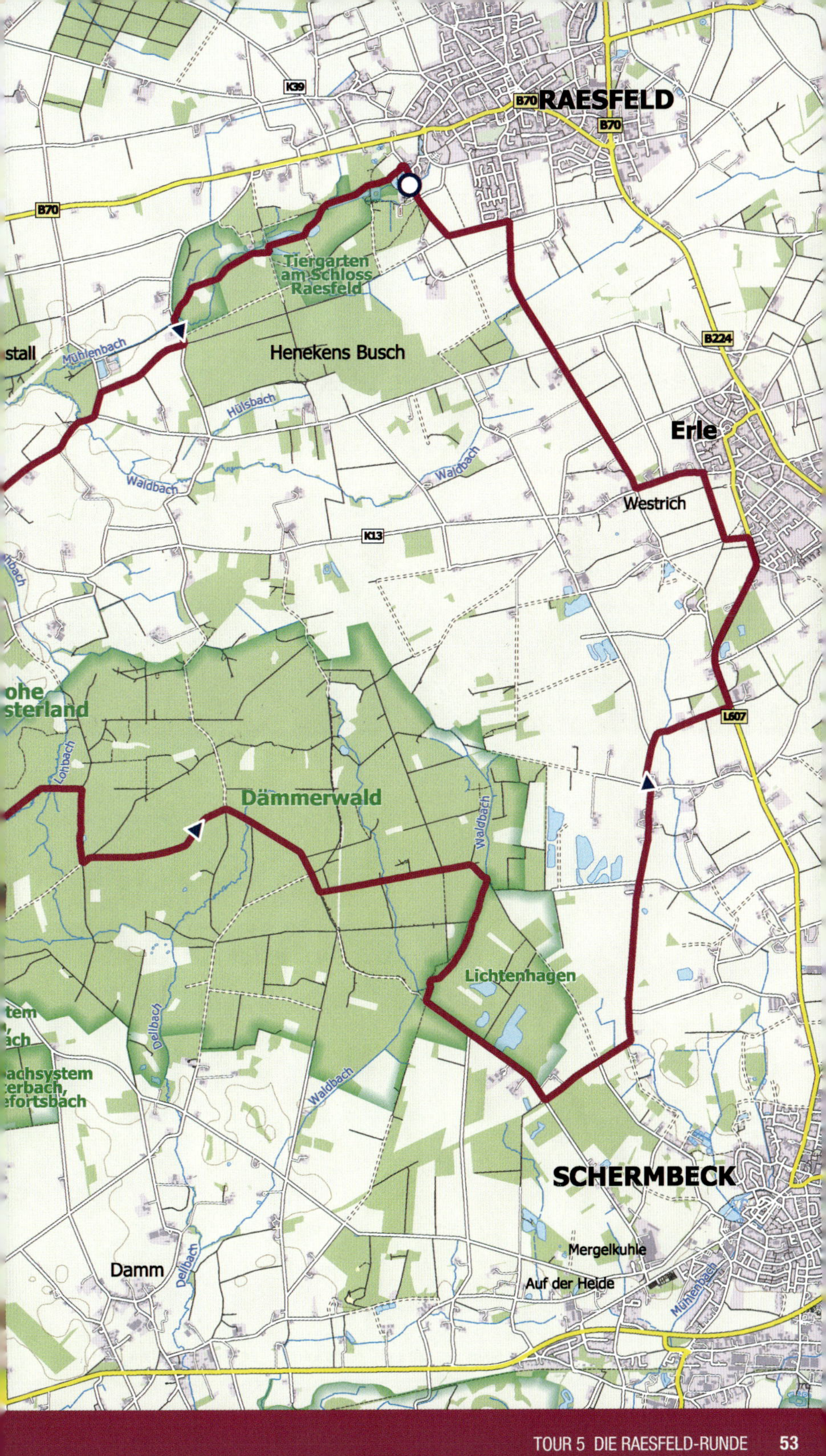
RAESFELD
B70
K39
Tiergarten am Schloss Raesfeld
Henekens Busch
Mühlenbach
Hülsbach
Waldbach
B224
Erle
Westrich
K13
L607
Dämmerwald
Lohbach
Lichtenhagen
Dellbach
SCHERMBECK
Mergelkuhle
Auf der Heide
Damm

*Die schönsten Kilometer ab*

# 6 GLADBECK

*Start/Ziel*

## BAHNHOF GLADBECK

*Rundtour*

*41 Kilometer*

*270 Höhenmeter*

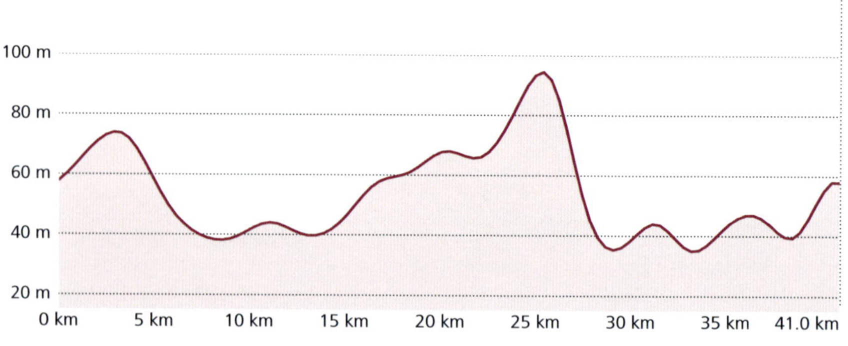

Menschengemachtes Mittelgebirge: Die Mottbruchhalde.

**Gladbeck, Bottrop, Gelsenkirchen-Buer: Das sind vermutlich nicht die Orte, die dir als erste für eine Erkundungstour durchs Ruhrgebiet einfallen würden. Dabei lassen sich hier besonders schön die schroffen Gegensätze dieser spannenden und manchmal skurrilen Stadtlandschaft erfahren. Und die Panoramen dieser Tour gehören zu den schönsten, die die künstlichen Emscherberge zu bieten haben.**

Über große Strecken einfache Tour mit urbanen Passagen, und insbesondere auf den Halden etwas ruppig. Verwirrend ist dort manchmal die Wegführung.

Der Start verhält sich dazu – zugegebenermaßen – noch etwas bescheiden. Aber der Bahnhof Gladbeck-West liegt günstig und wenn wir dem Radweg nordwärts zwischen Gleisen und Gymnasium hindurch zum Nordpark folgen, ist das magere Entré rasch vergessen. Der Teich bietet ein paar hübsche erste Impressionen. Links am Spielplatz vorbei und weiter links der Talstraße folgen. An der Schultenstraße rechts, und jetzt geht es ein ganzes Stück geradeaus Richtung Bottrop Feldhausen/Movie Park. An der Frentroper Straße könnten wir einen Schlenker zur Maschinenhalle der Zeche Zweckel einlegen. Doch das auch künstlerisch gern genutzte Ensemble ist nicht regulär geöffnet, und der Blick von der Straße ist bescheiden. Wir

Schon der Aufstieg zur Halde Rungenberg begeistert.

radeln also weiter und erreichen Feldhausen auf der Liboristraße, von der wir an der Kapellenstraße nach rechts biegen. Der Weg Richtung Bahnhof Feldhausen und weiter zum Movie Park führt dabei vorbei am Gasthof Berger (täglich außer Mo und Do ab 11.30 Uhr geöffenet, Schlossgasse 35, 46244 Feldhausen, gasthof-berger.de), wo es Zeit sein könnte für eine erste Stärkung. Hinter den Gleisen halten wir uns danach links und umrunden gegen den Uhrzeigersinn den Vergnügungspark, rechts von uns der Wald, links die Achterbahn. Allerdings führt unser Weg an der Ostlandstraße nach rechts bis zu deren Ende. Die großen Städte liegen jetzt, so scheint es, weit hinter uns, links und rechts nur Grün.

Rechts in die Gelsenkirchener Straße, und im Achterfeld biegen wir nach links ab, an mehreren Höfen vorbei. Spätestens am dritten, bei Bauer Dalhaus (Achterfeld 61a, 46282 Dorsten, www.bauer-dalhaus.de) solltest du die Gelegenheit nutzen, dich im Hofcafé zu stärken. Die 53 Bäume im RuhrKulturGarten stehen für die 53 Städte des Ruhrgebiets und stellen die Basis für hofeigene Produkte. Wir radeln weiter, überqueren die B224 und folgen den Radschildern durch Altendorf-Ulkotte. Am Polsumer Weg rechts, der vor der Autobahn zum Wittkämper Weg wird. Mit dem Knick nach Süden taucht vor uns die Kulisse des riesigen Kraftwerks auf, mit Halde Scholven direkt daneben. Jenseits der Autobahn durch-

# Highlights
am Wegesrand

**126 m**
An monumentalen Gebäuden mangelte es im Ruhrgebiet zu Zeiten der Industrialisierung nicht. Aber nur wenige davon sind erhalten. Die Maschinenhalle der Zeche Zweckel, 126 Meter lang, gehört dazu. Bestaunt werden kann sie unter anderem bei künstlerischen Inszenierungen im Rahmen der Ruhrtriennale.

**1308**
Mehr als 700 Jahre Geschichte machen das Wasserschloss Lüttinghof an der Stadtgrenze zum ältesten Gebäude auf Gelsenkirchener Gebiet. Mit seinen modernen Anbauten dient es heute als Eventlocation und beliebte Kulisse für Hochzeiten.

**Biomasse**
Hauptsächlich schnell wachsende Weiden und Pappeln werden hier angebaut. Wo einst Kohle gefördert wurde, auf dem Gelände der Zeche Hugo, entstand mit ihrer Hilfe ein Park für Energiegewinnung aus Biomasse. Das Grünlabor nebenan dient unter anderem für den Anschauungsunterricht.

fahren wir Polsum, biegen links in die Scholvener Straße und folgen dem Radweg „Im Eichholz“ nach rechts. Die Lüttinghofallee bringt uns bald entlang des Wassergrabens zu unserem nächsten Stopp: Wasserschloss Lüttinghof. Das Gebäude wird hauptsächlich als Eventlocation betrieben, der Kuchengarten am Portal öffnet aber bei gutem Wetter sonntags und an Feiertagen (11–18 Uhr Tel.: 0209 513 00 761, luettinghof.de).

Links hinter dem Parkplatz geht es nach Süden, den Weg parallel zur Autobahn entlang. Hinter dem Wäldchen links und dem Weg bis zur Lüttinghofstraße folgen. Wir queren die große Ulkotter Straße und radeln links in die Valentinstraße. Nach einer Weile geht die Ottestraße nach rechts ab und führt uns bis in den neuen Glückaufpark Hassel, das 30 Hektar große Gelände einer ehemaligen Kokerei. Am Seeufer lässt sich hervorragend eine Pause einlegen und die Künste der dort üben-

Schloss Wittringen bietet einen guten Rahmen zum Abschluss.

den Skater und Rollerfahrer begutachten. Der ausgeschilderte Weg führt südwärts weg vom See und links in die Hanfstraße. An der Flachsstraße rechts, und hier bekommen die beiden Namen plötzlich Sinn: Vor uns liegt die Siedlung Spinnstuhl, eine Arbeitersiedlung, die zwischen 1926 und 1928 inspiriert vom Bauhaus errichtet wurde. Links die Hechelstraße entlang bekommen wir von ihr einen guten Eindruck. Weiter geradeaus, und von der Lasthausstraße weichen wir erst rechts in die Karl-Schwesig-Straße. Den Radschildern folgend kommen wir zur Königswiese, die wir überqueren und unter den Gleisen hindurch zum Nordring folgen. Die Großstadt hat uns wieder.

Und auch das Radwegenetz. Es führt uns vom Nordring über die Mühlenstraße in die Mitte von Buer, dem nördlichen Zentrum Gelsenkirchens. Rechts halten, der Hoch- und dann der Beisen- und Röckstraße Richtung Gladbeck folgen. Hinter der Vinckestraße biegen wir links in den Brößweg, der dich geradewegs auf das Gelände der ehemaligen Zeche Hugo führt. Vor uns der Förderturm, biegen wir nach links und freuen uns über ein sympathisches Durcheinander von Gärten und Pflanzanlagen: Wir stehen im Biomassepark, der von Schulen und Kitas zu Lehrzwecken genutzt wird und auch als Grünlabor dient. Folge dem Weg in die Rechtskurve, an der nächsten Kreuzung beginnt der Aufstieg zur Halde Rungenberg. Abends strahlen auf ihrer Spitze zwei Scheinwerfer und bilden die Doppelspitze der Halde nach. Tagsüber ist sie ein wunderbar weites Haldengebirge, an dessen Scheitelpunkt wir den Überblick über die Emscherregion genießen.

Wie weiter? Vor uns führt eindeutig ein Weg die Wiese herab, den viele Radler nutzen. Aber Vorsicht: Die Halden sind

beliebt bei Mountainbikern. Der Untergrund ist voller Tücken. Entscheidest du dich für diesen kürzeren Weg, schieb besser das kurze Stück! Alles andere wäre zu riskant. Alternativ kehren wir um zum Grünlabor, nehmen die Hugo-Trasse, bis der Hein-Günther-Breuker-Weg vor der Autobahn rechts über der Lanferbach führt und wir – so oder so – auf die Rungenbergstraße stoßen. Sie bringt uns über die A2. Am Kreisverkehr hältst du dich rechts in die Braukämperstraße, und nach einigen hundert Metern rechts in die Sauerländer Straße. Rechts in die Vehrenbergstraße, die den Südpark mit dem Hahnenbach kreuzt. Seinem Lauf folgen wir jetzt rund zwei Kilometer durch den Park und am Parkplatz an der Heringstraße weiter im Uhrzeigersinn die erste von drei Halden entlang. Wo der Hahnenbach in die Boye fließt, wird nicht nur kräftig Landschaft gestaltet, der Radweg knickt auch nach Nordwest, der Mottbruchhalde entgegen. An der Gabelung nehmen wir rechts den Aufstieg auf unseren nächsten Berg in Angriff. Der Anstieg ist moderat, der Ausblick großartig – zumal die Spitze wie ein geteilter Vulkankegel gestaltet wurde. Beeindruckend!

Der Abstieg geht entweder zurück zum Beginn des Aufstiegs und dann den Weg weiter. Oder du setzt die weite Schleife fort, gefahrlos diesmal, und genießt bei der Abfahrt den tollen Ausblick auf die Halden Graf Moltke und Halde im Brauck. Wermutstropfen ist der schmale Pfad beim Wechsel auf den Radweg nach Norden. Die Halden wurden halt nicht als Naherholungsgebiete erfunden. Damit kommt aber die Entwarnung: Ab jetzt folgen wir nur noch dem Radwegenetz. Zunächst ab der Straße links die Kösheide entlang und die B224 queren. Schließlich den Schildern Richtung Schloss Wittringen über die Autobahn folgen und rechts die Bohmertstraße und die Ringallee den See entlang bis zum hübschen Wasserschloss. Dass hier gern geheiratet wird, verraten die vielen kleinen Schlösser auf der Brücke. Die Schenke belohnt uns für unsere Tour (Di–So mittags bis abends warme Küche, Burgstraße 64, 45964 Gladbeck, wasserschloss-wittringen.de), Blick auf die Vogelinsel inklusive. Das letzte Stück zum Bahnhof Gladbeck-West ist gut ausgeschildert, folgt der Ringallee, dann der Wilhelmstraße, den Bürgerhäusern am Jovyplatz vorbei zur Bottroper Straße und die Wiesenstraße entlang.

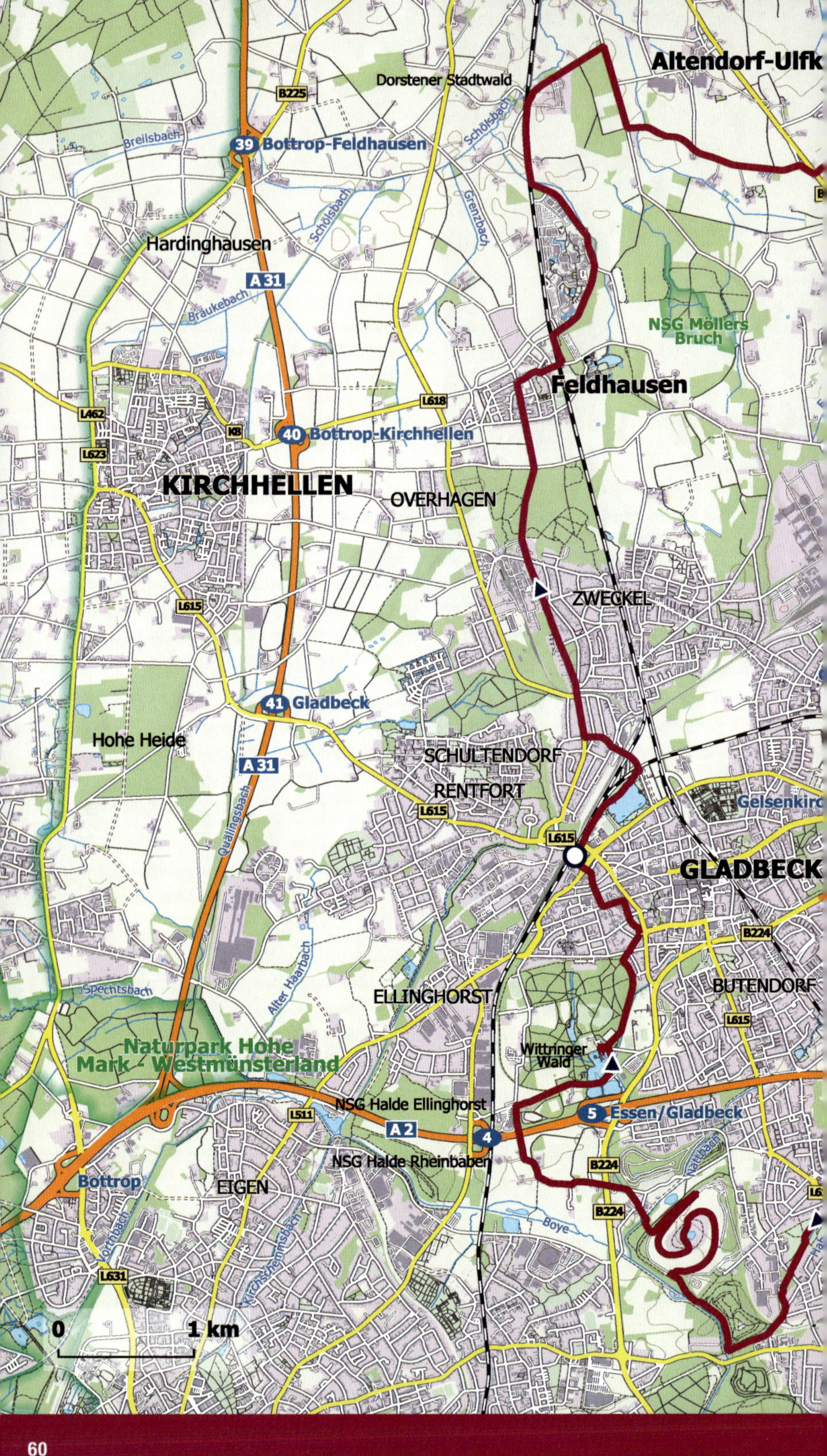
Altendorf-Ulfk
Dorstener Stadtwald
B225
Breilsbach
39 Bottrop-Feldhausen
Schölsbach
Grenzbach
Hardinghausen
A 31
Bräukebach
NSG Möllers Bruch
Feldhausen
L618
L462
K8
40 Bottrop-Kirchhellen
L623
KIRCHHELLEN
OVERHAGEN
ZWECKEL
L615
41 Gladbeck
Hohe Heide
A 31
SCHULTENDORF
RENTFORT
L615
Quellingsbach
L615
Gelsenkirc
GLADBECK
B224
BUTENDORF
Alter Haarbach
Spechtsbach
ELLINGHORST
L615
Wittringer Wald
Naturpark Hohe Mark - Westmünsterland
NSG Halde Ellinghorst
5 Essen/Gladbeck
L511
A 2
4
NSG Halde Rheinbaben
B224
Bottrop
EIGEN
B224
Boye
L631
Kirchschemmsbach
0
1 km

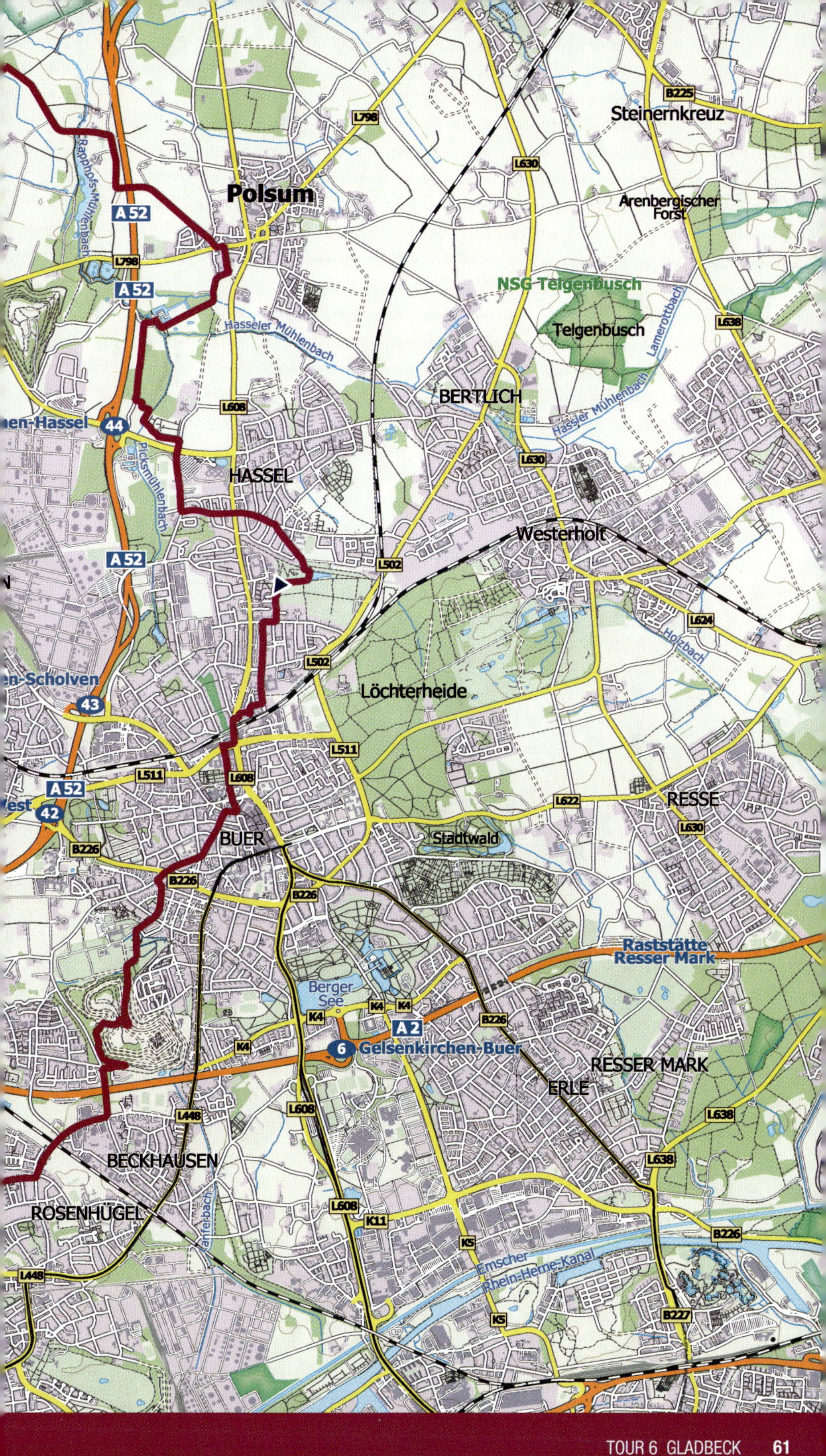
Steinernkreuz
Polsum
Arenbergischer Forst
NSG Telgenbusch
Telgenbusch
Rapphofs-Mühlenbach
Hasseler Mühlenbach
Hassler Mühlenbach
Lamerottbach
BERTLICH
HASSEL
Picksmühlenbach
Westerholt
Holzbach
Löchterheide
RESSE
BUER
Stadtwald
Raststätte Resser Mark
Berger See
Gelsenkirchen-Buer
RESSER MARK
ERLE
BECKHAUSEN
ROSENHÜGEL
Emscher
Rhein-Herne-Kanal

Blick auf den Terrassengarten vom Kloster Kamp.

*Die schönsten Kilometer ab*

# 7 MOERS

*Start/Ziel*

## MOERS

*Rundtour*

*44 Kilometer*

*186 Höhenmeter*

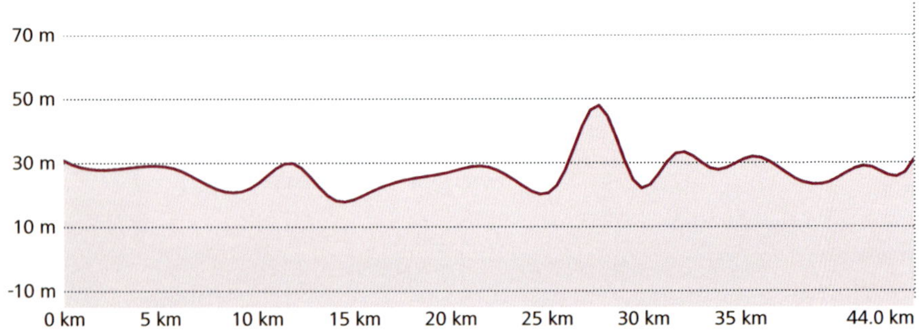

Der Garten der Mönche im Kloster Kamp.

**Rheinisch-Westfälisches Industriegebiet nannte man das Ruhrgebiet in seinen Anfangsjahren. Speziell auf der linken Seite des großen Stroms lässt sich das Rheinische gut erfahren – mit weiten Blicken und hübschen Altstädten.**

Überwiegend asphaltierte und leicht fahrbare Tour mit einem kurzen, etwas rauen Waldteil, der sich bei Bedarf umfahren lässt.

Wir starten auf der östlichen Seite des Moerser Bahnhofs, wo die Kirschenallee vom Kreisverkehr weiterführt. Dort wechseln wir rechts an der Kirche vorbei auf die Königsberger Straße, die zur Franz-Haniel-Straße wird und an einer ersten Sehenswürdigkeit vorüberführt: dem imposanten Förderturm von Zeche Rheinpreußen, Schacht IV. Ein kleiner Umweg durch den „Hinterhof" lohnt sich, um einen Eindruck von den alten Verwaltungsgebäuden zu bekommen. Wir folgen der Franz-Haniel-Straße, benannt nach dem großindustriellen Zechengründer, bis zum Kreisverkehr, wo unser Radweg als Verlängerung weiter geradeaus führt. Bei nächster Gelegenheit biegen wir links über die Felder und gelangen an der Hattropstraße zum Radwegenetz zurück. Rechts halten und an der Elisenstraße nach links. An der Kreuzung folgen wir rechts der Kohlenstraße, die uns geradewegs auf den Rhein zuführt.

Das Stammhaus der Schnapsbrenner in Rheinberg.

Leider müssen wir hier die viel befahrene Rheindeichstraße kreuzen. Auf der anderen Seite bringt uns der Radweg unter der Autobahnbrücke hindurch zu einem beliebten Ausflugsziel, dem Restaurant Rheinblick. Wenn für einen größeren Halt der Appetit noch nicht reicht: Der Eiswagen steht bei gutem Wetter fast immer hier. Wir rollen noch ein paar Meter weiter den Rhein entlang, im Hintergrund die enorme Kulisse des Stahlwerks auf der anderen Seite. Bei nächster Gelegenheit links abbiegen und der Hofstraße bis zum Denkmal folgen. Rechts vorbei die Paschmannstraße entlang und an der Gabelung links zur Hauptstraße. Rechts versetzt geht unser Weg weiter, rechts halten, und vor uns liegen das weite Binsheimer Feld, das wir entspannt, den Radschildern folgend, queren.

Wir gelangen auf die Orsoyer Straße, die uns schnell in den gleichnamigen Ort in die Mitte bringt. Schilder klären dich an mehreren Stellen über die Reste der Stadtmauern, deren Türme und die verschiedenen Ausbaustufen auf. Mindestens genauso trutzig stellt sich das Hochwassertor dar, hinter dem die Fährstraße zum Anleger hinunterführt. Von hier aus lässt sich leicht eine Verbindung zu Tour 12 durch den Duisburger Norden herstellen mit Orsoy als Angelpunkt. Unterkünfte gibt es, beispielsweise den Orsoyer Hof (täglich ab 11.30 Uhr, Hafendamm 2, Rheinberg-Orsoy, www.orsoyerhof.de), am Nordrand des Ortskerns, der

# Highlights
## am Wegesrand

**Linksrheinisch**
Mit Zeche Rheinpreußen schaffte das rasant wachsende Ruhrgebiet Mitte des 19. Jahrhunderts den Sprung über den Rhein. Auf der nahegelegenen Halde steht oben ein überdimensionales „Geleucht“, die Lampe der Bergleute, und strahlt abends weithin sichtbar über den Fluss.

**50 km**
Ganz fertig gestellt wurde der rund 50 Kilometer lange Kanal „Fossa Eugeniana“ nie. Er sollte im 17. Jahrhhundert Rhein und Maas miteinander verbinden und nicht zuletzt den Handel zwischen den beiden bedeutenden Flüssen stärken.

**Drachen**
Halde Norddeutschland ist der Ort, wo du sie bei entsprechendem Wetter finden kannst: Drachen aller Art. Sogar Gleitschirmflieger üben hier. Darüber hinaus lohnt auch der Blick von der stählernen Halle auf die großen Städte Richtung Osten die 74 zusätzlichen Höhenmeter.

sich auch für einen schattigen Zwischenstopp auf unserer Tour hervorragend eignet. Daran vorbeiradelnd führen wir unseren Weg fort. Wir folgen links dem Grünen Weg Richtung Budberg, gönnen uns am Rüttgersteg aber eine kleine Schleife abseits der großen Straße: Halte dich rechts, hinterm See in den Benderweg bis zur Eversaeler Straße, dann links. Wir streifen Budberg nur leicht, finden aber am Gasthaus Steinhoff eine hübsche Gelegenheit zur Rast.

Allerdings ist es bis zu unserem nächsten Highlight auch nicht mehr weit. Die Eversaeler Straße mündet in die Rheinberger Straße, deren Radweg uns nach rechts über zwei Kreisverkehre hinweg geradewegs in die Mitte von Rheinberg führt. Nicht nur für Familien lohnt sich am zweiten Kreisverkehr übrigens ein kleiner Abstecher nach links zum TerraZoo (täglich außer Mo, 10–18 Uhr, Melkweg 7, 47495 Rheinberg, terrazoo.de), der rund 700 Tiere zeigt, vornehmlich Amphibien, Reptilien und ähnliche.

Offene Weite am Niederrhein zwischen Rheinberg und Kamp-Lintfort.

In Rheinberg ist der zentrale Marktplatz nicht zu übersehen, und der Stopp an der Eisdiele daneben ist an warmen Tagen fast Pflicht. Aber auch deftigere Speisen finden sich im Umfeld. Optisch ragt das klassizistische Gebäude mit Turm heraus: das Stammhaus Underberg.

Unser Radweg führt von hier etwas unscheinbar gegenüber der Bushaltestelle in die Alte Poststege und dann versetzt durch den Kamperhof zum Stadtwall Richtung Bahnhof. Wir folgen weiter der Bahnhofstraße, auch über den Kreisverkehr und die Fossa Eugeniana hinaus, bis der Radweg uns jenseits des Zubringers in den Wald und unter der Autobahn hindurchführt. Weiter geradeaus, den kleinen Kanal links neben uns, kommen wir auf die Rheinberger Straße, die uns bis zum Kloster Kamp führen würde. Wer schmale Reifen hat oder das kleine, etwas holprige Waldstück umgehen möchte, sollte diesen, auch etwas schnelleren Weg wählen. Die hübschere Alternative geht rechts in die Hornenheidchenstraße, die quer durch die weiten niederrheinischen Felder führt. Jenseits der Saalhofferstraße geht geradeaus die Kirchstraße weiter, bis wir hinter dem Golfclub links der Kreuzstraße durch den Wald folgen. An der Gabelung hältst du dich rechts und kommst so zum Wanderparkplatz und, auf der anderen Straßenseite, zum Kloster Kamp (www.kloster-kamp.eu, kostenlose Nutzung der E-Bike-Ladestation).

Als spirituelles Zentrum prägte die Abtei über Jahrhunderte das geistliche Leben des Niederrheins. Viele Epochen haben ihre Spuren hinterlassen, die Abteikirche und Schatzkammer sind bedeutende Kulturschätze. Vor allem aber lockt der barocke Terrassengarten (täglich ab 8 Uhr bis Einbruch der Dunkelheit geöffnet). Unsere Tour geht über die Sternstraße am Alten Klostergarten vorbei zurück zur Rheinberger Straße und sofort nach rechts. Dem Radweg folgend über die Rheurdter Straße geht es links, dem ehemaligen Wandelweg der Landesgartenschau 2020 folgend bis zur Friedrich-Heinrich-Allee, an der du rechts unschwer das ehemalige Zechengelände Friedrich-Heinrich erkennst. Zwei der Fördertürme und einige Verwaltungsgebäude stehen noch, zwischen denen der Radweg auf das ehemalige Werksgelände führt. Du kannst den Park auf geradem Wege durchqueren oder ein paar Schlenker einlegen – auf der anderen Seite gelangst du unweigerlich zur hübschen großen Werkssiedlung. Am besten durchqueren wir sie über die Franzstraße bis zur Ebertstraße, rechts halten, und den Radschildern bis zum Ortsausgang folgen. In der Kurve hinter den Gleisen rechts in den Vinnmannsweg (Radschilder beachten) und weiter über die Bundesstraße durchs Grün, weiter zur Halde Norddeutschland.

Wir folgen der Ausschilderung bis zum Ortsrand von Moers und weiter in Richtung von unserem Ausgangspunkt am Bahnhof. Wer den Weg durch den Ortsteil Hülsdonk abkürzen will, nimmt die Hülsdonker Straße Richtung Zentrum, die Nebenstraßen sind nicht wesentlich angenehmer. Kurz vor Schluss aber sollten wir noch ein wenig Zeit einplanen, denn die Moerser Innenstadt hält einige Einkehrmöglichkeiten bereit, einige sogar direkt am Kastell, dem Vorplatz vor dem Schloss Moers, dem ältesten Gebäude der Stadt, in dem unter anderem das Grafschafter Museum und das kleine, aber renommierte Schlosstheater heimisch sind. Der Radweg führt direkt daran vorbei, und nach einigen uncharmanten Metern auf der Uerdinger Straße bringt uns ein abgetrennter Weg links unbeschwert zurück zum Bahnhof.

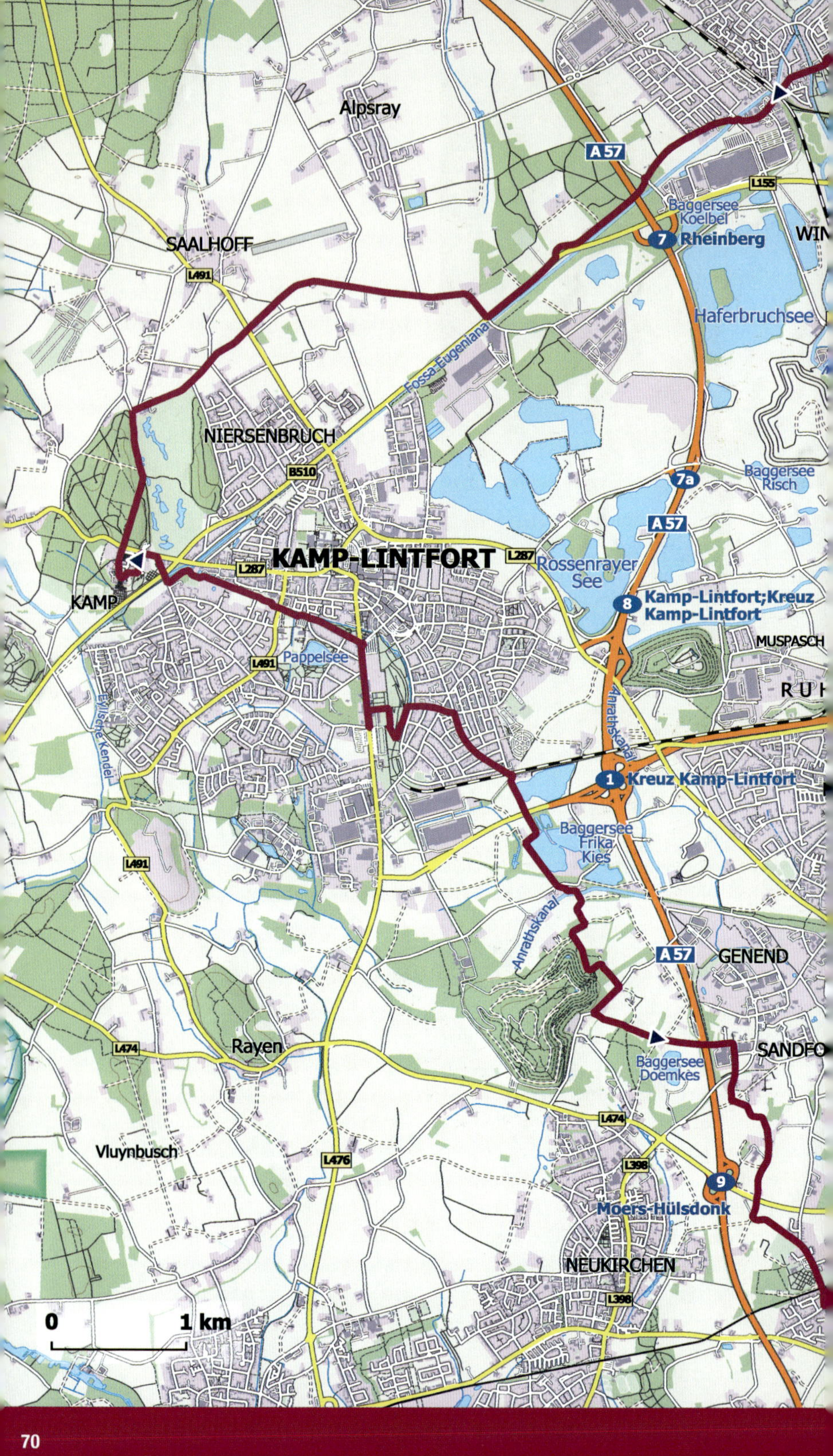

Alpsray
A 57
L155
Baggersee Koelbel
7 Rheinberg
WIN
SAALHOFF
L491
Haferbruchsee
Fossa-Eugeniana
NIERSENBRUCH
B510
7a
Baggersee Risch
A 57
KAMP-LINTFORT
L287
L287
Rossenrayer See
KAMP
8 Kamp-Lintfort;Kreuz Kamp-Lintfort
MUSPASCH
Pappelsee
L491
RUH
Anrathskanal
Eyllsche Kendel
1 Kreuz Kamp-Lintfort
Baggersee Frika Kies
L491
Anrathskanal
A 57
GENEND
L474
Rayen
Baggersee Doemkes
SANDFO
L474
L398
Vluynbusch
L476
9
Moers-Hülsdonk
NEUKIRCHEN
L398
0
1 km

NSG Rheinaue
Walsum
BUDBERG
Baggersee
Pelderweg
L155
Nordhafen
Walsum
ORSOY
Wolfskuhlen
Kuhteich
Baggersee
Hardtsches
Feld
VIERBAUM
Baggersee
Hardtsches
Feld
Binsheim
L10
Baggersee
Vietenhof
Baggersee
Laakmannshof
LOHHEIDE
Lohheidersee
L475
BORNHEIM
Baerler Busch
2 Moers-Nord
RHEINKAMP
L137
BAERL
A 42
Moersbach
EICK OST
Waldsee
EICK WEST
Duisburg-Baerl
L237
3
L287
4
Rhein
UTFORT
BEECKERWERTH
Moersbach
L137
Invalidenwäldchen
MEERBECK
L474
MOERS
Im Kirchenfeld
Uettelsheimer
See
L475
L237
SCHERPENBERG
HOCHSTRASS
HOCHHEIDE
L140
K15

*Die schönsten Kilometer ab*

# 8 OBERHAUSEN

*Start/Ziel*

## OBERHAUSEN

*Rundtour*

*46,8 Kilometer*

*253 Höhenmeter*

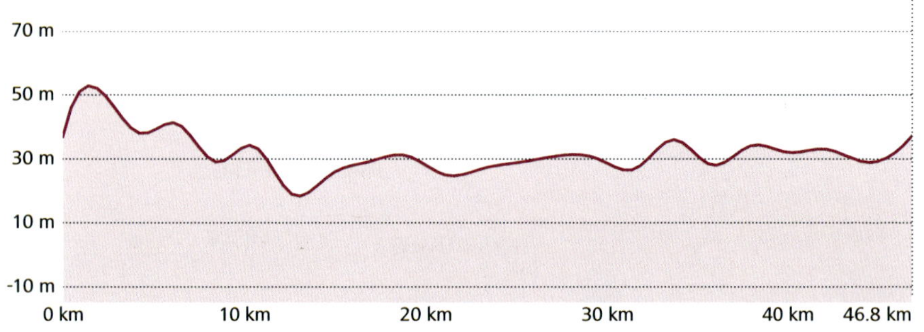

Rheinarme mit Charme.

**Wer im Ansatz erleben will, wie sich Ruhrgebiet angefühlt hat, als hier jede Stadt ihre Stahlküche hatte, muss diese Tour machen. Wir begegnen zwei wahren Ikonen der Industriekultur, dazwischen den glitzernden Fassaden des modern gestalteten Innenhafens – und dazu lässt sie sich noch äußerst angenehm fahren.**

Per Trasse durch die Stahlküche: eine perfekte Einsteigertour zu zwei absoluten Highlights der Ruhrgebiets-Kulisse. Gut zu fahren, auch für jene, die gerne mal in die Pedale treten. Nur die Stadtpassagen bremsen deutlich.

Unsere Tour startet an einem Ort, wo früher die Gutehoffnungshütte (GHH) Stahl erzeugt und Stahl verarbeitet hat. Heute ist Oberhausens Neue Mitte der Einkaufstempel, der Besucher auch von fern anlockt. Von der Haltestelle aus radeln wir direkt unterhalb des Gasometers Oberhausen, den wir uns aber besser für später aufheben. Ein Tipp für die Zeitplanung: Der abendliche Blick vom Dach ist atemberaubend.

Lassen wir ihn also erst einmal links liegen und radeln geradeaus dem Sterkrader Bahnhof entgegen. Dein Weg führt dich über Kanal und Emscher, vorbei am Gelände der ehemaligen Kokerei und Zeche Osterfeld, wo heute gepicknickt wird, und manchmal gibt es auch Live-Musik auf dem Ra-

Auch das ist Innenhafen: Die Küppersmühle, heute Museum für neue Kunst.

sen. Den Förderturm zur Rechten biegen wir an der Gabelung links und folgen leicht versetzt der Radtour in die Richard-Wagner-Allee – auch das war einmal eine alte Bahntrasse. Du überquerst die Autobahn, wo wir links das Werk von MAN Turbo sehen, einem Abkömmling der GHH. Nach Steinbrink- und Friedrichstraße fahren wir die Rampe hoch, überqueren die Gleise und halten uns rechts, die Westrampe herunter. Nach rund fünfhundert Metern zweigt die HOAG-Trasse rechts von der Von-Trothe-Straße ab. Der Einstieg ist leicht zu übersehen, doch direkt dahinter radeln wir auf ein hübsches, rot leuchtendes Bergbau-Relikt zu, den Förderturm der Zeche Sterkrade. Die markante Farbe entspricht übrigens dem, was im Zuge der Restaurierung als Originalfarbton ermittelt wurde.

Die Trasse, der wir nun fast bis zum Ende folgen, hatte unter anderem den Zweck, die Sterkrader Kohle direkt zum Rheinhafen nach Walsum zu befördern. Heute bringt sie uns entspannt und abwechslungsreich durch den Norden von Oberhausen und Duisburg. Ab jetzt folgen wir der Römer-, dann Hamborner- und Walsumer Straße dem Radnetz südwärts und erleben, wie die Kulisse des ThyssenKrupp-Stahlwerks um uns herum wächst. Von der Weseler Straße rechts in den Willy-Brandt-Ring abbiegen, weiter rechts in die Alsumer Straße,

# Highlights
am Wegesrand

Hervorgegangen aus der ältesten Eisenhütte der Region, der St. Antony-Hütte, entwickelte sich der Konzern zu einem der größten Maschinenbauer Europas – und ist heute fast vergessen.

**HOAG**
Was Krupp für Essen, ist die Gutehoffnungshütte (GHH) für Oberhausen, später umbenannt in Hüttenwerke Oberhausen AG (HOAG).

**Kähne**
Duisburg ist der große Standort für die Binnenschifffahrt, Ausbildung inklusive. Das Binnenschifffahrtsmuseum zwischen Ruhrort und Laar zeigt wunderbare alte Kähne, die einmal auf der Ruhr pendelten, als sie noch Transportweg für die Kohle war.

**1 Mio.**
So viele Besucher lockt der Duisburger Landschaftspark schätzungsweise im Jahr an. Genau weiß das niemand, er ist rund um die Uhr frei zugänglich. Der englische „Guardian" zählt den weitläufigen Park mit seinen zerfallenden Industrierelikten zu einem der schönsten weltweit.

und neben dir ragen die beiden Hochöfen empor, die zu den größten weltweit gehören.

Hinter der Brücke rechts halten, und wir umrunden den Alsumer Berg – der natürlich auch nicht so recht hierher gehört. Wo einmal das kleine Dörfchen Alsum stand, lässt sich heute aus rund 50 Metern Höhe auf die weite Rheinschleife und das gigantische Stahlwerk ringsum herabblicken. In weitem Bogen fahren wir herum und lassen den starken Kontrast zwischen idyllischen Rheinauen zur Rechten und dem Stahlwerk zur Linken auf uns wirken. Links passieren wir das Deutsche Binnenschiffahrtsmuseum, rechts den Biergarten Mühlenwiese mit bester Rheinaussicht. Du willst es noch uriger haben? Dann warte mit der Einkehr noch, bis wir – dem Weg durch Ruhrort folgend – auf die Gaststätte Zum Hübi (Mi–Fr ab 16 Uhr, Sa/

Viel zu entdecken gibt es im Landschaftspark.

So ab 11 Uhr, Dammstraße 27, 47119 Duisburg, zum-huebi.de) treffen. Am besten, du folgst der kleinen Horst-Schimanski-Gasse herunter. Dort unten am Anleger würde sich auch der besagte Tatort-Kommissar wohlfühlen, den Hafen, den Rhein und das alte Museumsschiff Oskar Huber direkt im Blick.

Wir fahren weiter, und du erhältst einen Eindruck von der Weitläufigkeit des größten Binnenhafens Europas. Wenn es der Verkehr und die wechselnden Brückenerneuerungsarbeiten erlauben, kannst Du schon vor der Ruhr auf den Radweg auf der linken Seite wechseln und am Pontwert Richtung Ruhrwehr fahren. Das ist meist hübscher, und dir bleibt der verkehrsreiche Kreisel erspart. Ansonsten: Augen auf, hier ist in der Regel viel los. In jedem Fall müssen wir zum Ruhrdeich, wo vor der „Metro“ rechts die Max-Peters-Straße zunächst durchs Gewerbegebiet, dann aber direkt auf die flexible Brücke in den Innenhafen führt. Wollen große Schiffe durch, macht sie einen Buckel. Vor dir die neue Synagoge, die von oben an ein aufgeschlagenes Buch erinnern soll, hältst du dich links und kannst dem Philosophenweg folgen, oder du schiebst ein Stück den alten Getreidehafen entlang. In der Frühzeit der In-

dustrialisierung war er der „Brotkorb" des Ruhrgebiets, heute findet sich hier schicke Gastronomie, und geschmacklich wird hier jeder fündig. Hinter dem Museum Küppersmühle halten wir uns links, fahren unter der Autobahnbrücke hindurch und folgen dem Radweg ein kleines Stück den Gleisen entlang, hinunter zur Aakerfährstraße. Links halten, dann zwischen Kleingärten und Sportplätzen rechts bis zur Meidericher Straße, die hinter der Ruhr zur Emmericher Straße wird. Wir unterqueren sie am besten den Radschildern folgend, halten uns links und wieder links und gelangen an den Rhein-Herne-Kanal, dem wir zwei Kilometer folgen.

An der Eisenbahnbrücke nehmen wir den Weg auf die Koopemannstraße und suchen unter dem Bahnhof Meiderich Ost unseren Weg über Bogen-, Gelderbloemstraße und Drakerweg zurück zur Emmericher Straße. Sie mündet in die Neumühler Straße, die wir links durch die Wasgauer Straße verlassen. An der Neubreisacher Straße fahren wir nach rechts die ehemaligen Arbeiterwohnungen entlang, bevor wir nach einem links-rechts Haken vor uns das dazu gehörige Stahlwerk auftauchen sehen, das heute den Landschaftspark Duisburg-Nord bildet. Wir können hier direkt auf den Grünen Pfad einbiegen oder – nicht versäumen – zwischen Kraftzentrale und Jugendherberge einen Eindruck vom Gelände erhaschen. Hier lässt sich reichlich Zeit verbringen, allein der Blick vom Hochofen 5 ist ein Muss! Das Besucherzentrum ist Mo–Fr von 9 bis 18 Uhr, Sa, So und feiertags von 11 bis 18 Uhr geöffnet, das Restaurant daneben bis 20 Uhr.

Wir folgen jetzt schlicht und effektiv dem Grünen Pfad – feinstes Trassenradeln. Die Emscher entlang, wo wir schon unser Ziel erkennen, den Gasometer am Rhein-Herne-Kanal. Von hier aus bleibt eigentlich nur noch eine Frage: Direkt zurück zum Ausgangspunkt? Oder doch noch den Blick vom Gasometer Oberhausen genießen, 117,5 Meter hoch, und mit oder ohne Ausstellung, ein Raumerlebnis, das einzigartig ist.

Nordhafen Walsum
WALSUM
ALDENRADE
WEHOFEN
ORSOY
Duisburg-Walsum
Rhein
Naturschutzgebiet Rheinaue Binsheim
Kleine Emscher
FAHRN
Binsheim
Duisburg-Fah
Landschaftsbauwerk
MARXLOH
OBERMAR
Alsumer Berg
Rhein
BRUCKHAUSEN
Duisburg-Beeck-Bruckhausen
Duisburg - Beeckerwerth
Kreuz Duisb
BEECK
Alte Emscher
BEECKERWERTH
LAAR
MEIDERIC
IN DEN HAESEN
RUHRORT
Rhein
Vinckekanal
HOMBERG
Südhafen
Becken A
Becken B
Hafenkanal
Ruhr
Kreuz
KASSLERFELD
Innenhafen
0
1 km
DUISBU

ALSFELD
TACKENBERG
STERKRADE
SCHWARZE HEIDE
11 Oberhausen-Holten
STEMMERSBERG
OSTERFELD HEIDE
BIEFANG
Emscher
Grafenbusch
BUSCHHAUSEN
9 Oberhausen-Buschhausen
Rhein-Herne-Kanal
LIRICH
OBERHAUSEN
13 Oberhausen Lirich
LIRICH-SÜD
Obermeiderich
ALSTADEN
STYRUM
Styrumer Ruhraue
15 Mülheim an der Ruhr
14 Duisburg-Kaiserberg
Ruhr-Schifffahrtskanal
Ruhr
A 3
A 516
A 42
A 40

Der Baldeneysee aus luftiger Höhe.

*Die schönsten Kilometer durch*

# 9 ESSEN

*Start/Ziel*

## ALFRIED-KRUPP KRANKENHAUS

*Rundtour*

*31,3 Kilometer*

*332 Höhenmeter*

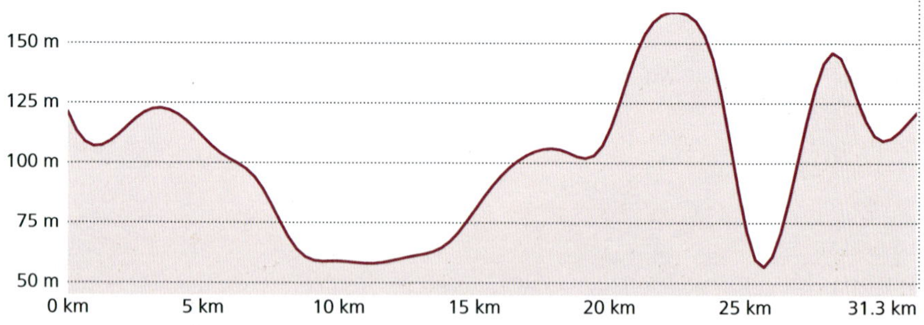

Die Villa Hügel thront oberhalb des Baldeneysees.

**Diese Rundtour führt uns durch das überraschend grüne und urbane Essen, das seine industrielle Vergangenheit lange hinter sich gelassen hat. Und doch sind die Spuren, die Krupp in dieser Großstadt bis heute hinterlassen hat, unübersehbar. Die Bedingungen für Radfahrer sind auf dem Radschnellweg RS1 und den Fahrradstraßen in Holsterhausen und Rüttenscheid hervorragend. Plane für diese Tour einen ganzen Tag ein, denn die Sehenswürdigkeiten entlang der Strecke suchen im Ruhrgebiet ihresgleichen. Auch für das leibliche Wohl ist gesorgt, von der deftigen Currywurst bis zu Hochwertigem im Restaurant M.**

Eine äußerst abwechslungsreiche Tour auf den Spuren der Industriellenfamilie Krupp, die zeigt, dass sich Essen zur Dienstleistungsmetropole gemausert hat und Wert auf eine gute Radinfrastruktur legt. Sehenswürdigkeiten reihen sich dabei unterwegs aneinander, darunter Skulpturen und die Villa Hügel.

Wir starten vor dem Haupteingang des im Grünen gelegenen Alfried-Krupp-Krankenhauses. Mit dem Portal im Rücken fahren wir geradeaus auf dem schmalen Rad- und Fußgängerpfad bis zum Gussmannplatz mit seinen Skulpturen. Auf der Rüttenscheider Straße rechts abbiegen. Wir verlassen diese nach links in die Straße Grugaplatz, biegen sofort wieder rechts und rollen bergab, bis wir

Die „Maggihöhe" ist eine Bilderbuchsiedlung.

links auf die Grugatrasse einbiegen. Wir biegen bald von der Trasse ab Richtung Holsterhausen. Weiter über die ruhige Schönleinstraße und die Jennerstraße. Bald ist die Holsterhauser Straße mit Geschäften und Cafés erreicht, wir biegen rechts in die Bartel-Bruyn-Straße. An der nächsten Kreuzung geht es rechts in die Kranachstraße, über die Simsonstraße auf die Kirche zurollen und schon ist die Siedlung Luisenhof erreicht. Nachdem wir einmal rund um diesen Gebäudekomplex herumgefahren sind, an der Kepplerstraße links und auf der Fahrradstraße Germarkenstraße weiter.

Rechts liegt die Kirche St. Mariä Empfängnis und dann schließlich links das weltbekannte Folkwang Museum. An der Rüttenscheider Straße biegen wir links. Hier liegen die Sehenswürdigkeiten nun wie an einer Perlenkette aufgereiht: Zunächst links das Glück-Auf-Haus mit dem historischen Kino, dann rechts die Philharmonie und das Aalto-Theater sowie die Skulptur Steile Lagerung, mit der wir auch den Hauptbahnhof erreicht haben. Gerade über den Kreisel hinüberfahren und unter den Gleisen bis zum Hotel Handelshof, mit dem die Fußgängerzone Essens erreicht ist. Über den Willy-Brandt-Platz geht es vorbei am Grillo-Theater zum Kennedyplatz. Dann erreichen wir die Kreuzeskirche mit den beeindruckenden Rizzy-Fenstern. Angenehm bergab rollen wir Richtung Universität über die Turmstraße. Direkt vor der Uni biegen wir links auf den Rad-

# Highlights
## am Wegesrand

**1.125**
Plätze bietet der „vielleicht schönste deutsche Theaterbau nach 1945“ (so urteilte die FAZ einst). Eine architektonische Schönheit ist das Aalto-Theater wahrlich! Der finnische Architekt Alvar Aalto ließ sich von Bäumen inspirieren, als er dieses Meisterwerk der „humanen Architektur“ ersann.

**13**
Gebäude umfasst das beeindruckende Thyssen-Krupp-Quartier. Geheizt durch eine moderne geothermische Anlage bietet es auch weitere moderne Annehmlichkeiten für seine Mitarbeiter. In unmittelbarer Nähe steht das Kruppsche Stammhaus, das aus Fachwerk gebaut wurde.

**M**
Das Gourmetrestaurant in der wunderschönen Gartensiedlung Margarethenhöhe braucht nur einen einzigen Buchstaben: „M“. Die Siedlung mit der hohen Lebensqualität wird liebevoll „Maggihöhe“ genannt. Errichtet von 1909 bis 1938 von Margarethe Krupp, erinnert diese Gartenstadt ein wenig an ein begehbares Freilichtmuseum.

schnellweg RS1/Rheinische Bahn. Richtung Westviertel geht es dann links. Vorbei am Möbelhaus sehen wir geradeaus das imposante Thyssen-Krupp-Quartier. Vor diesem am Kreisverkehr links abbiegen, links liegt das unscheinbare Krupp Stammhaus. Gegenüber fahren wir quer über den Vorplatz des Thyssen-Krupp-Quartiers mit seinen großen Wasserflächen. Links am Hauptgebäude vorbei und an der Straße erneut links. Vor uns liegt der Krupppark, auf den Berthold-Beitz-Boulevard rechts abbiegen und auf den Förderturm zuradeln. Rechts auf die Brücke, oben erneut rechts, weiter auf dem Radschnellweg.

Auf dieser breiten, neu asphaltierten Radstraße ist bald der Niederfeldsee erreicht. Wir radeln Richtung Frohnhausen, entlang des Kanals weiter. Dann links und rechts in die Grunerstraße und weiter durch schattiges Grün. Schließlich rechts auf die Nöggerathstraße ab-

Unterwegs auf dem Radschnellweg RS1/Rheinische Bahn.

biegen und wieder rechts, diesmal in die Berliner Straße. Nach der Tankstelle links in die Kerkoffstraße. Nach dem Internat für Gehörlose rechts abbiegen. Der Fahrradstraße treu bleibend geradeaus und weiter in der Frankfurter Straße radeln. Dann links in die Sybelstraße und schließlich rechts in die Heerenstraße einfahren. Links in die Steffensonstraße, an deren Ende rechts und auch hier sind wieder Wohnquartiere aus der Kruppzeit zu sehen. Vor dem Haus mit der Nummer 13 rechts abbiegen, in die Liebbigstraße und vorbei an schönen historischen Wohnhäusern und einer Grünanlage. An der Breslauer Straße links und nach der Haltestelle und der A40 sofort wieder rechts Richtung Rüttenscheid. Dann links entlang der Hausackerstraße. Wenn wir dann rechts in die Hohe Warte abgebogen sind, wird es wieder grüner. Vor uns liegt die schöne Gartenbausiedlung Margarethenhöhe als nächstes Etappenziel. Links in die Straße Halbe Höhe einfahren. Links herum und dann fahren wir auch schon auf das imposante Eingangstor der Margarethenhöhe zu. Durch den Torbogen in die Siedlung einfahren. Die Steile Straße macht ihrem Namen alle Ehre. Vor dem Marktplatz links, am Edeka vorbei, gegenüber liegt das Gasthaus zur Mar-

garethenhöhe. Wenn man durch dieses historische Ambiente radelt, kommt das einer Zeitreise gleich. Links dann in den Laubenweg rollen. Dann rechts in die Metzendorfstraße, die nach dem Architekten dieser Siedlung benannt ist. Gerade über die Sommerburgstraße hinüber radeln. Am Ende müssen wir die Räder acht Stufen hinuntertragen, dann rechts und links Richtung Halbachhammer. Auf das Fachwerkgebäude zuradeln, davor links und am See entlang. Durch das schattige Wäldchen weiter, nach der Brücke rechts und Richtung Bredeney. Entlang des Baches fahren, an der Straße rechts. Wir rollen links in den Beckmannsbusch hinunter und fahren die erste rechts. Am Ende links, dem Naturweg folgen, an der Meisenburgstraße links fahren und geradeaus, bis es rechts schließlich in die Straße Am Brandenbusch abgeht, zu der kleinen Kapelle, durch die historische Siedlung Brandenbusch und zur Villa Hügel.

Beim hübschen Pförtnerhäuschen der Villa Hügel muss man Eintritt zahlen und kann dann Park und Villa besichtigen. An der Villa Hügel vorbei geht es steil bergab zum Baldeneysee. Nachdem wir am Regattaturm auf das Wasser geschaut haben, wenden wir uns wieder der Lerchenstraße zu, die uns jetzt mit ihrer Steigung einiges abverlangt. Dann folgen wir links der Beschilderung „Zur Kluse“, lassen dieses Waldrestaurant rechts liegen und meistern die nächste Steigung. Oben an der Frankenstraße angekommen halten wir uns links, biegen danach rechts in die Langenbrahmstraße, über die schon Alfried Krupp zur Arbeit rollte. An deren Ende rechts und auf der Rüttenscheider weiter, bevor wir rechts am Spielplatz in die Manfredstraße rollen. Hier geht es in den Wald, über die A 52, danach erste Möglichkeit links, in die Siedlung Altenhof, rechts in den Wehnertweg und weiter in die Verreshöhe, links in den Von-Bodenhausen-Weg. Dort links, noch einmal bergan und links zu unserem Ausgangspunkt Alfried-Krupp-Krankenhaus abbiegen.

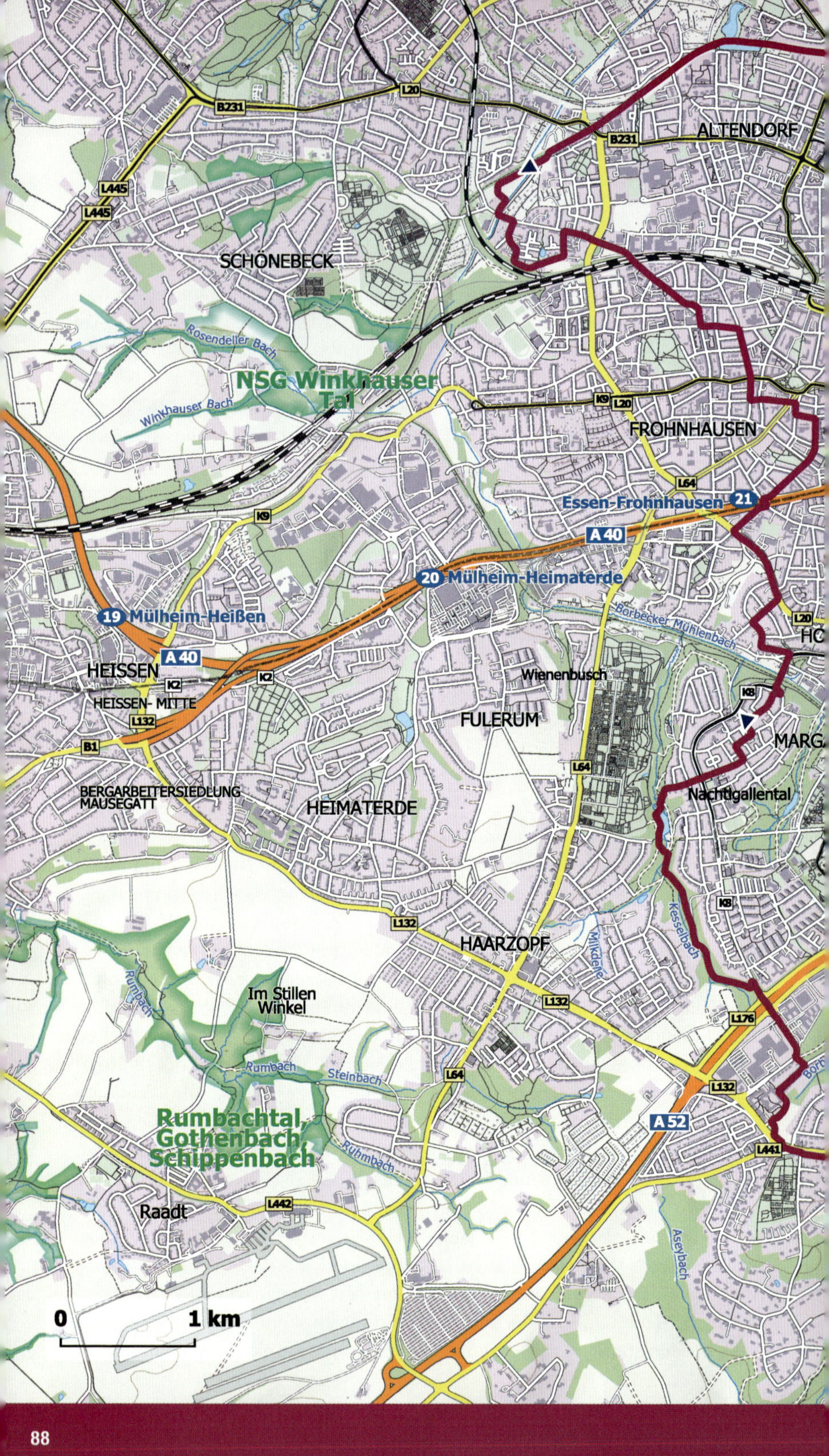
ALTENDORF
B231
L20
L445
SCHÖNEBECK
Rosendeller Bach
NSG Winkhauser Tal
Winkhauser Bach
K9
FROHNHAUSEN
L64
Essen-Frohnhausen 21
A 40
20 Mülheim-Heimaterde
19 Mülheim-Heißen
Borbecker Mühlenbach
HEISSEN
K2
HEISSEN- MITTE
L132
B1
Wienenbusch
FULERUM
K8
Nachtigallental
BERGARBEITERSIEDLUNG MAUSEGATT
HEIMATERDE
Kesselbach
Mühlenbach
HAARZOPF
Rumbach
Im Stillen Winkel
L176
Steinbach
Rumbach
Rumbachtal, Gothenbach, Schippenbach
A 52
L441
Raadt
L442
Asseybach
0 1 km

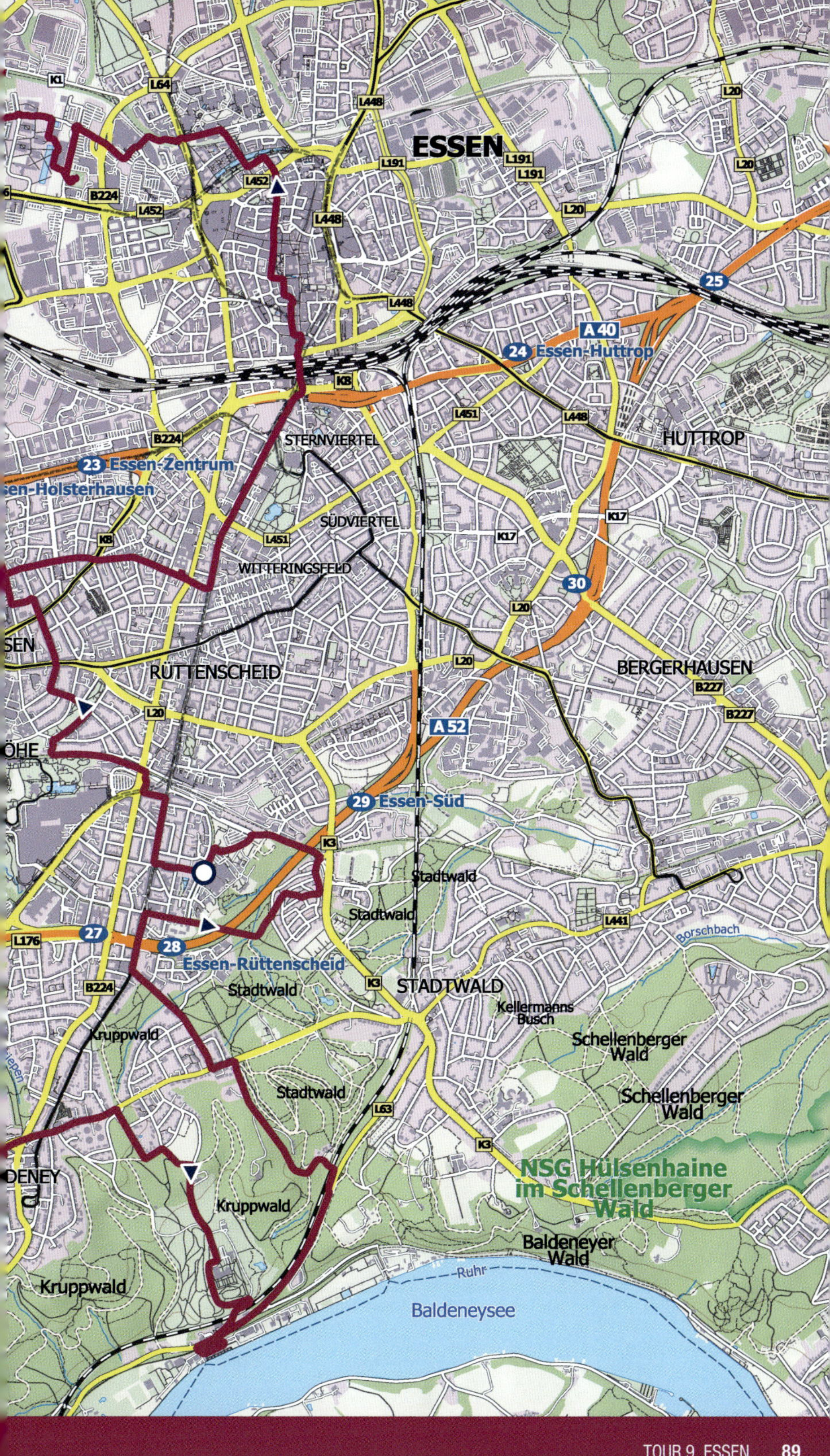
ESSEN
HUTTROP
STERNVIERTEL
SÜDVIERTEL
WITTERINGSFELD
RÜTTENSCHEID
BERGERHAUSEN
STADTWALD
23 Essen-Zentrum
en-Holsterhausen
24 Essen-Huttrop
25
A 40
A 52
30
29 Essen-Süd
27
28
Essen-Rüttenscheid
Stadtwald
Kruppwald
Kellermanns Busch
Schellenberger Wald
NSG Hülsenhaine im Schellenberger Wald
Baldeneyer Wald
Ruhr
Baldeneysee
Borschbach
L191
L448
L452
L20
L451
L441
L176
L63
B224
B227
K1
K3
K8
K17
L64

*Die schönsten Kilometer durch*

# 10 DUISBURG

*Start/Ziel*

## BAHNHOF DUISBURG

*Rundtour*

*27,6 Kilometer*

*115 Höhenmeter*

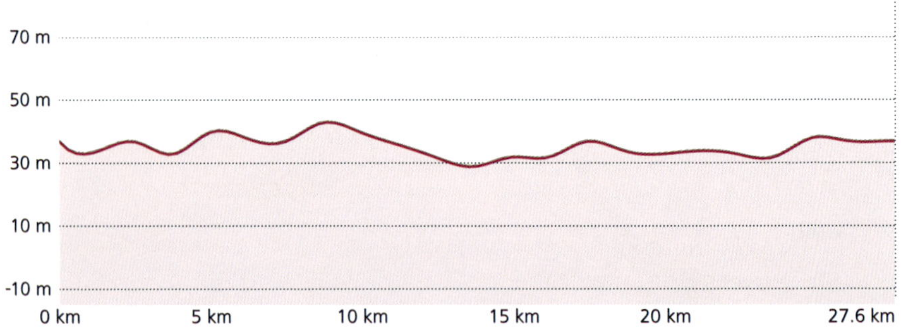

Entlang der Regattastraße lässt sich gut radeln.

**Duisburg kann nicht nur Stahl und Hafen. Von den vielen Gesichtern der Halb-Millionen-Stadt im westlichen Ruhrgebiet lernen wir auf dieser Tour viele entspannt lächelnde kennen. Wir begegnen sportlichen Herausforderungen, kultureller Vielfalt und so manchem Ort, an dem du leicht die Zeit vergessen kannst.**

Radlerisch ohne große Herausforderung und als Sporttour mit Badespaß ebenso geeignet wie zum gemütlichen Kneipenhopping. Dann aber mehr Zeit einplanen!

Der Duisburger Hbf mag nicht der schönste Startpunkt sein, zu den praktischsten gehört er in jedem Fall. Vom östlichen Ausgang (Neudorf / Duissern), folgen wir der roten Beschilderung der Neudorfer Straße und nach dem Kreisverkehr der Neuen Fruchtstraße gen Süden. Hinter der Kolonie geht es leicht versetzt weiter in der Kommandantenstraße. Die ersten zwei, drei Kilometer sind noch ein wenig städtisch geprägt und ein bisschen aufpassen musst du auch. In der Linkskurve geht der Weg geradeaus weiter, führt uns nahe der Gedenkstelle für die Opfer des tragischen Loveparade-Unglücks von 2010 über die Karl-Lehr-Straße. Weiter geradeaus, in der Wegnerstraße wieder nicht den kleinen (!) Weg geradeaus übersehen, und dann sind wir am Sternbuschweg. Rechts halten, links in den Kalkweg, und dann nach wenigen hundert Metern liegt

Die Haldenskulptur „Tiger & Turtle" ist begehbar und ein Muss auf deiner Tour.

links die Schauinsland-Arena des derzeitigen Drittligisten MSV. Wir rollen auf der Kruppstraße an ihr vorüber und biegen rechts über den Parkplatz. Vorsicht: Wir kommen hier direkt an mehreren Einkehrmöglichkeiten mit herrlichem Seeblick vorbei. Aber wir haben ja auch noch was vor uns. Zumal als nächstes das Sportprogramm wartet. Der Weg entlang der Regattabahn ist prächtig, sowohl die Aussicht als auch den Asphalt betreffend. Das rollt und macht Spaß! Am Ende ausrollen, nach rechts in die Wedauer Straße, dann links Zu den Eichen weiterfahren, und wir durchqueren die Eisenbahnersiedlung Wedau. Am See entlang kommen wir rechts wieder zum Kalkweg, der uns nach links über den Parkplatz zur verdienten Erfrischung bringt: das Freibad Wolfssee (in der Saison täglich 10–20 Uhr geöffnet, Kalkweg 262, 47279 Duisburg, www.freibad-wolfssee.de). Das Wasser ist großartig und langweilig wird dir garantiert nicht. Auf dem Wasser ist so ziemlich alles zu beobachten, was sich ohne Motor fortbewegt. Weiter geht es über die Brücke mit Blick über die gesamte Sechs-Seen-Platte, die einen nicht geringen Teil des Duisburger Südens einnimmt (auf der Brücke bitte schieben). Geradeaus und den Radschildern weiter folgen Richtung Großenbaum. Wer etwas mehr Ausblicke mag, nimmt den Weg, der direkt am Wasser entlangführt – aber dort sind halt auch mehr Fußgänger unterwegs. An der T-Kreuzung rechts

# Highlights
## am Wegesrand

**1919**
Von der Kanu-WM bis zum Ironman: Der Sportpark Duisburg, den wir entlang der Regattabahn durchqueren, ist regelmäßig Schauplatz auch internationaler Großereignisse. 1919 mietete die Stadt Duisburg das Gelände vom Stahlkonzern Krupp für selbst damals bescheidene 100 Reichsmark. Jährlich.

**Looping**
Den Looping schaffst du zwar nicht. Aber über weite Teile ist Tiger & Turtle tatsächlich begehbar und nicht nur deshalb eines der beliebtesten Haldenzeichen im Ruhrgebiet. Geplant war es als Bestandteil der Kulturhauptstadt RUHR.2010, wurde aber erst 2011 eingeweiht.

**2027**
Auf Stahlwerk folgte Stadtteilpark, und die nächste Transformation steht schon bevor: 2027 wird der Rheinpark zum „Zukunftsgarten" und damit zu einem der Highlights der Internationalen Gartenschau (IGA), die sich dann dezentral quer durch das Ruhrgebiet zieht.

halten, bis uns die Saarner Straße direkt zum Bahnhof Großenbaum bringt. Das Gleis drei (täglich außer Mo & Di ab 16 Uhr, Angermunder Str. 2–4, 47269 Duisburg, www.gleisdrei.de) serviert passend etwa zur Hälfte der Strecke einen entspannten Drink.

Der Radweg führt uns anschließend zwischen Häusern und Gleisen die Rampe hoch und über die Brücke auf die andere Seite der Bahntrasse. Der Kurve folgen und am Kreisverkehr in die Buscher Straße biegen. Vor der Hundeschule folgen wir der roten Beschilderung nach rechts, überqueren erst die A 59 und dann den Golfplatz Huckingen. An der Remberger Straße verlassen wir kurz die ausgeschilderten Radwege und knicken sofort wieder nach rechts zum Remberger See, dessen Ufer wir im Uhrzeigersinn folgen. Die Straße Am Rembergsee bringt uns nach rechts zur Haltestelle Mühlen-

Wer es noch nicht geahnt hat: Duisburg ist Flussstadt.

kamp, vor (!) der wir rechts dem Radweg über den Alten Angerbach fahren. Vorbei am Seniorenzentrum gelangen wir auf den Altenbrucher Damm. Links, und an der Kreuzung wieder links. Jetzt aufpassen, denn nach wenigen Metern gelangst du rechts in den Weg, der dich im weiten Bogen durch den Biegerpark führt. Vor der Angerhauser Straße halten wir uns links, bis uns der Weg direkt über die Straße ins nächste Grün bringt – und stellen fest: Der Duisburger Süden hat erstaunlich viel davon. Wieder überqueren wir den Angerbach, und jenseits der Kaiserswerther Straße taucht unser nächstes Highlight hinter den Bäumen auf: die Haldenskulptur Tiger & Turtle.

Die Heinrich-Hillebrand-Höhe ist mit ihren 31 Metern Höhe über dem Gelände beileibe nicht die größte unter den Revier-Halden. Das 2011 eröffnete Kunstwerk auf ihrer Spitze, das wie eine begehbare Achterbahn wirkt, gehört aber mittlerweile zu den beliebtesten Ausflugs- und Fotozielen der Region und ist definitiv den kleinen Schlenker wert. Nach der kleinen Bergetappe kehren wir zurück und

radeln nun nach Norden, jetzt wieder den Radschildern folgend, erst die Goetzke-, dann die Steinbrinkstraße entlang, kleiner Schlenker rechts auf die Steinbrinkstraße. Links über die Molbergstraße, Am Tolberg und die Friemersheimer Straße gelangen wir zur Rheinpromenade, die uns einen entspannten Kilometer entlang des hier üblicherweise recht befahrenen Stromabschnitts bietet.

Über die Wanheimer und die Neuenhofstraße folgst du dem Radweg links in die Obere Kaiserswerther Straße. Unser Radweg geht dann einigermaßen geradeaus weiter in der abzweigenden Eschenstraße. Der folgen wir bis spätestens zur Schlosserstraße, wir kommen sonst nicht mehr über die Gleisbrücke an deren Ende. Also: Rampe hoch, und auf der anderen Seite erwartet uns links schon unser letztes Highlight: der Rheinpark.

Hier ist meistens einiges los, und es lohnt sich, sich einfach mal kreuz und quer über das ehemalige Stahlwerksgelände rollen zu lassen. Sollte dir ein Schild Ziegenpeter (täglich ab 9 geöffnet, am WE bis 20 Uhr, in der Woche leider nur bis 18 Uhr, Liebigstraße 70, 47053 Duisburg, www.ziegenpeter-duisburg.de) auffallen: unbedingt folgen. Dies ist der place to be direkt am „Strand" über (!) dem Rhein. Inklusion, Nachhaltigkeit und gute Küche gehen hier Hand in Hand und der Ausblick bei Sonneruntergang ist Ruhrpott-Kitsch vom Feinsten.

Die letzten Meter können wir unterschiedlich lösen: Entweder du fährst über Wanheimer und Heerstraße quer durch den multikulturell geprägten Ortsteil Hochfeld, wo gleich mehrere orientalische Bäckereien dich mit frischem Fladen für den Heimweg versorgen. Alternativ folgst du dem Radweg über die Ortsumgehung der Wörthstraße weiter Richtung Hauptbahnhof. Beide Varianten treffen sich an der Heerstraße, von der wir an der Haltestelle Platanenhof rechts auf den Rad-Zubringer direkt Richtung Bahnhof kommen.

DUISB
NSG Werthauser Wardt
Außenhafen
L60
K2
L473
Rhein
HOCHFELD
L237
Duisb
L237
HOCHEMMERICH
Strand
MARGARETHENSIEDLUNG
K39
ATROP
DICH
RHEINHAUSEN
L473
K2
WANHE
K30
K1
K39
Hafen Rheinhausen
Beamtensiedlung Bliersheim
K2
K1
WANHEIM
FRIEMERSHEIM
K39
Kuppengraben
BUCHHOL
Rhein
Alter Angerbach
ANGERHAUSEN
K2
Anger
L59
HÜTTENHEIM
L59
K2
HUCKINGEN
Remberger See
K1
Angel
Bruchgraben
NSG Sittertskamp
0
1 km

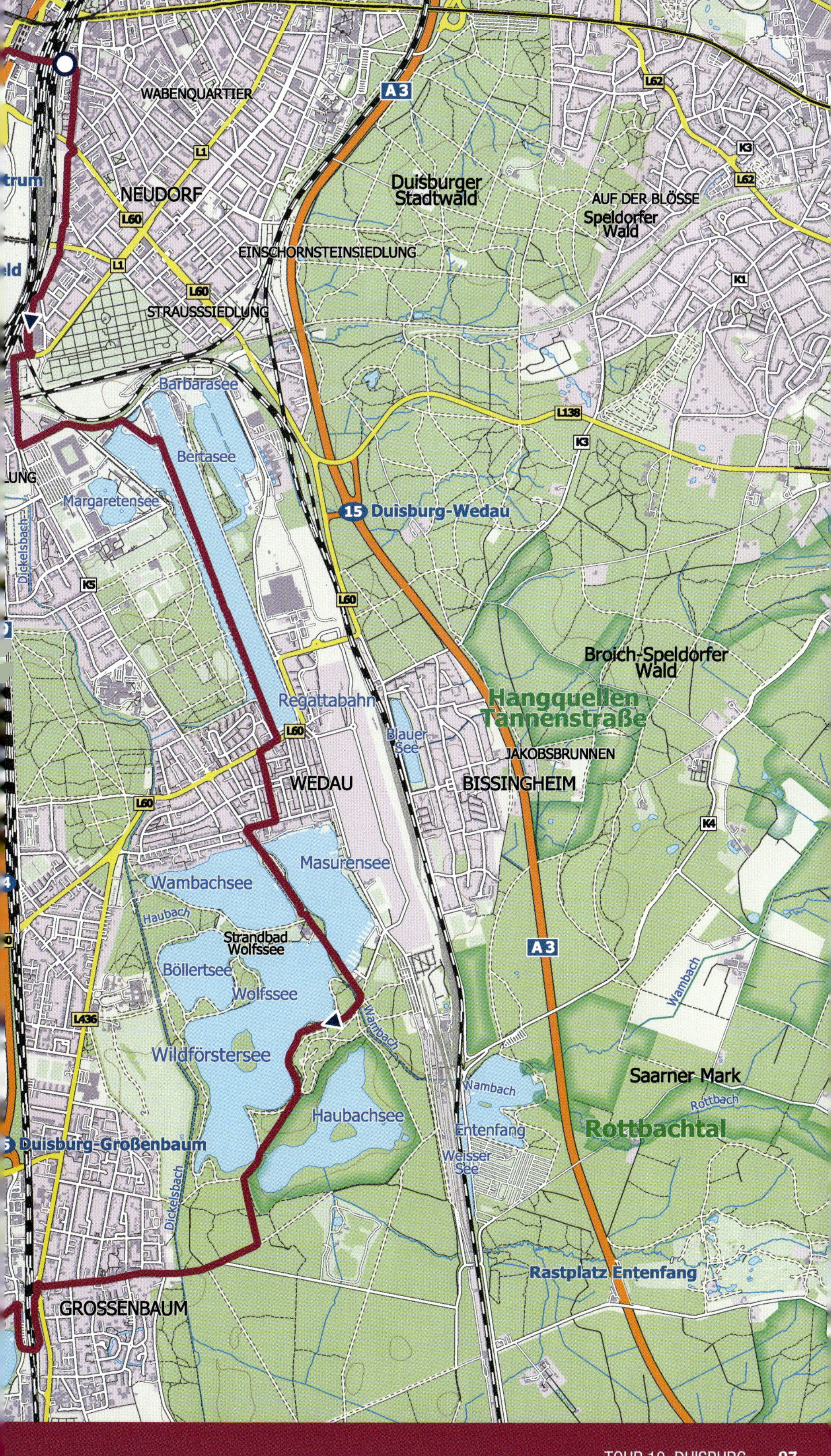
WABENQUARTIER
A3
L62
K3
L62
Duisburger
Stadtwald
AUF DER BLÖSSE
Speldorfer
Wald
NEUDORF
L1
L60
EINSCHORNSTEINSIEDLUNG
L1
L60
STRAUSSSIEDLUNG
K1
Barbarasee
L138
K3
Bertasee
Margaretensee
15 Duisburg-Wedau
Dickelsbach
K5
L60
Broich-Speldorfer
Wald
Hangquellen
Tannenstraße
Regattabahn
Blauer
See
JAKOBSBRUNNEN
L60
WEDAU
BISSINGHEIM
L60
K4
Masurensee
Wambachsee
Haubach
Strandbad
Wolfssee
A3
Böllertsee
Wolfssee
Wambach
L436
Wambach
Wildförstersee
Saarner Mark
Wambach
Rottbach
Haubachsee
Rottbachtal
Duisburg-Großenbaum
Entenfang
Weisser
See
Dickelsbach
Rastplatz Entenfang
GROSSENBAUM

*Die schönsten Kilometer um*

# 11 KEMPEN

*Start/Ziel*

## BAHNHOF KEMPEN

*Rundtour*

*40,7 Kilometer*

*193 Höhenmeter*

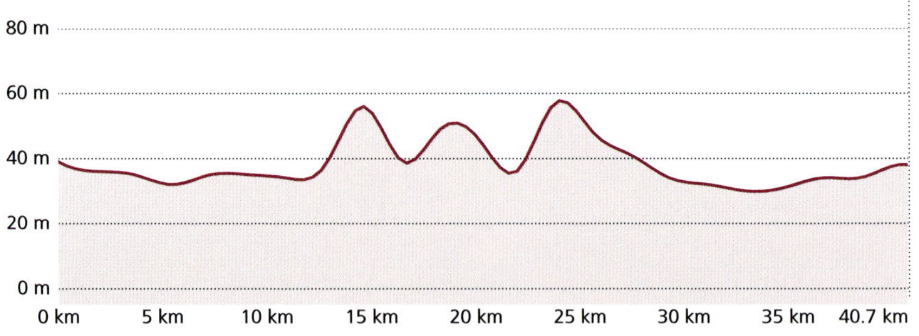

Grüne Weiten und frische Luft sorgen für Entschleunigung.

**Sonnenblumenfelder, immens große Kohlköpfe am Wegesrand, ein Rehkitz, das um die Ecke lugt, und ein Hase, der über den Weg hoppelt – eine herrliche Landpartie, diese Runde! Das hübsche Altstädtchen von Wachtendonk und das Freilichtmuseum als kulturelle Höhepunkte runden diese Tour ab. Und an jeder Ecke kann man sich an bäuerlichen Selbstbedienungsläden mit frischem Obst und Gemüse versorgen.**

Weitestgehend flach, vorbei an Feldern und Wiesen auf Asphalt- und Naturwegen. Für Familien mit Anhängern geeignet. An den Krickenbecker Seen kann man die Füße ins Wasser stecken, im Freibad Kempen und in der „Blauen Lagune" kann man schwimmen gehen.

Wir starten vor dem Bahnhof Kempen mit dem Café/Kiosk in unserem Rücken, halten uns links und fahren zunächst parallel zu den Schienen. Im Knick der Straße fahren wir schräg links/geradeaus in den kleinen Radweg mit der Beschilderung „St. Hubertastraße 19 A". Dann folgen wir der Beschilderung Richtung Grefrath. Wir werden auf dieser herrlich befahrbaren ehemaligen Bahntrasse ein paar Mal eine Straße kreuzen, bevor wir auf dem grünen autofreien Radweg weiterradeln können. Dies ist der Brahmsweg, der nach dem großen Komponisten benannt wurde, weil dieser hier ein paar Mal mit dem Zug entlangreiste. Wir radeln vorbei am Schild mit der Aufschrift „Kemperlings". An der Gabelung fahren wir links weiter Richtung Grefrath.

Wachtendonk begeistert mit seinem alten Ortskern.

Der Asphalt schnurrt unter den Reifen – eine Freude, so gute Radwege zu befahren. An der T-Kreuzung haben wir den Brahmsweg hinter uns gelassen, halten uns rechts in den Röskesweg, dann rechts-links in den Waldstreifen. An der folgenden T-Kreuzung links und sofort wieder die erste rechts fahren. Wenn wir an eine Straße treffen, überqueren wir diese rechts-links und radeln weiter auf dem Radweg, dann in den Oedter Weg. Vor der Holzbrücke biegen wir rechts ab – von dieser Brücke bietet sich ein schöner Ausblick auf die plätschernde Niers. An der folgenden Straße halten wir uns links über den Fluss und folgen dann rechts dem Schild Richtung Freilichtmuseum. Es geht ein kurzes Stück parallel zur Straße. Rechts liegt der Grefrather Hof. Dann die Straße überqueren und links abbiegen – weiter Beschilderung Richtung Freilichtmuseum folgen.

Es geht vorbei am Eissportpark und in die erste Straße auf der rechten Seite hinein. Hinter dem Parkplatz ist das Freilichtmuseum erreicht (Di–So 10–18, Nov.–März 10–16 Uhr, Am Freilichtmuseum 1, 47929 Grefrath, kreis-viersen.de), in dem historische Höfe und Werkstätten die bäuerlich-handwerkliche Geschichte des Niederrheins auferstehen lassen und die denkmalgeschützte Dorenburg bewundert werden kann. Direkt angrenzend liegt das Freibad Dorenburg, das mit seiner lang geschwungenen blauen Rutsche nicht nur auf kleine Besucher einladend wirkt. Auf dem Gelände des

# Highlights
## am Wegesrand

**31**
verschiedene Pfannkuchensorten gibt es im Pannekooke Huus, das direkt ans Freilichtmuseum angrenzt. Ob süß mit Apfelmus oder heißen Kirschen, ob mit Mangospalten oder Stachelbeeren oder herzhaft mit gebratenem Speck, Zwiebeln oder Salami – hier findet jeder einen Eierkuchen nach seinem Geschmack.

**120**
Gleich 120 Häuser stehen im hübschen Örtchen Wachtendonk unter Denkmalschutz. Hier radelt man – einer Zeitreise gleich – durch eine Stadtsiedlung des 17. und 18. Jahrhunderts. Im ältesten Gebäude, dem „Haus Püllen“, ist die Touristeninformation untergebracht.

**Amen!**
Das Klosterleben in Mariendonk ist geprägt von Gebeten, Bibellesung, Arbeit und Zeiten des Schweigens. Wer mag, kann als Gast hier wohnen. Wer im Klostershop Kerzen, Karten oder Kräuteraperitif erwerben möchte, hat werktags zwischen 9–11 Uhr und 15–17 Uhr dazu Gelegenheit. Eingang durch die Klosterpforte.

Freilichtmuseums gibt es eine nette Einkehrmöglichkeit: das Pannekooke Huus, das auch ohne Museumseintritt besucht werden kann (Di–So 12–20 Uhr, Stadionstraße 161, 47929 Grefrath, pannekookehuus.de). Um dorthin zu gelangen, umrunden wir das Freilichtmuseum auf dem geschotterten Radweg rechts neben dem Eingang. An der ersten Möglichkeit und an der folgenden T-Kreuzung links. Neben Pfannkuchenhaus und Spielzeugmuseum gibt es auch einen Spielplatz. Gestärkt geht es anschließend zurück in nördliche Richtung. Rechts taucht noch ein Spielplatz auf, wir halten uns hier links und kommen in ein Landschaftsschutzgebiet hinein. An der Vorfahrtsstraße halten wir uns erst rechts, dann wieder links. Wenn nun eine Stoppstraße folgt, queren wir diese und halten uns auf dem hervorragend asphaltierten Radweg parallel zu ihr rechts nach Wachtendonk. Unser Blick

Das Freilichtmuseum bietet Geschichte zum Anfassen.

schweift über weite Wiesen und Felder, die frische Landluft weht uns um die Nase. Links in die Straße Nette einbiegen. Es geht vorbei an Pferdeweiden. An der Vorfahrtsstraße fahren wir geradeaus in den dichten Wald hinein. Im Wald kann man die kühle, feuchte, mystische Atmosphäre voll und ganz genießen, indem man einfach der sehr guten Radwegbeschilderung folgt. Nun folgt eine Kreuzung, geradeaus queren und dem Schild Richtung Krickenbecker Seen folgen. Nach Verlassen des Waldes biegen wir rechts in den kleinen Weg Hombergen.

Nun sind die Krickenbecker Seen erreicht. An den Seen liegt ein wunderschöner Picknickplatz mit Bänken. Eine Infotafel informiert über Flora und Fauna im Naturpark Schwalm Nette, der sich von hier bis nach Holland zieht. Wir fahren weiter geradeaus in der ursprünglichen Fahrtrichtung und zum Schloss Krickenbeck. Wir radeln auf einem Damm, links und rechts liegen die herrlichen Wasserflächen und schenken weite Blicke. Dann liegt rechts die Einfahrt zum Schloss mit seinem imposanten Tor. Um weiterzufahren, überqueren wir die Stoppstraße und fahren auf den gut ausgebauten Radweg rechts. Links liegt der ehemalige Fliegerhorst und die Venloer Heide. An der Ampelkreuzung fahren wir links in die Louisenburger Straße. Wir fahren nun nach Herongen hinein. Auf der geschlungenen Straße kommen wir vorbei am Landcafé Hensen (Mi–So

9:30–17 Uhr, Bergstraße 6, 47638 Straelen) und fahren leicht bergan zwischen den beiden Kirchen hindurch. Weiter geradeaus und der Beschilderung Richtung Wachtendonk folgen. Wenn wir auf die Broekhuysener Straße treffen, queren wir diese und fahren weiter geradeaus, an der Ecke liegt das Rasthaus zu den Linden (tgl. 17–22 Uhr, Kiewittstraße 59, 47638 Straelen). Nach rechts bietet sich nun die Möglichkeit, zum Badesee Blaue Lagune (Di–So 12–18:30 Uhr, Jülicher Str. 1–2, 47669 Wachtendonk, blauelagune.de) abzubiegen.

Wir kommen in das Örtchen Wankum. Vor der Tankstelle rechts Richtung Wachtendonk abbiegen, an der folgenden T-Kreuzung links. Nun geht es durch den Ortskern von Wachtendonk mit seinen hübschen Fassaden. Nachdem wir über das Flüsschen gefahren sind, rechts abbiegen in die Moorenstraße und dem Schild Richtung Abtei Mariendonk folgen. Der Radbeschilderung folgend geht es weiter auf dem Schlecker Weg. Vorbei an Pferdewiesen, einem See und Bauernhöfen weiter geradeaus, bevor wir an einer Kreuzung inmitten der Felder rechts in Richtung Abtei Mariendonk abbiegen. An der T-Kreuzung links zur Abtei Mariendonk, wo wir einen Stopp im Klostershop machen können.

An der nächsten Kreuzung halten wir uns geradeaus in die Vorfahrtsstraße und folgen dem Schild Richtung Kempen. An den Glascontainern rechts, sofort wieder links, an der Gabelung rechts und die erste wieder links. Hier ist Kempen ausgeschildert. Wenn der Schmeddersweg auf eine Stoppstraße trifft, rechts-links fahren, dem Radschild folgen. Wir überqueren die Ampelkreuzung auf den Hessenring nach rechts, sodass wir die Mühle zu unserer Linken haben. Anschließend weiter geradeaus, es sei denn, man hat Lust auf einen Altstadtbummel oder eine Besichtigung der Burg Kempen, dann kann man hier links in die Altstadt abbiegen. Wenn der Moorenring dann auf die Thomasstraße trifft, biegen wir rechts ab. Hier ist auch der Bahnhof ausgeschildert.

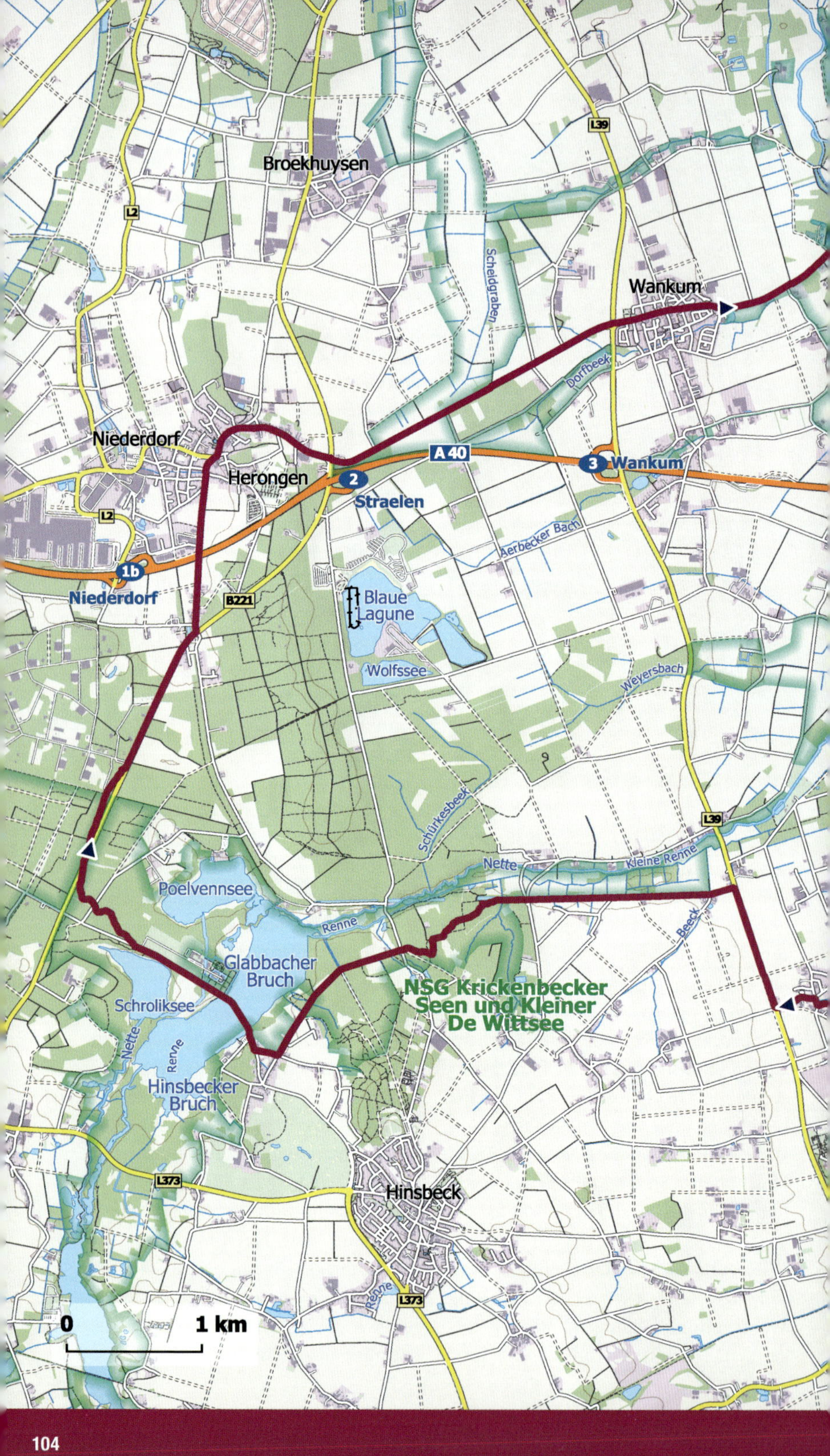

L39
Broekhuysen
L2
Scheidgraben
Wankum
Dorfbeek
Niederdorf
A 40
Herongen
2
Straelen
3 Wankum
L2
Aerbecker Bach
1b
Niederdorf
B221
Blaue Lagune
Wolfssee
Weyersbach
Schürkesbeek
L39
Nette
Kleine Renne
Poelvennsee
Renne
Beeck
Glabbacher Bruch
NSG Krickenbecker Seen und Kleiner De Wittsee
Schroliksee
Nette
Renne
Hinsbecker Bruch
L373
Hinsbeck
Renne
L373
0
1 km

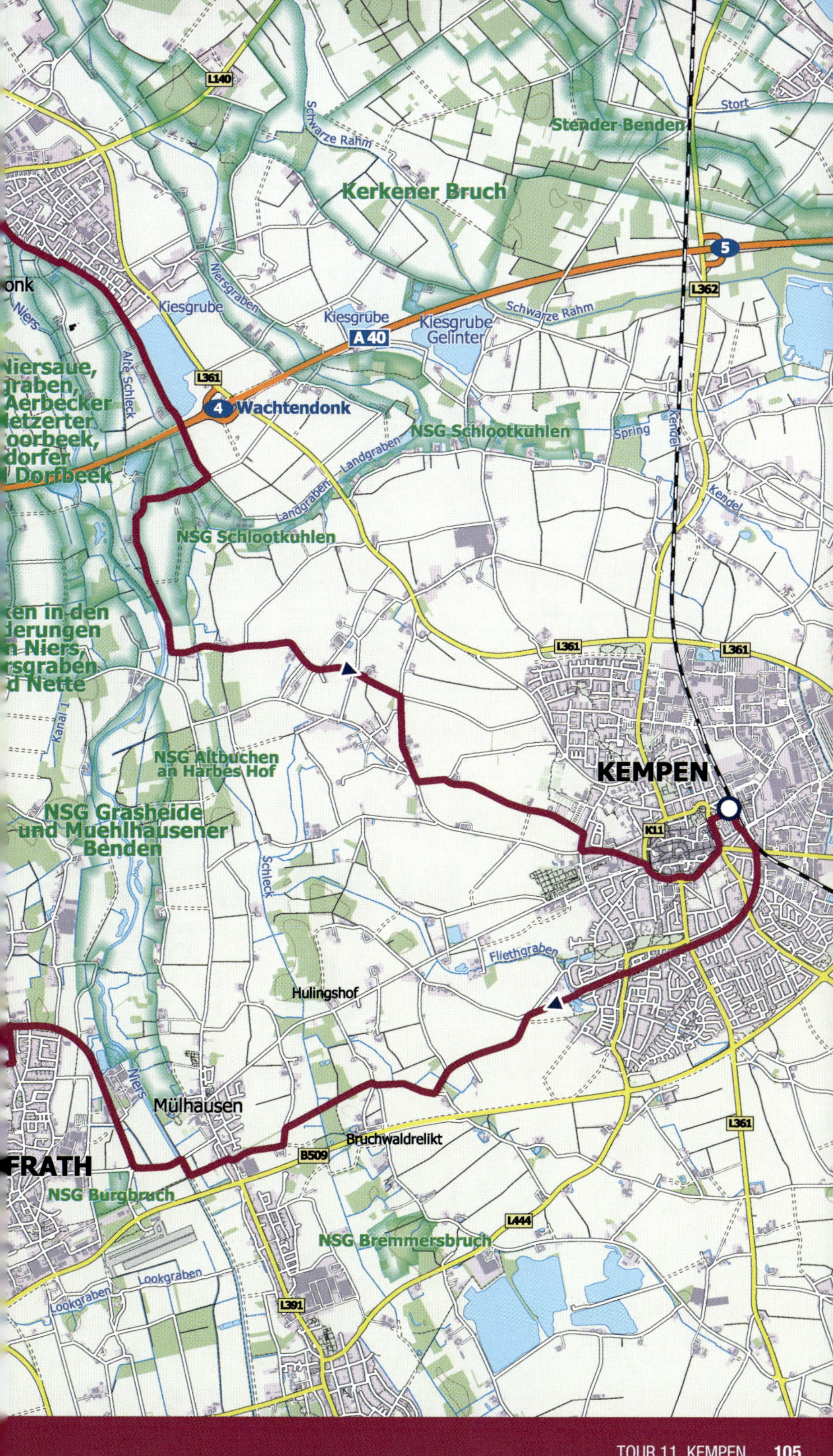
L140
Stort
Stender Benden
Schwarze Rahm
Kerkener Bruch
5
L362
onk
Niers
Kiesgrube
Niersgraben
Kiesgrube
Kiesgrube Gelinter
Schwarze Rahm
A 40
Niersaue,
graben,
Aerbecker
letzerter
oorbeek,
dorfer
Dorfbeek
Alte Schleck
L361
4 Wachtendonk
NSG Schlootkuhlen
Spring
Kendel
Landgraben
Landgraben
Kendel
NSG Schlootkuhlen
ken in den
derungen
n Niers,
rsgraben
d Nette
L361
L361
Kanal 1
NSG Altbuchen an Harbes Hof
KEMPEN
NSG Grasheide und Muehlhausener Benden
K11
Schleck
Fliethgraben
Hulingshof
Niers
Mülhausen
Bruchwaldrelikt
L361
FRATH
B509
NSG Burgbruch
L444
NSG Bremmersbruch
Lookgraben
Lookgraben
L391

*Die schönsten Kilometer ab*

# 12 DÜSSELDORF

*Start/Ziel*

## DÜSSELDORF RATH

*Rundtour*

*29,6 Kilometer*

*280 Höhenmeter*

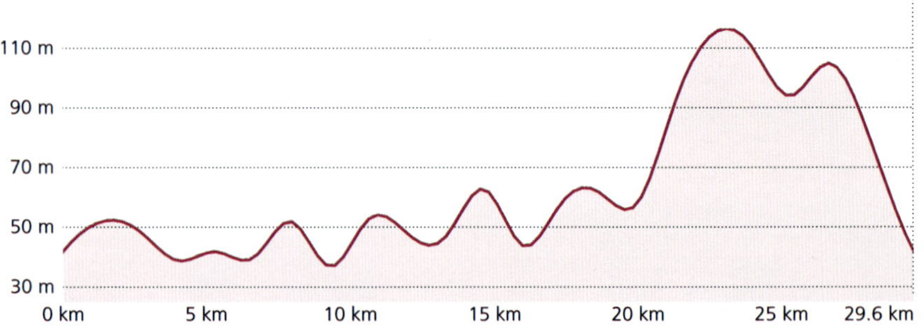

Blick auf den Angermunder See.

**Wie geschaffen für eine kleine Auszeit zum Abtauchen sind Düsseldorfs Grünzonen. Wir fahren durch idyllische Naherholungsgebiete, erleben ursprüngliche Wälder, wunderschöne Panoramablicke und besondere kulinarische Orte.**

Wir starten und enden unsere Feierabend-Tour am Bahnhof Düsseldorf-Rath. Den Aaper Wald zu unserer Rechten überqueren wir schon nach gut einem Kilometer Richtung Norden auf der Oberrather Straße, die zur Reichswaldallee wird, die A 44, und sind bereits im Grünen. Wir kreuzen am Niederbeckweg die Gleise nach Westen und radeln entlang des idyllischen Schwarzbachs zum Grünen See. Der öffentliche See gehört zu Ratingen. Am Ufer finden wir sowohl Gras- und Stein- als auch Sandstrandabschnitte. Im Sommer erlebt man hier einen regen Badebetrieb. Das Gewässer ist umgeben vom über 100 Hektar großen Landschafts- und Erholungspark Volkardey. Nach etwas mehr als acht Kilometern – durch Düsseldorfs Westen, über die A 52 und auf der Kalkumer Schlossallee und der Straße An der Anger durch den Wald – kommen wir an einem Spielplatz vorbei. Er liegt am Waldrand und ist bei den Kleinen sehr beliebt. Für ein Picknick finden wir auch eine überdachte Sitzecke mit Tischen. Es geht nördlich Richtung Angermund weiter. Am Angermunder See schließen wir unsere Räder ab

Durch den hügeligen Aaper Wald.

und machen eine herrliche Pause. Der See eignet sich hervorragend zum Entspannen. Auf der Oberfläche des Sees spiegelt sich der königsblaue Himmel. Wir machen ein paar Yogaübungen sowie etwas für die Balance, steigen dann wieder auf unsere Fahrräder und durchfahren Richtung Osten weiter den wunderbaren Hinkesforst.

Unsere Strecke führt uns erneut über die A 52, rechts von uns liegt der Gratenpoeter See. Schon nach wenigen Kilometern sind wir im fantastischen Ratinger Stadtwald. Man erlebt den Wald auffällig ursprünglich, nicht so aufgeräumt wie viele andere Stadtwälder. Von der Hauptallee, dem Hinkesforstgraben, biegen wir an der ersten größeren Abzweigung nach rechts ab, radeln aufmerksam durch die schöne Natur und machen einen Stopp an einer wundervollen Lichtung. Zuerst parallel zu den Gleisen Richtung Süden halten wir uns links, überqüren den Angerbach – entlang des Angerbachtals lässt sich die Tour durch viele kleine Radwege beliebig erweitern – und fahren weiter zur prächtigen Wasserburg Haus zum Haus (tgl. ab 12 Uhr, Haus zum Haus 8, 40878 Ratingen, www.wasserburg-zum-haus.de). Sie liegt am nördlichen Rand der Stadt Ratingen, eingebettet in eine idyllische Weidelandschaft und von malerischen Gräften umgeben. Die Burganlage in ihrer heutigen Form besteht aus der Hauptburg und der Vorburg. Du kannst bis in den schattigen

# Highlights
## am Wegesrand

**Fliegen**
Beste Aussichten beim Segelfliegen. Du möchtest einmal erleben, wie es ist, ohne Motor zu fliegen? Ein Einführungsflug auf dem Segelflugplatz bietet die Möglichkeit dazu (Flugbetrieb März–Okt., Grütersaaper Weg, 40472 Düsseldorf, wolfsaap.de).

**Frauensteine**
Im Aaper Wald wachsen Stieleichen, Rotbuchen, Ahorne, Robinien, Eschen und Birken. Eine besondere Attraktion sind die Frauensteine aus Sandstein auf den Höhen einer alten Endmoräne aus der letzten Eiszeit.

**Silber**
Direkt gegenüber vom Grünen See liegt der ebenfalls wunderschöne Silbersee, er dient der ruhigen Erholung und Naturbeobachtung. Auf dem See gibt es eine ca. 1 ha große Kies- und Schilfinsel – ein vielfältiger Lebensraum für verschiedene Wasservögel.

Innenhof rollen – es lohnt sich. Es gibt dort ausreichende Abstellmöglichkeiten für Fahrräder sowie ein Restaurant mit Außenbereich und einer sehr guten Küche. Die ansehnliche Burg wurde mit mehreren Architekturpreisen bedacht.

Es geht weiter Richtung Ratingen Mitte. Am faszinierenden Marktplatzbrunnen Ratingen halten wir kurz an. Der Brunnen schmückt seit 1976 den Marktplatz. Auf einer Säule sehen wir die Plastik eines zweigeschwänzten, auf ein Rad gestützten Löwen. Achte bitte hier auf die Verkehrsschilder – rund um den Brunnen ist das Radfahren verboten und man muss das Rad für ein paar Meter schieben. Wir folgen unserer Tour nach Süden, die uns erneut über die A 44 führt. Es folgt ein absolutes Highlight: Bei gutem Wetter kannst du auf dieser Anhöhe bis nach Düsseldorf, Ratingen und sogar bis nach Oberhausen im Ruhrgebiet schauen. Der stilvolle Landgasthof Gut Knittkuhle (tgl. ab 12 Uhr, Knittkuhler Str. 20, 40629 Düsseldorf, gutknittkuhle.de) ist nicht nur wegen seiner besonderen Lage eine der be-

Auf ein Gläschen an der Pferderennbahn.

gehrtesten Adressen Düsseldorfs. Die Modernisierung 2021 hat den Charme des Hauses wieder hervorgebracht. Du kannst dein Rad abstellen, wir machen eine Gastro-Pause. Du findest im Gut Knittkuhle sowohl im Außen- als auch im Innenbereich mediterran inspirierte Speisen. À la carte und individuell ist hier das Motto. Es gibt auch Kleinigkeiten und Vegetarisches.

Nach der köstlichen Einkehr steigen wir wieder auf unsere Fahrräder und radeln ein Stück über den Grütersaaper Weg und vorbei am Segelfluggelände Düsseldorf-Wolfsaap. Auch hier hat man einen wunderbaren Weitblick über die grünen Felder und Wiesen. Falls du es nicht schon ahnst, ein Aap ist nach rheinischer Mundart ein Affe bzw. ein alberner Mensch, ein Jeck. Die Jecken ziehen weiter zum nächsten Höhepunkt. Unser Weg führt uns weiter südlich über den Bauenhäuser Weg durch den Aaper Wald zur Pferderennbahn (Rennbahnstr. 24, 40629 Düsseldorf, duesseldorf-

galopp.de). Über die Rennbahnstraße gelangen wir auf das Gelände der geschichtsträchtigen Galopprennbahn. Hier finden übrigens auch Radevents wie das „QuerFeldRhein Gravel & Cross“, ein Offroad-Radsportfestival der neuen Art, statt. Wir stellen unsere Räder ab, laufen bis zur Haupttribüne, bestellen uns ein prickelndes Kaltgetränk und lassen die Atmosphäre und den schönen Blick aufs Grün auf uns wirken. Auch ohne Veranstaltung ist das ein beeindruckender Ort. Prösterchen!

Nach unserem erfrischenden Sundowner an der Tribüne steigen wir wieder in unseren Sattel und fahren über die Rennbahnstraße ein kurzes Stück zurück. Über den Rolander Weg gelangen wir erneut in den eindrucksvollen Aaper Wald. Er ist Teil des Düsseldorfer Stadtwalds, liegt im Nordosten des Düsseldorfer Stadtgebiets und zählt wegen seiner Stadtnähe zu den beliebtesten Ausflugszielen. Du musst dir aber keine Sorgen machen, der Wald ist groß genug, um selbst an den Wochenenden und bei bestem Wetter genügend Raum für Ruhe und ausreichend Platz für Radfahrende, Spaziergehende und Hunde zu bieten. Man findet hier jede Menge Gründe für einen spontanen Halt – entweder zum Fotografieren oder einfach nur zum Schauen. Im Aaper Wald gibt es an einigen Stellen eindrucksvolle Ansammlungen von Quarziten, die sogenannten Frauensteine. Es ranken sich geheimnisvolle Mythen und Sagen um die ehemalige Bedeutung der Steingruppen. Großartig – der Wald und die frische Luft. Wir nehmen noch ein paar bewusst tiefe Atemzüge und dann geht es wie auf einer Natur-Achterbahn weiter durch den hügeligen Wald – nur ohne Looping. Wir verlassen das wundervolle Waldgebiet sowie seine sagenumwobenen Geschichten und kommen zum Ende unserer Feierabend-Tour. Mit entspannten Gesichtern rollen wir mit unseren Fahrrädern wieder zurück zum Bahnhof Düsseldorf-Rath.

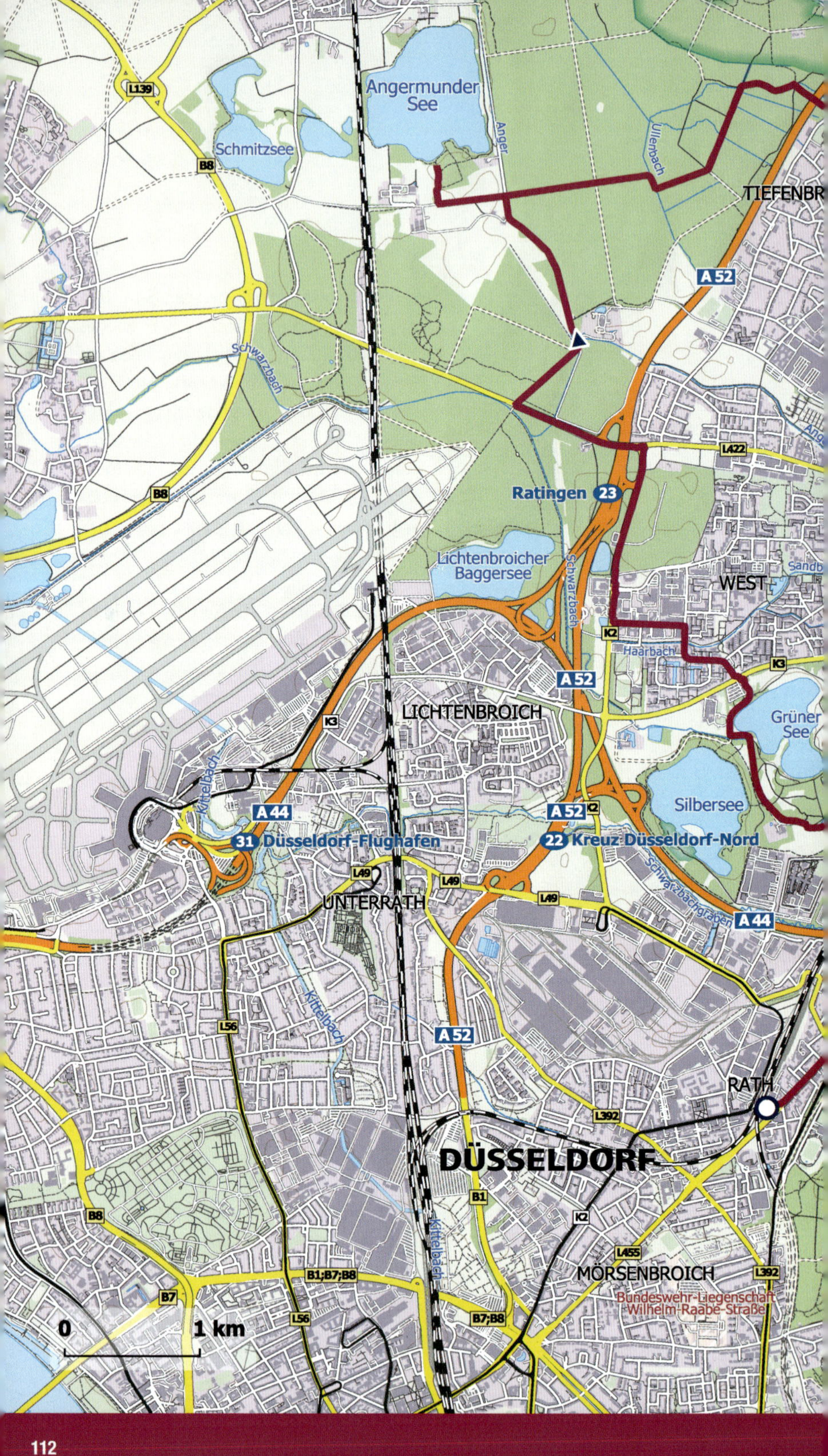
Angermunder See
Schmitzsee
Anger
Ullenbach
TIEFENBR
L139
B8
A 52
Schwarzbach
L422
B8
Ratingen 23
Lichtenbroicher Baggersee
Schwarzbach
WEST
K2
Haarbach
K3
A 52
LICHTENBROICH
K3
Grüner See
Silbersee
Kittelbach
A 44
A 52
K2
31 Düsseldorf-Flughafen
22 Kreuz Düsseldorf-Nord
L49
L49
L49
UNTERRATH
Schwarzbachgraben
A 44
L56
Kittelbach
A 52
RATH
L392
DÜSSELDORF
B1
B8
K2
Kittelbach
L455
MÖRSENBROICH
L392
B1;B7;B8
Bundeswehr-Liegenschaft Wilhelm-Raabe-Straße
B7
0
1 km
L56
B7;B8

Hinkesforstgraben
Oberbusch
Eggerscheidt
K31
A 3
L139
Kopperschall
Baulofsbruch
Brinkelbach
LSG-Ratinger
Stadtwald Süd-West
Blauer
See
Anger
Sengelsbach
Homberger Bach
RATINGEN
OST
Angertal
17
34
L422
SÜD
L239
Brachter Bach
33 Ratingen-Schwarzbach
A 44
Schwarzer
See
Haarbach
L455
Schwarzbach
Schönheitsbach
Mauerbach
Krumbach
Hasselbach
Kettelbach
K10
KNITTKUHL
Mobilmachungsstützpunkt
Düsseldorf
Conesbach
er Wald
Ehemalige
Bergische
Kaserne
B7
Pillebach
LUDENBERG
Rotthäuser
Bachtal

*Die schönsten Kilometer um*

# 13 KALDENKIRCHEN BEI VENLO

*Start/Ziel*

## BAHNHOF KALDENKIRCHEN

*Rundtour*

*76 Kilometer*

*125 Höhenmeter*

Glas und Stahl ergänzen das alte Gemäuer der Burg von Kessel.

**Nicht nur die flache Landschaft macht die Niederlande zum Top-Reiseziel für Radurlauber. Auch die gelebte Radkultur, die tollen Radwege, die gemütlichen Cafés und die unkomplizierte Art unserer sympathischen Nachbarn machen Radeln hier so gemütlich. Das i-Tüpfelchen bilden auf dieser Tour die Sehenswürdigkeiten entlang der Strecke: ein Trapistenkloster, ein Botanischer Garten, eine Fährfahrt, Schlösser, Burgen, Mühlen, die herrliche Altstadt Roermonds und das historische Zentrum von Brüggen.**

So gut wie keine Steigungen, zumeist asphaltiert, zwei sehr kurze Abschnitte mit erdigem/sandigem Untergrund. Sehr abwechslungsreich mit vielen Sehenswürdigkeiten und Einkehrmöglichkeiten. Aufgrund der Gesamtlänge evtl. nicht für Familien mit Anhängern geeignet.

Wir starten mit dem Bahnhof Kaldenkirchen in unserem Rücken, rollen die Straße bergab zum Stoppschild und biegen rechts in die Poststraße ab. Über den Kreisverkehr geht es gerade hinüber. Unser erstes Etappenziel ist ein Trapistenkloster mit gemütlichem Biergarten. Hierzu biegen wir links an der T-Kreuzung ab und folgen dem Schlenker des Feldwegs. Über die Autobahn fahren wir in den geschotterten Weg und an der asphaltierten Straße links. Rechts ist das Kloster Uelingshei-

Uferpromenade von Roermond mit Christoffelkathedrale.

de in Tegelen mit Café Oelespot (Di–So 12–20 Uhr, Ulingsheide 1a, 5932 NA Tegelen, www.ulingsheide.nl) erreicht.

Es ist ein Kleinod, Kloster, Café und Trapisten-Shop in einem. Eine schöne Atmosphäre, bei der man kurz überlegen muss – ist man noch in Deutschland oder schon in den Niederlanden? Rechts liegt die große Kirche, wir folgen anschließend der Straße links. Die Bäume der Allee rauschen an uns vorbei. Wir folgen der Straße Ulingsheide und fahren über die Autobahnbrücke. Wenn wir an eine Vorfahrtstraße treffen, biegen wir rechts ab, an der ersten Möglichkeit wieder links in Wambachsingel. Dann rechts in den Brachterweg und links abbiegen in die Glazenabstraat, der wir über den Parkplatz folgen. Es geht bergab und wie immer in Holland über den sehr gut ausgebauten Radweg. Hinter dem Kreisverkehr biegen wir links in die Nachtegaalstraat. Wir fahren durch eine typisch holländische Wohnsiedlung und biegen am Ende der Straße rechts in die Kasteellaan ab. Links liegt das hübsche Burgensemble Schloss Holtmühle mit dem Keramikzentrum Tiendschuur (Di–So 11–17, Kasteellaan 8, 5932 AG Tegelen, tiendschuur.net).

Wenn wir aus der Hofausfahrt wieder herauskommen, biegen wir links ab. Wir fahren am See neben dem Schloss entlang, dann rechts durch den Steintunnel. Wir nehmen die nächste rechts

# Highlights
## am Wegesrand

**Abdij**
Abdij Uelingsheide ist der holländische Name für die Abtei, die wir bald nach dem Start erreichen. Der Klosterladen verführt mit einer super Auswahl an Trapistenbieren, Wein, Konfitüren, Käse, Kerzen. Im Innenhof oder dem Innenraum des Restaurants speist man gemütlich Suppen, Salate, Pommes oder „ander lekkers".

**1000 Jahre alt**
Einst residierten hier die Grafen von Kessel, heute ist es die modernste Burg des Landes. Stilvoll wurden die alten Bauten mit Glas und Stahl ergänzt. Nach einer Besichtigung lässt sich im Innenhof oder auf der Terrasse herrlich Obstkuchen genießen.

**874 km**
Stolze 874 Kilometer ist die Maas lang. In ihrem Verlauf fließt sie durch drei Länder: Frankreich, Belgien und die Niederlande. Sie ist nicht nur der längste Nebenfluss des Rheins, sondern auch Namensgeberin der Mosel: Ihr lateinischer Name ist Mosa und Mosella bedeutet Kleine Maas. In Roermond mündet die Rur in die Maas.

in den Neeringerweg, links in die Terracottalaan und am Kreisverkehr die dritte Ausfahrt. Dann biegen wir rechts in die Sint Michaelstraat Richtung Fähre/Baalo. Links liegt davor der Botanische Garten Steyl (Jochumhof, Maashoek 2-B, 5935 BJ Steyl, jochumhof.nl).

Wir fahren durch ein Ensemble mit schmuckvollen Gebäuden. Dann ist ein schöner Platz erreicht mit Außengastronomie, man kann Softeis genießen und mit den Einheimischen ins Gespräch kommen. Links geht es runter zur Fähre (Betriebszeiten und Preise unter tonpaulusveerbedrijf.nl), mit der wir die Maas kreuzen. Nachdem wir von der Fähre heruntergerollt sind, geht es einen kleinen Berg hinauf, rechts liegt ein Biergarten, wir folgen dem Rechtsknick der Straße. Wir biegen links in den kleinen Weg namens De Heuvel und rollen weiter durch flache Wiesen und Fel-

Blick zurück nach der Fährüberfahrt: Panorama von Steyl.

der. Links von uns sehen wir durch Baumreihen immer wieder das blaue Band der Maas durchblitzen. Rechts liegt das sehr hübsche Bauernhofcafé Parkhoeve de Middelt (Di–So 12–20 Uhr, Ondersteweg 8, 5999 PS Kessel, www.parkhoevedemiddelt.nl).

Wir radeln immer geradeaus mit der Maas zu unserer Linken. Dann ist der Ort Kessel erreicht, an der T-Kreuzung geht es nach links. Vor dem kleinen Platz biegen wir rechts ab, fahren durch die pittoreske Innenstadt. Wir radeln auf eine Kirche zu. Die modern restaurierte Burg von Kessel (Kasteelhof 4, 5995 BX Kessel, kasteeldekeverberg.nl) liegt direkt vor uns und lädt zum Besuch ein. Wenn es weiteregehen soll, geht es vor dem historischen Ensemble nach rechts, dann links in die Dorpstraat. Wir fahren weiter geradeaus mit dem Fluss zu unserer Linken, hinaus aus Kessel und dann sind wir in einem kleinen lieblichen Wäldchen unterwegs. Wir radeln vorbei

man herrliche Aussichten auf das Wasser. Links liegt wieder eine kleine Fähre, wir folgen dem Rechtsknick und biegen dann links in die Molensstraat. Wir radeln in ihre Verlängerung, die Straße Hagendoorn, und durch ein Schleusentor. Dann links in die Straße Zwaarveld, links liegt ein Hirschgatter. Radschild nach links folgen, durch eine malerische Allee und fruchtbare Flussauen rollen wir dahin. Der landwirtschaftliche Nutzweg führt mitten durch eine Kuhweide. In der Ferne sieht man bereits die Silhouette von Roermond. Über die Dorpsstraat geht es weiter. In dem Ort liegt die imposante Kirche zur Rechten. Wir folgen dem Straßenverlauf aus dem Ort und fahren rechts auf dem „fietspad" weiter. An der Vorfahrtsstraße links, rechts in den Peter Schreursweg. Der Radbeschilderung 45 bis Roermond folgen. An der T-Kreuzung dem Peter Schreursweg treu bleiben.

an gepflegten Hofgeländen und links sieht man die hübsche Mühle von Besel – spätestens hier kriegt man das echte Hollandgefühl.

An der Gabelung links und leicht bergab. Dann biegt der Weg nach rechts in ein schattiges Wäldchen ab, Linkskurve folgen. An der T-Kreuzung links, als grobe Orientierung hilft, dass wir immer am Fluss entlang weiterfahren. Wir kommen durch das Örtchen Neer. Da wir oberhalb der Maas radeln, hat

In Horn an der Vorfahrtsstraße links. Links in den Molenweg abbiegen, um einen kurzen Abstecher zu der sehenswerten Mühle zu machen. Bevor wir aus Horn rausfahren, biegen wir links ab, folgen dem Schild Richtung Kasteel Horn. Rechts vor der Burg liegt die imposante Martinuskerk. Nach diesem Abstecher zum Kastell radeln wir zurück zum Rijksweg und biegen hier links ab, aus Horn heraus. Wir überqueren dazu die viel befahrende Abfahrt, biegen rechts ab, fahren Rich-

# Highlights
am Wegesrand

**296 ha**
So groß ist das Naturschutzgebiet Elmpter Schwalmbruch. An der südlichen Seite der Schwalm gelegen, sind Moor und Wasser hier die Hauptattraktion. Duftende Gagelsträucher, Wacholderheide und die Erlenbruchwälder am Wegesrand schaffen eine zauberhafte Atmosphäre.

**24.12.1289**
Erste urkundliche Erwähnung fand die imposante Burg in Brüggen am Heiligen Abend des Jahres 1289. Der ganze historische Ortskern gleicht heute einem Bilderbuchstädtchen. Das hübsche Rathaus, die Schwalpforte und Rentei, die Mühle und die Altstadthäuschen laden zum Bummel – und die Eiscafés zum Genießen ein.

**Schloss Hillenraad**
Dieses repräsentative quadratische Wasserschloss geht auf das 14. Jahrhundert zurück. Heute wohnt hier der Enkel des Grafen Hermann Josef Wolff-Metternich.

**Altstadt Roermond**
Mancher denkt bei Roermond nur an das Outlet, das unweit des Zentrums liegt. Dabei sind Münster, Altstadtgässchen und Uferpromenade echte Schmuckstücke.

tung Roermond und werden in Kürze die Maas überqueren. Dem Links-Rechtsknick folgen. Dann kommen wir rechts zu einem einen Anstieg, über die Maas. Am Ende der Brücke wenden wir uns nach rechts, an der ersten Möglichkeit links in die Straße Kraanpoort. Über Kopfsteinpflaster an der Gabelung links und schon ist das Rathaus Roermond – unser heutiges Etappenziel – erreicht.

Für unsere Weiterfahrt lassen wir das Rathaus und den Marktplatz rechts liegen, folgen der Swalmerstraat weiter. Dann rechts in die Lindanusstraat,

Garten von Schloss Hillenraad.

über die Kreuzung und links in die Leliestraat. An dieser Ecke liegt vor uns der hübsche Platz Munsterplein. Anschließend biegen wir rechts in die Godsweerderstraat und radeln auf den Roermond-Schriftzug zu. An der Vorfahrtsstraße links, rechts in die Slachthuisstraat, links in die Carmelitessenstraat einbiegen, am Ende in den Venloseweg. Über die Brücke kreuzen wir die Gleise und fahren am Kreisel mit den Bären geradeaus. Wir bleiben der Straße geradeaus weiter treu raus aus Roermond. Eine willkommene Abwechslung an dieser schnurgeraden Wegführung bildet der Abstecher zum Schloss Hillenraad. Das quadratische Wasserschloss ist ein wahres Kleinod. Wir radeln nach Swalme hinein. Am Kreisel ist schon Brüggen (DE) ausgeschildert, wir orientieren uns am Wegweiser. An der Bosstraat biegen wir rechts ab. Nach der Gaststätte Lindenboom führt uns der Radweg wieder nach Deutschland. Wir biegen rechts ab in Kamerickshof.

Nach der Überquerung des kleinen Bachs nehmen wir die erste links, fahren weiter durch das Landschaftsschutzgebiet Elmpter Schwalmbruch. An der T-Kreuzung links. Der Dier-

Blick auf die Burg Brüggen.

gardt'scher See und der Venekotensee bieten einen herrlichen Anblick. Durch lauschige Farnwälder rollen wir parallel zu einem breiten Bächlein. In einem großen Bogen geht es um eine Pferdewiese. Der Radbeschilderung Richtung Brüggen folgen, es geht links ab. An der Vorfahrtsstraße links. Nach der Holzbrücke Beschilderung nach Burg Brüggen rechtsherum folgen. Auf einem schmalen, sich schlängelnden Naturweg geht es zu unserem nächsten Etappenziel Brüggen, nun liegt das Bächlein rechts. An der T-Kreuzung ebenfalls rechts zur Burg Brüggen. Wenn links das hübsche Ensemble historischer Gebäude von Brüggen erscheint, biegen wir links ab ins Zentrum.

Nachdem wir die Burg Brüggen und das historische Zentrum erkundet haben, geht es vor der Burg links herum. Wir folgen der Klosterstraße in ihrem Verlauf. Diese geht über in die Hochstraße, der wir weiter lange treu bleiben, auch wenn sie ihren Namen in Brachter Straße ändert. Wir queren die Straße an der Ampelkreuzung,

um auf den Radweg auf der anderen Seite und dann links in die Sankt-Barbara-Straße zu fahren. Die erste asphaltierte Straße rechts entlang von Feldern Richtung Natur- und Tierpark radeln. Wir kommen nach Genholt hinein, folgen den Radwegschildern erst links-, dann rechtsherum. Links liegt ein auffällig bemalter Baum – dies ist ein Fotostopp, daher drehen wir wieder um und fahren ein kleines Stück zurück. An der ersten Möglichkeit links in den schmalen Radweg. An der Straßenkreuzung links, dann gleich rechts über die Ampel in die Brüggener Straße dem Schild Richtung Kaldenkirchen folgen. Wir radeln immer weiter geradeaus durch den Ort Bracht, vorbei an der Brachter Mühle auf den Kirchturm zu. Am Kreisverkehr geradeaus, an der Ampel rechts ab. Hier an der Ecke liegt das Café Bürgermeisteramt, wir sind nun im Ortszentrum und folgen der Radbeschilderung weiter. Rechts in die Marktstraße, an der Vorfahrtsstraße links, am Kreisverkehr rechts und auf den Radweg. Bald ist der Ort Breyell erreicht, wo wir an der Ampel rechts in die Straße Bieth biegen. Wir radeln auf den imposanten Turm zu, bevor wir rechts Richtung Viersen Wabberich abbiegen und uns an der nächsten Ampel links nach Lobberich wenden. Dann biegen wir rechts ab in die Straße Onnert, obwohl die Radschilder geradeaus weisen. An der Stoppstraße geradeaus, danach links: Lobberich ist erreicht.

Am Kreisverkehr biegen wir links ab, dabei passieren wir die imposante Kirche mit Pfarrzentrum St. Sebastian. Nun orientieren wir uns um, um auf die kleine schmale Fahrradtrasse zu gelangen. Diese ehemalige Bahntrasse macht Radlern richtig Vergnügen, man saust leicht bergab. Bald schon ist Kaldenkirchen Bahnhof ausgeschildert. Unten am Ende der Trasse überqueren wir die Straße und kommen zurück zum Bahnhof Kaldenkirchen.

Beringe
N275
Panningen
Helden
Egchel
Hubbeek
Hoekerstraat
Egchelbeek
Stox
Visvijver
Breeërpeel
N277
Kwistbeek
Boekenderbos
Heldense Bossen
Gruise Epper
Afwateringskanaal
Eikelenpeel
Kessel
Brookberg
Kesseleikerbroek
Tasbeek
Reuver
Fortlossing
Beekstreetlossing
Kessel-Eik
EUROPÄISCHE
NIEDERLANDE
A7
N273
Neer
Wijnbeek
Rijkelse
Bemden
Beesel
18
Roggelse Beek
Leubeek
WSV Hanssum
Donderberg
Hulbeek
Vullbeek
NORD
Leudal
Nunhem
Maas
Beesels Broek
Haelen
Schwalm
Buggenum
Gemeentebossen
Swalmen
Haelense Beek
Schwalmen
Asseltse
Plassen
Hillenraad
Boshei Nieuwenhof
Horn
Boukoul
19
ROERMOND
Carthuisers
Bosch
A73
Noordplas
N280
Plas Hatenboer
Asenrath
1
De Vijver
Maasniel
Maas
Paardsplas
NSG Luesekamp
und Boschbeek
Herten
N570
A73
20
Rurtal
Luzenkamp
0
2 km

Berckt
Tegelen
Steyl
Jammerdal
Wandelpark Tegelen
NSG Venloer Heide
Schroliksee
Hinsbecker Bruch
Leuth
NSG Krickenbecker Seen und Kleiner De Wittsee
De Wittsee
Kälberweide
Holtmühle
Kaldenkirchen
NETTETAL
Belfeld
LIMBURG
DEUTSCHLAND
NIEDERLANDE
Ferkensbruch
Lobberich
Nettebruch
Breyell
NSG Heidemoore
NSG Schlucht
Bracht
Schaag
Breyeller See
Boisheim
NSG Brachter Wald
Lüttelbracht
Dilkrath
BRÜGGEN
Born
Borner See
Heidweiher
Dahmensee
Laarer See
Venekoten
Overhetfeld
Amern
NSG Dielsbruch
NSG Lotzemer Bruch
Hariksee
Brempt
SCHWALMTAL
Elmpt
Waldniel
NIEDERKRÜCHTEN
NSG Raderveekes Bruch und Lüttelforster Bruch
Nationaal Park De Meinweg
Oberkrüchten
Varbrook
Lüttelforst
A73
A74
A 61
A 52
B221

# 14 DÜSSELDORF

*Start/Ziel*

## BENRATH

*Rundtour*

*34,3 Kilometer*

*58 Höhenmeter*

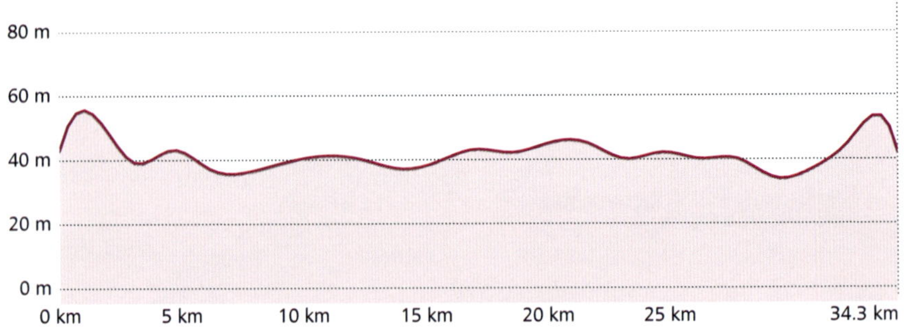

Nightlife am MedienHafen.

**Auf dieser Tour durch die Landeshauptstadt von Nordrhein-Westfalen kommen wir an unterschiedlichen architektonischen Highlights vorbei – historische, nachkriegsmoderne sowie zeitgenössische. Wir bestaunen städtebauliche Großprojekte und genießen die regionale Küche.**

Nahezu durchgehend asphaltiert und nur moderate Steigungen. Fahrradschloss nicht vergessen!

Die Tagestour beginnt am Bahnhof Düsseldorf-Benrath. Von hier fahren wir mit unseren Rädern zum Eingang des Schlossgeländes gleich gegenüber. Das reizende Schloss Benrath liegt im gleichnamigen südlichen Stadtteil und wurde von 1755 bis 1773 erbaut. Nach einer lohnenden Besichtigung des Schlossparks radeln wir Richtung Rhein und biegen Richtung Himmelgeist ab. Die Streckenführung geht zunächst Richtung Norden, dann nach Süden und wieder nach Norden – wir passen uns den Flussbiegungen an.

Es bleibt historisch, wir kommen zum Schloss Mickeln. Das schmucke Anwesen im Stadtteil Himmelgeist steht an der Stelle des 1836 abgebrannten Haus Mickeln. Der damalige Besitzer ließ das Schloss als Sommerresidenz neu errichten, als Vorlage dienten Stiche von Villen aus dem 16. Jahrhundert. Für eine bessere Sicht rollen wir ein Stück an den prächtigen Linden vorbei. Weiter geht es

Rheinturm und Gehry-Bauten dominieren den MedienHafen.

auf unserer Strecke nach Norden. Nach dem Botanischen Garten überqueren wir die A46, fahren durch den Südpark und den Volksgarten weiter Richtung Unterbilk und kommen zum MedienHafen. Man kann bei der Besichtigung der Hafenarchitektur sehen, wie sich die Gegend im Laufe der Zeit verändert hat.

Der Neue Zollhof ist ein Gebäudeensemble im MedienHafen, das 1999 eingeweiht wurde. Die außergewöhnlichen Gebäude sind nach ihrem Architekten Frank Gehry auch als Gehry-Bauten bekannt. Nach einem dankbaren Foto-Shooting geht es weiter zum Rheinturm. Er ist das markante Wahrzeichen der Düsseldorfer Rheinkulisse und steht am Eingang des MedienHafens, direkt neben dem Landtag Nordrhein-Westfalen und dem Gebäude des Westdeutschen Rundfunks. Oben im Turm befindet sich ein Restaurant, das sich innerhalb von 72 Minuten einmal um die eigene Achse dreht, darunter liegt eine Aussichtsplattform. Der Rheinturm bietet einen atemberaubenden Blick auf die Rheinmetropole. Bei schönem Wetter kann man sogar den Kölner Dom sehen.

Wir kommen vorbei am neuen NRW-Landtagsgebäude, dem Haus der Geschichte NRW und biegen ungefähr bei Kilometer 23 vom Rhein ein kurzes Stück Richtung Osten ab. Von der Schulstraße geht es auf die Benrather Straße zum Carlsplatz (Mo–Fr 8–18, Sa 8–16 Uhr, Carlsplatz 26, 40213 Düs-

# Highlights
am Wegesrand

**Rosa**
Das rosafarbene hübsche Schloss Benrath gilt mit seinem denkmalgeschützten Ensemble von Lustschloss, Jagdpark, Weihern und Kanalsystem als bedeutendes architektonisches Gesamtkunstwerk der Stadt Düsseldorf.

**Km 13**
Nach etwa 13 Kilometern liegt rechts der Botanische Garten. Er gehört zur Heinrich-Heine-Universität Düsseldorf, zum dortigen Institut für Botanik. Hier gedeihen über 6.000 exotische und heimische Arten, unter anderem in einem riesigen Kuppelgewächshaus.

**8 Km**
Hainbuchhecken hat man am Kö-Bogen zum Bestandteil eines Geschäfts- und Bürogebäudes werden lassen. Die dichtgepflanzten Hecken am Ingenhoven-Gebäude schirmen Sonnenstrahlen ab. So muss im Sommer weniger gekühlt werden. Das bedeutet weniger Betriebskosten. Und sie reduzieren den Lärm einer Großstadt.

seldorf, carlsplatz-markt.de). Nachdem wir unsere Bikes abgeschlossen haben, besuchen wir die vielfältigen Marktstände. An einem Stehtisch nehmen wir ein erfrischendes Kaltgetränk ein und genießen das bunte Treiben. Anschließend fahren wir die Benrather Straße auf den Kögraben zu und biegen links auf die Breite Straße. Als nächstes Highlight auf unserem Programm: die Kunstsammlung NRW (Di–Fr 10–18, Sa–So 11–18 Uhr, Grabbeplatz 5, 40213 Düsseldorf, kunstsammlung.de). Sie hält national und international eine hervorragende Position unter den Kunstmuseen. Schwerpunkte der hochrangigen Sammlung liegen in amerikanischer und westeuropäischer Moderne des 20. Jahrhunderts, außerdem in Werken des Expressionismus, der französischen Fauves und des Kubismus. Die große Ausstellungshalle zeigt außergewöhnliche Dimensionen – ihr findet hier Werke von Dani Karavan, Richard Long und Daniel Buren, die eigens für diese

Tonhalle mit Oberkasseler Brücke über den Rhein.

Größe konzipiert wurden. Bedeutende Werke von Joseph Beuys bis Pablo Picasso haben den Museumsrang in der Welt erhöht. Das K20 zeigt mit fast 100 Werken die zweitgrößte deutsche Sammlung von Paul Klee, auch Arbeiten von Pop-Ikone Andy Warhol sowie von Georges Braque, Max Ernst, Wassily Kandinsky, Ernst Ludwig Kirchner, Per Kirkeby, Paul Klee, René Magritte, Henri Matisse, August Macke, Jackson Pollock, Gerhard Richter und vielen mehr werden ausgestellt.

Unsere Route führt uns vorbei an der Deutschen Oper, ein kurzes Stück über die berühmte Königsallee und dann Richtung Kö-Bogen in Düsseldorfs Neuer Mitte. Der neue Gebäudekomplex mit seinen begrünten, zueinander abgeschrägten Fassaden eröffnet einen freien Blick auf Ikonen der Nachkriegsmoderne: das Dreischeibenhaus und das Schauspielhaus. Unser Interesse gilt Europas größter Grünfassade. Wir schauen uns das bemerkenswerte Projekt des Architekturbüros Ingenhoven genauer an. Die laubhaltenden Hainbuchen verbessern unter anderem das Mikroklima der Stadt und binden zudem Kohlendioxid. Beeindruckend!

Wir durchfahren den hübschen Hofgarten nach Nordwesten und kommen zur Tonhalle (Ehrenhof 1, 40470 Düsseldorf, tonhalle.de). 1926 entstand am

Rheinufer in Düsseldorf ein wunderschönes Planetarium. Es sollte die rund 5.984.000.000 Kilometer von der Sonne bis zum äußersten Planeten unseres Systems ein wenig überschaubarer machen. Wie so oft in der Geschichte kam alles ganz anders. In den 70er-Jahren wurde aus der Halbkugel ein Konzertsaal. Mehr als 450 Konzerte mit über 300.000 Zuschauern pro Jahr machen das „Planetarium der Musik" zu einem großartigen Forum für die Kultur. Und dann ist Deutschlands schönstes Konzerthaus natürlich das musikalische Zuhause der Düsseldorfer Symphoniker. Die Strecke führt uns Richtung Westen auf der Oberkasseler Brücke über den Rhein. Wir rollen ein Stück durch Düsseldorf-Oberkassel, dann geht es Richtung Norden zur denkmalgeschützten Brauerei Albrecht (tgl. 12–21 Uhr, Niederkasseler Str. 104, 40547 Düsseldorf, brauhaus-joh-albrecht.de). Nun sind wir im Stadtteil Niederkassel angekommen. Man braut und kocht hier seit fast 30 Jahren, was die Kessel hergeben. Wir suchen uns einen Platz im idyllischen Biergarten und bestellen Düsseldorfer Senfrostbraten – zum Nachtisch teilen wir uns noch einen Apfelstrudel mit Vanillesauce. Du kannst hier auch frischen Matjes, Salate oder vegetarische Flammkuchen bestellen.

Nach unserer Einkehr führt uns die Route auf der Theodor-Heuss-Brücke wieder über den Rhein. Wir radeln am belebten Rheinpark entlang nach Süden. Im Sommer könnt ihr mit einem herrlichen Blick auf den Rhein am Stadtstrand chillen. Wir biegen auf die Klever Straße Richtung Bahnhof Düsseldorf-Derendorf, beenden unsere Tagestour durch die Stadt mit einem sehr zufriedenen Gesicht und dem Plan, möglichst bald wiederzukommen. Als nächstes steht der Japan-Tag im Mai auf unserem Programm. Als einzigartiges Kultur- und Begegnungsfest zieht er jedes Jahr Hunderttausende nach Düsseldorf, die das japanische Flair erleben und zum Abschluss das spektakuläre Feuerwerk am Rhein genießen möchten.

LÖRICK
NIEDERKASSEL
DERENDORF
PEMPELFORT
Albertussee
HEERDT
OBERKASSEL
ALTSTADT
STADTMITTE
Erftkanal
Ölgangsinsel
HAFEN
Paradiesstrand
Spee's Graben
CARLSTADT
FRIEDRICHSTADT
OBERBILK
UNTERBILK
HAMM
BILK
Neuss-Hafen
Rhein
FLEHE
23 Düsseldorf-Bilk
VOLMERSWERTH
Alpiner
Sporthafen Neuss
A 46
GNADENTAL
Grimlinghausen
Uedesheimer Rheinbogen
ERFTTAL-WEST
23 Neuss-Norf
ERFTTAL
ERFTTAL-OST
HIMMELGEIST
Derikum
A 57
22 Neuss-Uedesheim
UEDESHEIM
Am Blankenwasser
Sandhof See
21 Dreieck Neuss-Süd
Norf
Stüttgen
Himmelgeister Rheinbogen
Norfbach
Elvekum
Silbersee
0
1 km

Grafenberger Wald
GRAFENBERG
GERRESHEIM
Hubbelrather Bachtal
Rotthäuser Bachtal
Hubbelrather Bachtal
Morper Bachtal
DORF
MEISTERSIEDLUNG
Düsselauen bei Gödinghoven
ERKRATH
LIERENFELD
VENNHAUSEN
ELLER
Forst Eller
UNTERBACH
UNTERFELDHAUS
Unterbacher See
Düsseldorf-Wersten (Ost)
A 46
21 Dreieck Düsseldorf-Süd
Elbsee
HASSELS
Hasseler Forst
Graureiher Insel
Menzelsee
REISHOLZ
HOLTHAUSEN
22
A 59
Niederhelder Wäldchen
Forst Benrath
PAULSMÜHLE
BENRATH
Rhein
Schlossweiher
Schlupkotensee
A 59
23 Düsseldorf-Garath
Zonser Grind
Urdenbacher Kämpe
Garather Forst
A 3

*Die schönsten Kilometer ab der*

# 15 MUSEUM INSEL HOMBROICH

Mehr Renaissance geht nicht: Schloss Rheydt.

*Start/Ziel*

## HOMBROICH

*Rundtour*

*42,7 Kilometer*

*100 Höhenmeter*

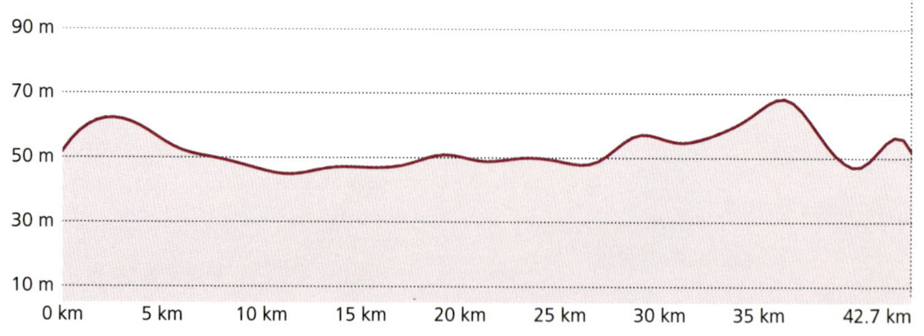

**Unser Programm beginnt mit einer ausgiebigen Besichtigung der Museum Insel Hombroich, einem einzigartigen Gelände, auf dem Kunst und Architektur eng mit der Natur verbunden sind – erst im Anschluss daran steigen wir in unseren Sattel und starten unsere Tour, das haben wir so noch nie gemacht.**

Gut geeignet für Familien, nur moderate Steigungen. Fahrradschloss mitnehmen!

Start und Ende unserer Tagestour ist der Parkplatz Museum Insel Hombroich (April–Sept. tgl. 10–19 Uhr, Okt.–März tgl. 10–17 Uhr, Minkel 2, 41472 Neuss, inselhombroich.de). Im Auftrag des Gründers Karl-Heinrich Müller wurde das weitläufige Terrain an der Erft, das Museum, Natur, Kunst und Architektur verbindet, zu einer fantastischen Park- und Auenlandschaft. Bildhauer Erwin Heerich schuf zehn begehbare Skulpturen, in denen wir die vielseitige Sammlung nach einem Konzept des Malers Gotthard Graubner sehen können. Das Museum zeigt – neben fernöstlicher Kunst und einem archäologischen Fundus – Werke von Jean Fautrier, Lovis Corinth, Hans Arp und vielen mehr. Wir begehen das „Atelier“, den „Turm“ und das „Labyrinth“. Rechts und links von uns Natur pur mit märchenhaften Kopfweiden. Wir besuchen die „Hohe Galerie“, den „Graubner-Pavillon“, das „Rosa Haus“, den „Tadeusz Pavillon“

Der Turm auf der Museum Insel Hombroich.

und das „Zwölf-Räume-Haus“. Es ist noch Vormittag und unser Weg führt uns zur Cafeteria auf dem Museumsgelände, hier könnt ihr euch kostenlos mit Rosinenstuten, Apfelmus, Pellkartoffeln, Quark, Tee, Kaffee, Wasser und Äpfeln versorgen lassen. Wir verlassen die Museumsinsel, steigen in unseren Sattel und fahren Richtung Nordwesten zur Skulpturenhalle (Fr–So 11–17 Uhr, Lindenweg, Ecke Berger Weg, 41472 Neuss, thomas-schuette-stiftung.de) sowie zur ebenfalls als Ausstellungsort genutzten Raketenstation (tgl. 10–19 Uhr, Raketenstation Hombroich 4, 41472 Neuss, langenfoundation.de), dem Kunst- und Ausstellungshaus der Langen Foundation. Die Tour führt uns weiter Richtung Nordwesten über die A 46 Richtung Glehn, Pesch und dann nach Korschenbroich.

Wir parken unsere Räder an der Brauerei Bolten (Mo–Fr 11:30–22 Uhr, Rheydter Str. 138, 41352 Korschenbroich, bolten-brauerei.de). Es gibt „Himmel & Ääd“ – das bedeutet Himmel und Erde. Das Gericht ist seit dem 18. Jahrhundert bekannt, nicht nur am Niederrhein, unter anderem auch in Hessen und Westfalen – sogar bei unseren niederländischen Nachbarn. Seinen Namen erhielt es von der früher verbreiteten Bezeichnung Erdapfel für die Kartoffel. Himmel steht für die Äpfel an den Bäumen. Als Beilage erhält man in manchen Regionen eine Grützwurst oder Blutwurst. In der Brauerei kann man auch ¾-Portionen zum ¾-Preis bestellen – und dazu eine der vielen Brauspezialitäten. Wir steigen wieder auf unsere Räder, durchfahren die wundervolle Grünzone Neersbroich zuerst nach Norden und dann nach Süden entlang der Niers und kommen so zum nächsten geschichtsträchtigen Stopp, dem Schloss Rheydt (Di–Fr 11–17, Sa–So 11–18 Uhr, Schlossstr. 508, 41238 Mönchengladbach, schlossrheydt.de). Es ist das

# Highlights
## am Wegesrand

**1,2 Km**
Ihr findet auf den ersten 1,2 Kilometern im Kulturraum Hombroich mit dem Museum Insel Hombroich, der Raketenstation und dem Kirkeby-Feld ein einzigartiges Areal zu den Themen Kunst, Architektur, Natur, Musik, Literatur und Philosophie mit Bauten bedeutender Architekten.

**Kasematten**
Schloss Rheydt ist das einzig architektonisch vollständig erhaltene Schloss der Renaissance am Niederrhein. Die begehbaren Festungsanlagen laden zu einem spannenden Rundgang über die bedeutenden Befestigungen ein.

**Quarzit**
Das prächtige Schloss Liedberg aus dem 12. Jahrhundert liegt auf einer Quarzit-Kuppe im bedeutsamen Kulturlandschaftsbereich Liedberg.

einzige architektonisch vollständig erhaltene Schloss der Renaissance am Niederrhein. Heute beherbergt das Schloss und die Vorburg nicht nur das Städtische Museum der Stadt Mönchengladbach, sondern ist auch ein Veranstaltungsort sowie ein wunderbares naturnahes Naherholungsgebiet mit weitläufigen Grünanlagen. Im Innenhof des Schlosses befindet sich ein Restaurant, hier könnt ihr nach dem Besuch bei Pasta, Pizza oder einem Kaffee entspannen.

Von hier führt uns die Strecke Richtung Südosten, nach Eiger und weiter nach Leppershütte. Das reizende Haus Horst (Horst 48, 41238 Mönchengladbach) ist ein ehemaliger Rittersitz im Stadtteil Giesenkirchen. Die unter Denkmalschutz stehende Anlage ist Stammsitz des gleichnamigen westfälischen Adelsgeschlechts von der Horst. Da das historistische Herrenhaus heute als Privatklinik genutzt wird, können wir nur den Vorburgbereich begehen. Rund um das Haus locken malerische Wege. Wir kommen weiter durch Steinhausen zu Schloss Liedberg. Wir parken unsere Fahrräder und begehen den Hof. Das Schloss stellt sich als perfektes Modell heraus, wir machen Bilder von der prächtigen Anlage aus dem 12. Jahrhundert und steigen wieder auf unsere Räder. Es geht weiter auf unserer Strecke, nun

Über eine Brücke nähern wir uns Schloss Dyck.

nach Süden durch Steinforth. Auf dem Tourenplan steht Schloss Dyck (Di–So 10–18 Uhr, Schloss Dyck, 41363 Jüchen, stiftung-schloss-dyck.de). Schick und dennoch im Flair der alten Remise präsentiert sich das Restaurant. Im Gastraum mit großen Fenstern, aber auch von der mediterranen Terrasse aus eröffnet sich der Blick in den herrlichen Schlosspark. Ihr bekommt hier herzhafte regionale Speisen oder Kuchen. Über vier Inseln im Kelzenberger Bach, umgeben von einem englischen Landschaftsgarten, erstreckt es sich mit seinen Vorburgen und dem Wirtschaftshof. Einmal im Jahr könnt ihr das Schloss in bunten Farben bewundern. Eine Woche lang setzen internationale Lichtkünstler die frühbarocke Fürstenresidenz sowie die angrenzenden Parks und Gärten in ganz besonderes Licht. Das „Lichtfestival" mit musikalisch untermalten Illuminationen, Kerzenschein und Videoprojektionen auf dem gesamten Gelände sowie die regelmäßigen Schlosskonzerte sind die alljährlichen Höhepunkte. Seit Gründung

der Stiftung sind nun einige Räume des Ostflügels für Besucherinnen und Besucher geöffnet. Im lichtdurchfluteten Festsaal könnt ihr ein barockes Deckengemälde bewundern, das noch aus der Bauzeit um 1656 stammt, zwölf Tableaus des Rokokomalers François Rousseau sowie kostbare Wandbekleidungen wie die chinesische Seidentapete, die Kaiser Karl IV. seiner Tochter Theresia schenkte. Doch nicht nur das Schloss lohnt einen Besuch, auch beim Blick aus den Fenstern offenbart sich uns die enge Verbindung der Ausstellungsstücke zu der weitläufigen und wunderschönen Parkanlage. Vor der Kulisse des Wasserschlosses flanieren wir vorbei an majestätischen Rieseneiben, Mammutbäumen, Korea-Pappeln und Geweihbäumen – farbenprächtig und atemberaubend präsentiert sich uns der Garten. Unter dem Motto „Ost trifft West“ wurde erst jüngst ein japanisch inspirierter Schaugarten angelegt. Nachdem wir Fotos von den wunderschönen Exoten gemacht haben, machen wir uns auf den Weg für den Endspurt.

Es geht Richtung Südosten. Wir überqueren wieder die A 46 und biegen in Kapellen Richtung Gruissem ab. Wir besuchen dort das nette kleine Café Back & Bike (cafe-back-bike.business.site). Hier könnt ihr nicht nur Kaffee und leckeren selbstgemachten Kuchen bekommen, die Betreiber halten auch Werkzeug und eine Luftpumpe für vorbeikommende Radfahrende bereit. Ein Hinterrad hat auf der Strecke etwas Luft verloren und wir nutzen den freundlichen Service. Nach der Koffein- und Luftversorgung verabschieden wir uns höflich und steigen wieder auf unsere Bikes. Bis zum Startpunkt sind es noch 4,8 Kilometer. Die Strecke geht nun Richtung Nordosten. Wir radeln nun wieder entlang der Museumsinsel zu unserem Ausgangspunkt, dem Parkplatz Museum Insel Hombroich. Eine herrliche Tour!

KORSCHENBROICH
Pesch
Eichenbroich
Neersbroich
Niers
Trietbach
Hörster Graben
NSG Hoppbruch
Leppershütte
Taubenhütte
Landwehr
Drölsholz
Steinhausen
Schlich
Stadt
Högden
Liedberg
Bahner
GIESENKIRCHEN
Schelsen
Kommerbach
Rubbelrath
Steinforth
Waat
Fasanerie / Rhododendron
Kelzenberger Wäldchen
Schlich
Wallrath
Dürselen
Wey
Hoppers
Neuenhoven
Kelzenberger Bach
Rath
Mürmeln
Stessen
Jüchener Bach
Kelzenberg
0
1 km
K5
L382
K14
K23
K4
L381
K35
L31
L382
K35
K16
L370
B230
K11
K29
K29
L31
L116
L116
L31
K13

Hexenwäldchen
K34
L154
K37
BÜTTGEN
A 57
L381
Bauerbahn
19
Weilerhöfe
L381
Kamberger Hof
L32
Dirkes
Lanzerath
L154
L361
K8
K42
Birkhof
Grefrath
B230
Lüttenglehn
K8
L154
Glehn
Röckrath
Epsendorf
15
K29
K4
Scherfhausen
Busch
Damm
A 46
14 Grevenbroich-Kapellen
L201
Gruissem
L361
Vierwinden
Neubrück
Erft
Münchrath
Gilverath
Mühlrath
KAPELLEN
K33
HEMMERDEN
Tüschenbroich
K40
L142

*Start/Ziel*

# HEINSBERG

*Rundtour*

*52,3 Kilometer*

*115 Höhenmeter*

100 m
80 m
60 m
40 m
20 m
0 km
10 km
20 km
30 km
40 km
52.3 km

Sonnenuntergang genießen am Lago Laprello.

**Meist auf Radwegen und Nebenstraßen führt uns die Tour durch das Heinsberger Land entlang der grünen Flussläufe von Rur und Wurm bis zur Burg Trips. Eine Fahrt mit der historischen Schmalspurbahn und ein Bad im Lago Laprello runden unsere Erlebnistour ab.**

Gut geeignet für Familien mit Anhänger. Wochenende wählen für Schmalspurbahn und knapp 8 km kürzeren Weg. Gute, meist asphaltierte Wege, kaum Steigung. Spielplatz und Badestrand. Badesachen nicht vergessen! E-Bike-Ladestellen: Lago Laprello Ladeschrank am Bootshaus, Heinsberg Markt, 4x Schuko

Los geht's am Parkplatz Gangolfusstraße in Heinsberg. Von der Rathausstraße biegen wir rechts in die Apfelstraße und, zwei Mal links abbiegend, in die Hochstraße. Wir folgen der rotweißen Beschilderung, die uns heute meist leiten wird. Am Marktplatz mit seinem breiten Gastronomieangebot nutzen wir den linksseitigen Fahrradweg über die Kempener Straße. In Richtung Unterbruch verlassen wir die Stadt und durchfahren den Vorort Unterbruch, bis wir kurz vor der Rur eine Abzweigung erreichen.

Links ab wählen wir den Weg nach Hückelhoven und genießen die Ruhe auf diesem Abschnitt des RurUfer-Radwegs. Ich liebe es, hier die

Kurz ausruhen am Schloss Trips.

Schmetterlinge auf den purpurfarbenen Disteln zu beobachten, während der Fluss neben einem Ruhe verströmt. Vor einer kleinen Rurbrücke biegen wir rechts ab und folgen nun dem Weg, bis wir den Friedhof erreichen. Für einen Abstecher zum See biegen wir links ab Richtung Hilfarth und der bereits in Sicht liegenden Rurbrücke, nach deren Überquerung wir den Adolfosee für eine kurze Pause erreichen. Von einem lauschigen Plätzchen haben wir einen schönen Blick über den fischreichen See und seine Inseln, die gesprengte Bunker aus dem 2. Weltkrieg sind. Zurück am Ausgangspunkt biegen wir links ab. Wir folgen der Straße bis wir die 1895 erbaute Kapelle Kranzes an der Ecke zur Hauptstraße erreichen. Wirf mal einen Blick hinein und lass die Stille auf dich wirken! Wir fahren links auf den Radweg und biegen direkt hinter dem Erlenbach scharf nach links ab, um die befahrene Straße nach rechts zu unterqueren. Uns rechts und links haltend kommen wir auf den Radweg nach Porselen. Für ein paar Hundert Meter müssen wir auf die Straße wechseln, bis wir links in die Bendengasse einbiegen. Nun biegen wir ab in Richtung Geilenkirchen, durchfahren den kleinen Ort Himmerich, überqueren die Gleise und folgen der Straße durch den kleinen Ort Randerath bis zur Kreuzung. Wir folgen den Weg entlang der Wurm, einem 53 km langen hübschen Nebenfluss der Rur, den wir ein ganzes Weilchen begleiten. Bei einem Zwischenstopp am Restaurant Ponytränke (Di–Do 14.30–19.30, Fr–Sa 14.30–21, So 11–19.30 Uhr, Mühlenstraße 29, 52511 Geilenkirchen) genießen wir selbstgemachte Waffeln, während unsere Kinder Pony reiten oder sich auf dem großzügigen Spielplatz mit Seilbahn austoben. Wir folgen weiter dem Weg am Bach entlang und weiter Richtung Geilenkirchen, bis links Schloss Trips auftaucht. Das

# Highlights
am Wegesrand

**Km 10**
Ja, ich wäre auch gern in den Adolfosee gesprungen, doch baden solltest du alleine wegen des wiederholten Blaualgenbefalls hier nicht – relaxen schon! Als Reste des Westwalls sind vier nach dem zweiten Weltkrieg gesprengte Bunker erhalten geblieben, die als Inseln im Adolfosee zu sehen sind.

**Zeitreise**
Teilweise über 110 Jahre alt ist die Holzklasse der historischen Wagen der Selfkantbahn. Plane gut, denn die Dampflok fährt meist nur Sonntags, Samstags fährt meist eine alte Diesellok. Fahrräder reisen kostenfrei mit.

**Urlaub**
Auf der Strandpromenade des Lago Laprello fühle ich mich wie in Spanien! Nach einem Sprung ins erfrischende Wasser am breiten Sandstrand lehne ich mich in einem Strandkorb des Laguna Beach Club zurück und genieße bei einem kühlen Pinot Grigio den Sonnenuntergang.

Schloss mit ersten Bauwerken aus dem 15. Jahrhundert ruft nach einer weiteren Rast. Auf den Bänken der Kastanienallee entlang des Wassergrabens kannst du entspannen und Schwäne beobachten. Eine Besichtigung ist leider nicht drinnen, da es ein Seniorenheim beherbergt. Wir radeln weiter bis zum Markt von Geilenkirchen und von dort weiter Richtung Gangelt. Im rechts gelegenen Restaurant am Markt (Mo 17–22, Di, Do–Sa 11.30–14.30 und 17–22, So 11.30–21.30 Uhr) mit seiner schönen Außengastronomie lässt sich eine gepflegte Pause einlegen. Wir folgen der Straße bergauf durch Geilenkirchen und wechseln auf den die Straße begleitenden Radweg.

Unsere Bikes rollen wie von selbst bergab durch Gillrath, bis wir den Abzweig nach links zur Selfkantbahn nehmen, den wir kurz darauf erreichen und nach links zum Kopfbahnhof Gillrath abbiegen. Sofern du einen der Fahrttage ausgewählt hast, geht es von hier mit der historischen Selfkantbahn, der einzigen Schmalspurbahn in Nordrhein-Westfalen, weiter (Sa–So mehrmals tgl., Dampflok meist nur So, Fahrplan online prüfen, Radmitnahme kostenfrei). Sie verkürzt unsere Radelstrecke

Der Adolfosee kommt gerade recht für eine kleine Pause.

um fast 8 km. Es ist schon ein ganz besonderes Erlebnis, wenn die Dampflok rhythmisch schnaufend in Dampf und Rauch gehüllt mit dir auf große Fahrt geht! Die Bahn fährt heute nicht? Kein Problem, dann fahr die Strecke mit dem Rad weiter nach Gangelt. In Stahe, kurz vor Gangelt geht es rechts weiter Richtung Schierwaldenrath. Wir überqueren die Bundesstraße, erklimmen geradeaus die offenen Felder, durchqueren Kreuzrath und biegen hinter der Birgdener Kirche links ab, bis wir den Bahnhof Schierwaldenrath erreichen, an dem auch Bahnhofshalle und Werkstatt der Selfkantbahn beheimatet sind. Für alle geht es nun am Bahnhof vorbei weiter, bis wir die Kirche erreichen, von der wir uns nach Heinsberg aufmachen. Knapp 2 km weiter setzen wir unsere Tour über die Felder in Richtung Heinsberg fort und biegen dann nach Heinsberg ab. Geradewegs führt uns der Feldweg bergab mit weitem Blick auf die erhöht auf dem Kirchberg ruhende St. Gangolf Kirche in Heinsberg. Über die Aphovener Straße erreichen wir die Waldfeuchter

Straße in Lieck und folgen ihr auf dem linksseitig für Fahrräder freigegebenen Gehweg nach rechts.

Wir überqueren die Kreuzung und biegen nach links auf dem Radweg in die Ringstraße, um bei nächster Gelegenheit rechts auf die Seeufer Straße abzubiegen, der wir nun ein Stück um den See folgen. Was jetzt kommt, macht mich als langjähriger Heinsberger Jung sprachlos: Gab es vor 25 Jahren nur wilde Badeecken am Baggersee, begegnen wir nun einer anderen Welt. Auf der hübschen Promenade, am Beach Club und Campingplatz vorbei, erreichen wir das Bootshaus, bei dem du Tretboote in Form überlebensgroßer Schwäne leihen kannst, und den breiten Sandstrand des Lago Laprello, einem zum Freizeitparadies umgestalteten Baggersee, auf dem Spanienfeeling aufkommt. Auf dem Rückweg über die Promenade halten wir am Laguna Beach Club (tgl. 12–21.30 Uhr, Fritz-Bauer-Straße, 52525 Heinsberg) zum Chillout bei Sonnenuntergang. Wir verlassen die Promenade über den Weg am Campingplatz nach rechts auf die Fritz-Bauer-Straße, der wir auf dem linksseitigen Parallelweg bis zur Kreuzung folgen.

Geradeaus weiter Richtung Stadtmitte passieren wir das Krankenhaus, kommen in die Apfelstraße und erreichen, an unserem Startpunkt vorbeikommend, durch das Torbogenhaus das Begas Haus (Di–Sa 14–17, So 11–17 Uhr, Hochstraße 21, 52525 Heinsberg), ein interessantes Museum für Kunst und Regionalgeschichte. Direkt daneben gibt's das auch ohne Eintritt zugängliche Museumscafé Samocca (Di–Fr 10–17, Sa 10–14 Uhr), ein Auszeit-Muss, wenn es offen ist! Wer möchte, geht noch hinauf auf den Kirchberg, der zusammen mit dem Burgberg eine der größten erhaltenen Mottenanlagen, eine Turmhügelburganlage, des Rheinlandes darstellt. Mit dem Rad zurück zum Parkplatz Gangolfusstraße ist es nun nicht mehr weit.

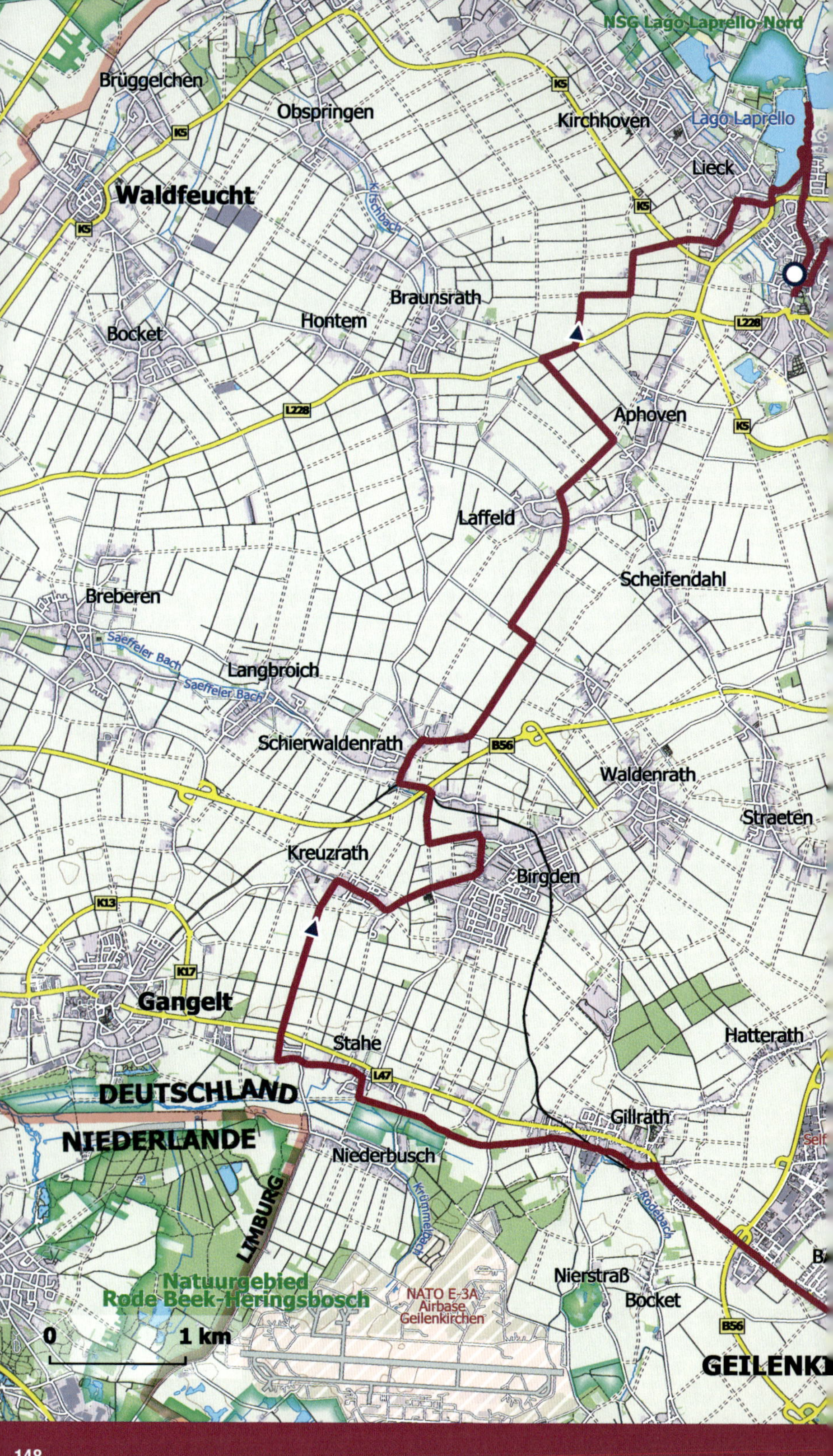
NSG Lago Laprello-Nord
Brüggelchen
Obspringen
Kirchhoven
Lago Laprello
Lieck
Waldfeucht
K5
Kirschbach
Braunsrath
Hontem
Bocket
L228
Aphoven
Laffeld
Scheifendahl
Breberen
Saeffeler Bach
Langbroich
Schierwaldenrath
B56
Waldenrath
Straeten
Kreuzrath
Birgden
K13
K17
Gangelt
Stahe
L47
Hatterath
DEUTSCHLAND
NIEDERLANDE
Gillrath
Niederbusch
LIMBURG
Rodebach
Krummelbach
Nierstraß
Bocket
Natuurgebied
Rode Beek-Heringsbosch
NATO E-3A
Airbase
Geilenkirchen
0
1 km
GEILENKI

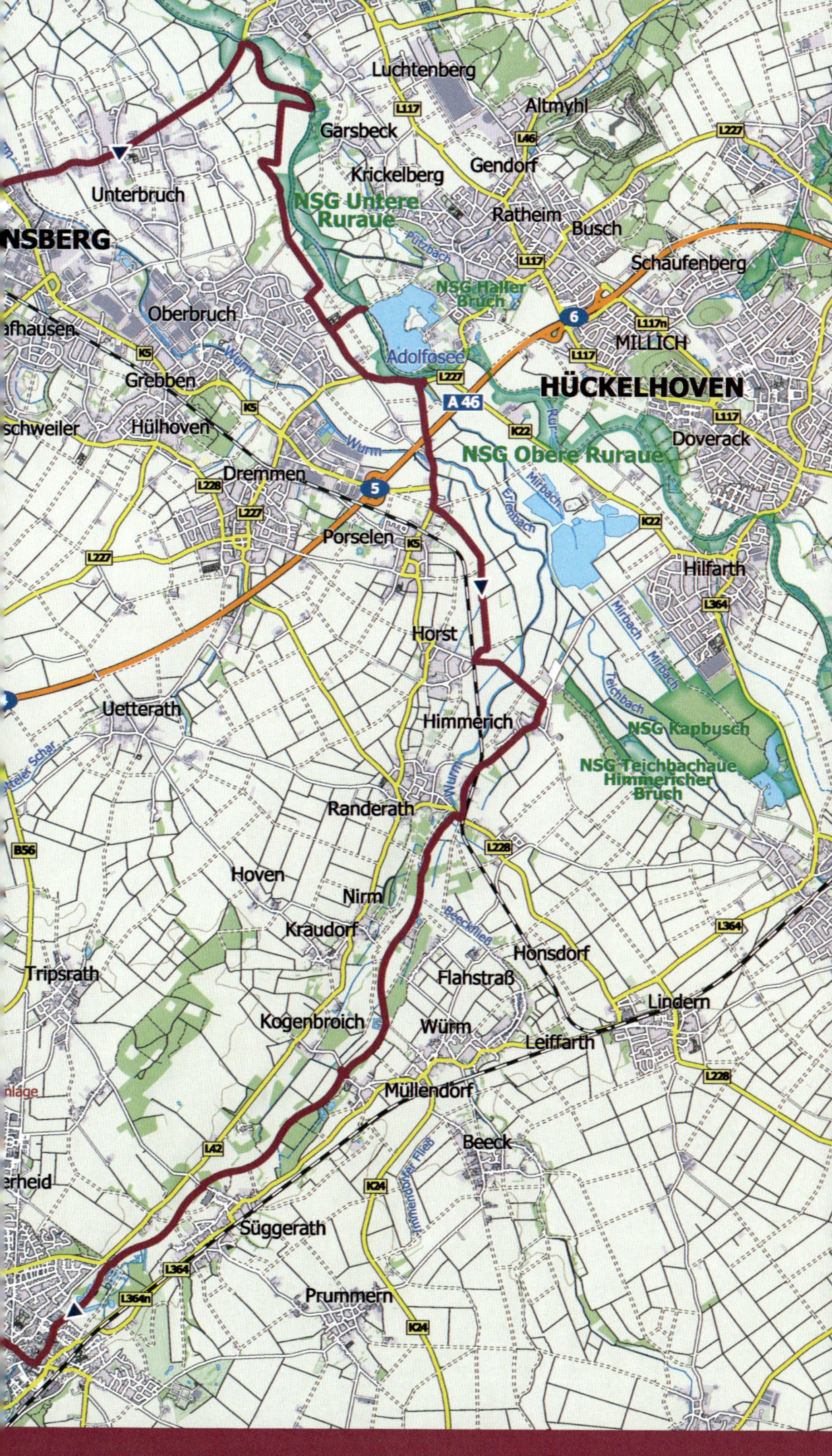

Luchtenberg
Altmyhl
Garsbeck
Gendorf
Krickelberg
Unterbruch
NSG Untere Ruraue
Ratheim
Busch
Schaufenberg
NSBERG
Oberbruch
NSG Haller Bruch
MILLICH
Adolfosee
Grebben
HÜCKELHOVEN
Hülhoven
Doverack
NSG Obere Ruraue
Dremmen
Porselen
Hilfarth
Horst
Uetterath
Himmerich
NSG Kapbusch
NSG Teichbachaue Himmericher Bruch
Randerath
Hoven
Nirm
Kraudorf
Honsdorf
Tripsrath
Flahstraß
Lindern
Kogenbroich
Würm
Leiffarth
Müllendorf
Beeck
Süggerath
Prummern

*Die schönsten Kilometer ab*

# 17 KÖLN

*Start/Ziel*

## DEUTZ

*Rundtour*

*46,7 Kilometer*

*340 Höhenmeter*

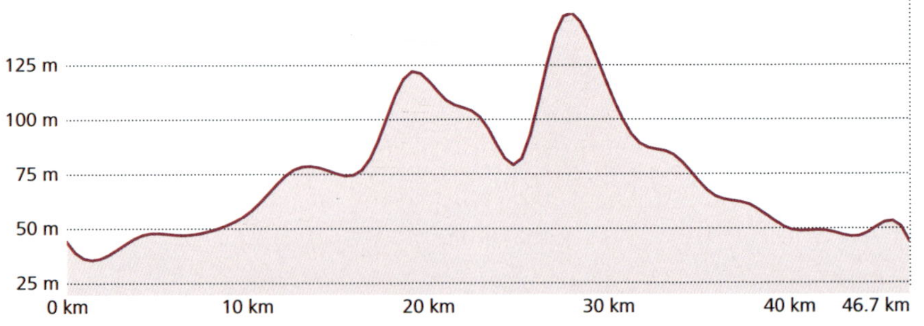

Die Dhünn fließt durch Altenberg.

**Von Bahnhof Deutz/Messe fahren wir in Richtung Nordosten auf Radwegen vorbei an schönen Orten zum Märchenwald in Altenberg. Unweit des Märchenwalds befindet sich der Altenberger Dom, dem wir natürlich auch einen Besuch abstatten. Zurück führt die Tour über Bergisch Gladbach zur Villa Zanders und „Em Höttche" wartet leckeres Essen auf uns. Na dann steht einem schönen Tag wohl nichts mehr im Weg.**

Berg- und Talfahrt auf guten Radwegen sowie befestigten harmlosen Straßen.

„Divitia", so lautete der Name des heutigen Stadtteils Deutz in der Antike. Es war urspünglich ein großes römisches Fort mit Platz für mehr als 500 Soldaten und deren Familien zum Schutz der Colonia (heutiges Köln) auf der linken Rheinseite. Deutz entstand also aus einem römischen Kastell und war bis zur Eingemeindung 1888 eine selbstständige Stadt. Köln ist seit dem Mittelalter bekannt als bedeutende Messestadt. 1920 wurden auf Initiative des in Köln geborenen Konrad Adenauer, der als erster Bundeskanzler nach dem Zweiten Weltkrieg in die Geschichte einging, die Messehallen in Deutz gebaut. Die erste Messe war mit 600.000 Besucher*innen und 2.800 Aussteller*innen eine der größten weltweit. In den 1990er-Jahren wurden neue Messehallen gebaut; in den Räumlichkeiten der alten

Der Altenberger Dom.

Backsteinbauten befinden sich heute der Sitz des RTL-Senders und diverse Versicherungen. Der Bahnhof Deutz/Messe ist eine wichtige Anbindung an den Hauptbahnhof und stark frequentiert. Für diese Tour ist er unser Startpunkt.

Wir starten Richtung Rhein, fahren am Fluss entlang Richtung Norden und halten uns nach ca. 4,5 km hinter der Mülheimer Brücke rechts auf der Dünnwalder, dann Berliner Straße in Richtung Odenthal/Altenberg. Nachdem wir Bahngleise, die A 3 und zum zweiten Mal Gleise gequert haben, wenden wir uns nach Osten. Vorbei am Wildpark Dünnwald radeln wir zuerst durch schattigen Wald und dann durch Schildgen, einen Stadtteil von Bergisch Gladbach. Die Dhünn macht einen Bogen durch Odenthal, weshalb wir sie hier gleich zwei Mal, und nicht das letzte Mal, überqueren. Nach der zweiten Brücke geht es im Kreisverkehr nach Norden. Hinter Menrath orientieren wir uns nach rechts in den Wald des Natur-Wildgeheges Odenthal. Vorbei an der Burg Berge und am Altenberger Dom radeln wir bis zum Märchenwald Altenberg. In der 1931 eröffneten und modernisierten Freizeitanlage werden auf einem Märchenweg insgesamt 18 verschiedene Märchen der Brüder Grimm thematisiert. Wir machen Bekanntschaft mit

# Highlights
## am Wegesrand

**Divitia**
Der Stadtteil Köln Messe/Deutz wurde von den Römern zum Schutze der Stadt als Militärlager gegründet und ist heute nicht nur als Messestadt weltweit bekannt, sondern neben manch anderem auch wegen des Panoramablicks auf den Kölner Dom beliebt.

**Vom Papier zur Kunst**
In der einstigen Papiermühle Kunstmuseum Villa Zanders wurde jahrzehntelang Papier hergestellt. Es war für die Familie ein florierendes Geschäft und für die Stadt ein Markenzeichen.

**Lecker Kölsch**
Bevor wir wieder am Startpunkt ankommen, lassen wir es uns für einige Zeit Em Höttche gutgehen und uns etwas Gutes servieren.

**Nächstes Waldgebiet**
Unweit unserer Strecke befindet sich der Gierather Wald, der unter Naturschutz steht: ein Laubwaldgebiet innerhalb der Schluchter Heide, das von kleinen Bächen durchflossen wird.

Hänsel und Gretel, Rapunzel, Rumpelstilzchen, dem Froschkönig und vielen anderen Figuren, die uns seit unserer Kindheit bekannt sind. Deshalb freuen sich auch zahlreiche Erwachsene auf einen Besuch in diesem märchenhaften Wald. Die Schlüsselszenen der Märchen werden mittels teils beweglicher Figuren dargestellt und mit Musik und Texten untermalt. Ein Restaurant sorgt für das leibliche Wohl.

Nur ein Katzensprung ist es anschließend auf der anderen Seite der Dhünn zurück zum Altenberger Dom, auch Bergischer Dom genannt. Die ursprünglich aus dem 12. Jahrhundert stammende Klosterkirche war Stätte der Zisterzienser, die die Initiative für den weiteren Ausbau zum heutigen Dom ergriffen. Rund um den Altenberger Dom ist alles grün und die Bepflanzungen sowie die natürliche Fau-

Im Altenberger Dom.

na lassen diesen Ort zu einer „anderen Welt“ werden. Mal hinsetzen auf eine der vielen Bänke und einfach nur die Seele baumeln lassen. Daraufhin ab in eines der Cafés oder Restaurants und sich mit Bergischen Waffeln oder einem Lunch verwöhnen lassen ...

Die nächsten 9 km zur Villa Zanders fahren wir durch das zauberhafte Bergische Land mit einigen Höhenmetern über Odenthal und Voiswinkel. Es begrüßen uns kleine idyllische Ortschaften mit ländlichem Charakter und schönen Wohnhäusern. Vom Altenberger Dom nehmen wir die andere Dhünnseite als auf der Hinfahrt zurück bis zum Abzweig ins Wildgehege. Ab hier geht es ein kurzes Stück über dieselbe Strecke nach Odenthal hinein. Am Kreisverkehr in der Nähe der Brücke geht es dieses Mal aber nach Süden geradeaus weiter. Über die Landstraße nach Süden radeln wir in den Orsteil Voiswinkel. In diesem biegen wir rechts ab und kurz darauf wieder links, um weiter Richtung Süden nach Bergisch Gladbach zu kommen. Gegenüber vom Rathaus liegt das Kunstmuseum Villa

Zanders. Dort können wir schließlich außergewöhnliche Kunstobjekte in gehobenem Ambiente bewundern, es werden wechselnde Ausstellungen aus den Bereichen Malerei, Zeichnung, Skulpturen und Installationen gezeigt. Auf 3 Etagen mit insgesamt 1000 qm Ausstellungsfläche können wir mehr als 450 Exponate von 150 nationalen und internationalen Künstlerinnen und Künstlern besichtigen. Die Artothek hat in ihrem Bestand ca. 1.700 grafische Blätter und Fotografien und ist eine der größten Kunstausleihen bundesweit.

Weiter geht es über die Hauptstraße nach Westen. Wir umrunden den Bahnhof nach Norden und queren die Gleise auf der Buchholzstraße nach Süden. Über Gronau verlassen wir Bergisch Gladbach auf der Gierather Straße, die am nördlichen Rand des Naturschutzgebiets Gierather Wald verläuft, und befinden uns nun wieder in Köln. Dem Straßenverlauf folgend kommen wir zum Biergarten, wo wir uns eine gemütliche Rast gönnen können. So, nach einem solch abwechslungsreichen Programm melden sich unsere Kehlen und Mägen zu Wort. Das Restaurant/Biergarten „Em Höttche" ist sehr zu empfehlen. Der Eigentümer führt dieses Etablissement seit 2004 sehr erfolgreich und mit hoher Serviceorientierung. Als leidenschaftlicher Koch freut er sich darauf, seine Gäste mit Kleinigkeiten, Gerichten aus der Region sowie Internationalem zu erfreuen. Hier trifft auch jeder auf jeden oder jede auf jede, vom Arzt über den Fachangestellten bis hin zum Handwerker. Im Anschluss machen wir uns auf, um die letzten 10,5 km zurück zum Ausgangspunkt in Angriff zu nehmen. Die Dabringhauser Straße und ihre Verlängerung führt uns nach Westen. Wieder unter der A 3 hindurch gelangen wir nach Buchheim. Vor dem Pfälzischen Ring biegen wir nach links, queren die Stadtautobahn und kommen am Hotel Radisson Blu vorbei nach links zurück zum Bahnhof Deutz/Messe.

RHEINDORF
BÜRRIG
KÜPPERSTEG
Erlenbruch im Bürgerbusch
Großer Silbersee
Bergsee
Bachaue Bürgerbusch
LEVERKUSEN
Rheinkassel
ALKENRA
Wupper
Dhünn
WIESDORF
MANFORT
Merkenich
Rhein
Rheinaue Langel-Merkenich
Mutzbach
Von-Diergardt-See
Am Hornpe
FLITTARD
Am Grünen Kuhweg
Flittarder Rheinaue
DÜNNWALD
NIEHL
STAMMHEIM
WEIDENPESCH
HÖHENHAUS
MAUENHEIM
HOLWEID
NIPPES
RIEHL
MÜLHEIM
Strunde
BUCHHEIM
KÖLN
BUCHFORST
0
1 km

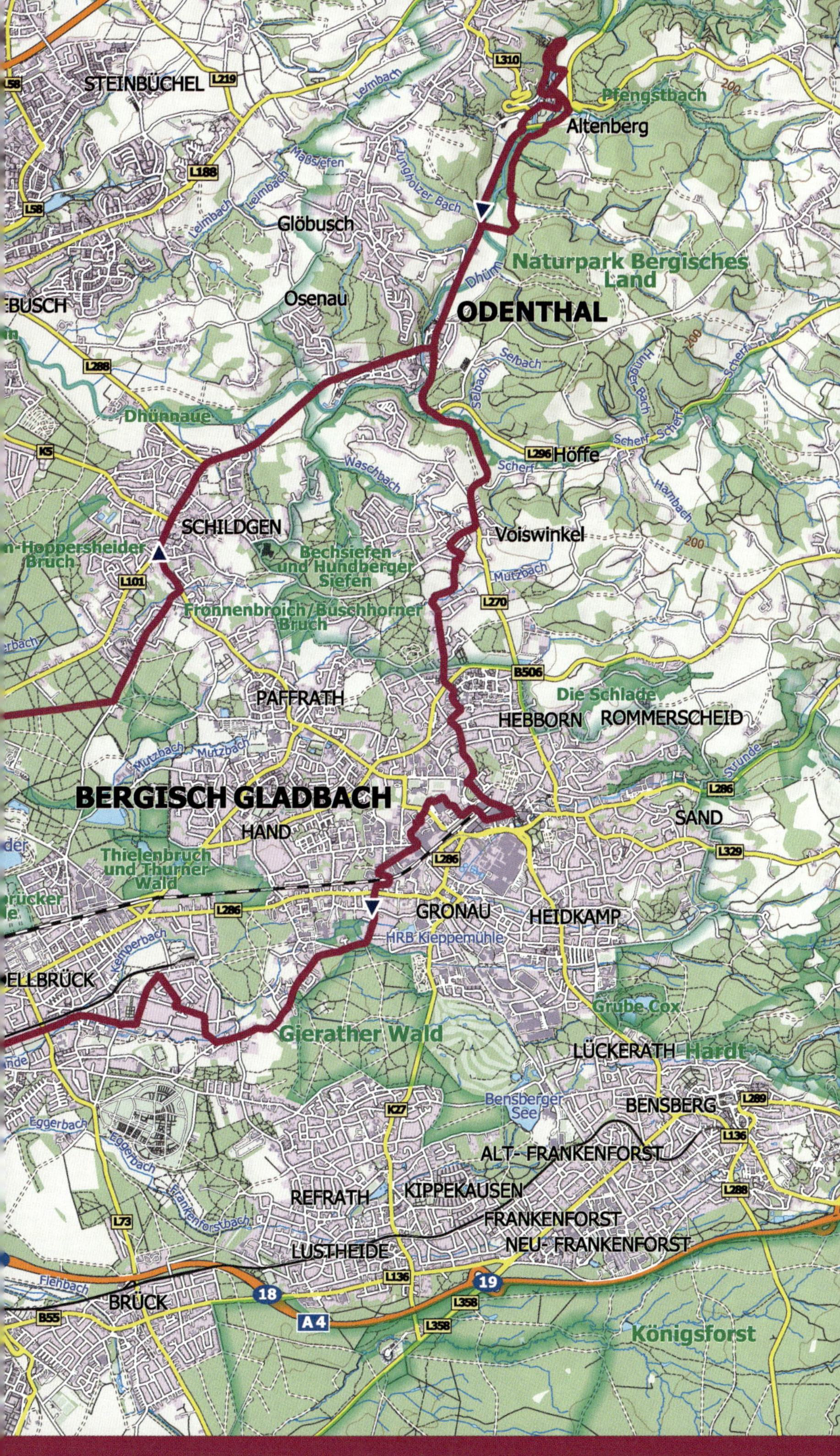
STEINBÜCHEL
Altenberg
Pfengstbach
Glöbusch
Naturpark Bergisches Land
Osenau
ODENTHAL
Dhünnaue
Höffe
SCHILDGEN
Voiswinkel
Bechsiefen und Hundberger Siefen
Frönnenbroich/Buschhorner Bruch
PAFFRATH
HEBBORN
ROMMERSCHEID
Die Schlade
BERGISCH GLADBACH
HAND
SAND
Thielenbruch und Thurner Wald
GRONAU
HEIDKAMP
HRB Kieppemühle
Gierather Wald
Grube Cox
LÜCKERATH
Hardt
Bensberger See
BENSBERG
ALT- FRANKENFORST
REFRATH
KIPPEKAUSEN
FRANKENFORST
NEU- FRANKENFORST
LUSTHEIDE
BRÜCK
Königsforst
A 4

*Die schönsten Kilometer in*

# 18 BERGISCH GLADBACH

Der Fühlinger See.

*Start/Ziel*

## HOLWEIDE

*Rundtour*

*49,3 Kilometer*

*570 Höhenmeter*

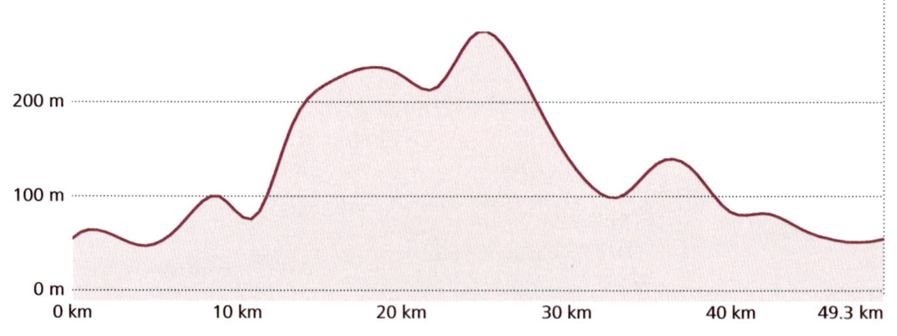

**Guten Morgen! Na, dann wollen wir uns mal auf den Weg zur Dhünntalsperre machen. Wir fahren durch das schöne Bergische Land auf Radwegen und ruhigen Straßen mit einigen Anstiegen und können uns auf dem Weg zur Talsperre nach circa 3 km den Höhenfelder See anschauen. Nach der beeindruckenden Sicht auf die Dhünntalsperre setzen wir unsere Tour durch das Scherfbachtal fort und haben die Möglichkeit, im Höffer Hof eine Lunchpause einzulegen, einem sehr guten Restaurant in ausgezeichneter Lage. Dann gehts zurück nach Kölle.**

Auf Radwegen und ruhigen Straßen mit Anstiegen und Abfahrten, typisch für das Bergische Land.

Warum diese Haltestelle, die von der S-Bahn bedient wird, überhaupt zustande gekommen ist, hat etwas mit dem hier ansässigen Fußballverein zu tun. Anfang der 1950er-Jahre spielte der damalige Verein SC Preußen Dellbrück erfolgreich um die Deutsche Meisterschaft. Und natürlich kamen auch zahlreiche Fußballfans aus Holweide, die dazu beitrugen, dass die Haltestelle eröffnet werden konnte, indem sie einen Antrag stellten. Geht doch! Von hier kommt man schnell zum Kölner Hauptbahnhof. Wir aber radeln der Schweinheimer Straße entlang in östlicher Richtung.

Nach knapp 2 km halten wir uns am Grafenmühlenweg links und radeln

Haus im Bergischen Fachwerkstil.

rechts vorbei am Naturschutzgebiet Dellbrücker Heide zum See. Der etwa 20 Hektar große Baggersee entstand aus einer ehemaligen Kiesgruppe und befindet sich mitten im Landschaftsschutzgebiet Dellbrücker Wald. Die Nutzung des Sees dient in erster Linie der Naherholung, das Schwimmen ist allerdings verboten. Mitglieder des Angelsportvereins können sich an Hechten, Barschen, Forellen, Weisen, Aalen und Karpfen erfreuen und davon schmackhafte Gerichte zaubern. „Mitgehangen, mitgefangen! Sprach der Wurm zum Fisch" – na dann, Petri Heil.

Daraufhin setzen wir unsere Tour Richtung Diepeschrather Wald auf der Katterbachstraße fort, die uns in den gleichnamigen Ortsteil von Bergisch Gladbach bringt. Der Wald auf dem Weg dorthin bietet im Sommer angenehmen Schatten. Die Strecke führt uns durch Schildgen nach Odenthal. Hinter dem zweiten Kreisverkehr orientieren wir uns nun aber in Richtung Osten am Rande des Natur-Wildgeheges Odenthal über Scheuren und Neschen zur Talsperre bei Kilometer 23 unserer Runde. Obwohl es bereits einige Talsperren zur Versorgung großer Städte wie Wuppertal, Remscheid und Solingen gab, reichten diese nicht aus, um genügend Trinkwasser zur Versorgung der Bevölkerung bereitzustellen. So wurde Anfang der 1960er-Jahre die ältere oder Kleine Dhünntalsperre, ge-

# Highlights
am Wegesrand

**Fußballfans wirken ein**
Die Eröffnung der Haltestelle Holweide ist auch einem Fanclub des ansässigen Fußballvereins zu verdanken, um bequemer und schneller den Fußballplatz erreichen zu können.

**81 Mio. m³ pro Jahr**
werden hier in der Dhünntalsperre zur Wasserversorgung der Bevölkerung bewegt, um in erster Linie das wichtige Trinkwasser bereitstellen zu können.

**Wald-Biotop**
Man kann im Gierather Wald in der Schluchter Heide viele außergewöhnliche Pflanzen und Heidekräuter sichten und mit ein bisschen Glück so mach einen wilden Fuchs beobachten.

**Angelnde Feuerwehr**
Am Höhenfelder See hat sich die Berufsfeuerwehr einen Angelplatz reserviert, um nach getaner und wichtiger Arbeit ganz entspannt angeln zu können.

speist von den beiden Quellarmen des Flusses Dhünn, errichtet. Da das aber immer noch nicht den Bedürfnissen der Wasserversorgung entsprach, baute man in den 1970er-Jahren die jüngere oder Große Dhünntalsperre, mit einem Zufluss von 81 Mio. m³ pro Jahr. Mit der Vollendung der Großen Dhünntalsperre wurden sämtliche Versorgungsprobleme nachhaltig gelöst, sie ist sogar in die Notfallversorgung der Landeshauptstadt Düsseldorf eingebunden. Da freut sich der Kölner mal wieder, dem Düsseldorfer behilflich zu sein. Die Talsperren dienen nicht nur der Trinkwasserversorgung, sondern auch dem Hochwasserschutz. Rund um die gesamte Talsperre können wir einige Restaurants, Cafés und Hotels finden, die uns auf eine Erfrischung einladen. Ein Aufenthalt mit einer kleinen Wanderung ist ebenso zu empfehlen, wie sich einen Platz zu suchen, um einfach nur zu entspannen. Wie wichtig der Umgang mit Wasser, der wichtigsten Ressource für den gesamten Planeten,

Große Dhünntalsperre, zweitgrößte Trinkwassertalsperre Deutschlands.

ist, lernen wir derzeit zur Genüge.

Nach dieser kleinen Exkursion geht es weiter auf ruhigen Straßen durch das Scherfbachtal, ein Naturschutzgebiet im Westen der Gemeinde Kürten im Rheinisch-Bergischen Kreis. Es eignet sich hervorragend zum Radfahren, aber auch zum Wandern. Auf Radwegen und sehr ruhigen Straßen können wir in diesem idyllisch-ländlichen Gebiet Kühen und Pferden begegnen. Gelegentlich können sie uns sogar vors Rad laufen, aber alles ganz harmlos. Auch sind hier zahlreiche Pferdegestüte beheimatet und für begeisterte Reiterinnen und Reiter ist dies ein kleines Paradies. Zudem ist Kürten ein beliebter Wohnort mit dem ein oder anderen prominenten Bewohner und Bewohnerin, insbesondere im Bereich des Sports. Das bergische Restaurant Höffer Hof befindet sich ca. 10 Kilometer nach der Dhünntalsperre in Odenthal und lädt zum Verweilen und Genießen ein. Von den typischen Bergischen Waffeln, serviert mit einem ausgezeichneten Kaffee, über kleine Snacks bis hin zu einem reichhaltigen Lunch oder Dinner, können wir uns

hier auch auf der schönen Außenterrasse verwöhnen lassen.

Es geht weiter durch das schöne Scherfbachtal. An der Landstraße halten wir uns links nach Voiswinkel. Sie gleich darauf wieder verlassend, radeln wir nach Süden bis in den Stadtteil Hebborn von Bergisch Gladbach. Auch hier haben wir es mit einigen Höhenmetern zu tun, die Umgebung ist aber sehr schön. Hier nehmen wir nun aber die Alte Wipperfürther Straße nach Südwesten. Kurz vorm Thielenbruch und Thurner Wald wenden wir uns, diese streifend, nach Süden zum Gierather Wald. Der Gierather Wald liegt zwischen Dellbrück und den Bergisch Gladbacher Stadtteilen Gronau und Refrath. Kleine Heiderelikte mit Besenheide, Hundsveilchen, Besenginster und Zauneidechsen, die nach dem Orkan Kyrill 2007 eine Chance hatten, sich zu entwickeln, zählen zu den herausragenden Biotopen des Gierather Walds. Dies gilt ebenso für Seggenriede und Erlenbruchwälder, in welchen mit Steifsegge, Sumpfveilchen, Königsfarn und Bergfarn landesweit gefährdete Arten vertreten sind. Der andere Teil der Schluchter Heide besteht aus Eichenhainbuchenwäldern und diversen Pferdeweiden. Zudem kommen hier Schild-Ehrenpreis, Rosenmalve, Kahle Gänsekresse, Feldsperling und Neuntöter vor. Unweit von hier befindet sich die Erholungsanlage Saaler Mühle. Sie bietet Raum für zahlreiche Freizeitbeschäftigungen. Kern der Anlage ist ein großer See mit mehreren Inseln, auf denen diverse Vogelarten ungestört brüten können. Ein Spaziergang rund um den See ist gemütlich und in kurzer Zeit zu schaffen, die Wege sind flach. Zudem gibt es einen großen Kinderspielplatz sowie eine Grillhütte für Jedermann. Die letzten 7 Kilometer zurück zum Ausgangspunkt führen uns durch das Ende der Schluchter Heide zum Bensberger Marktweg Richtung Holweide. Vorbei am Ostfriedhof und an der AXA Hauptverwaltung kommen wir zur Haltestelle Holweide.

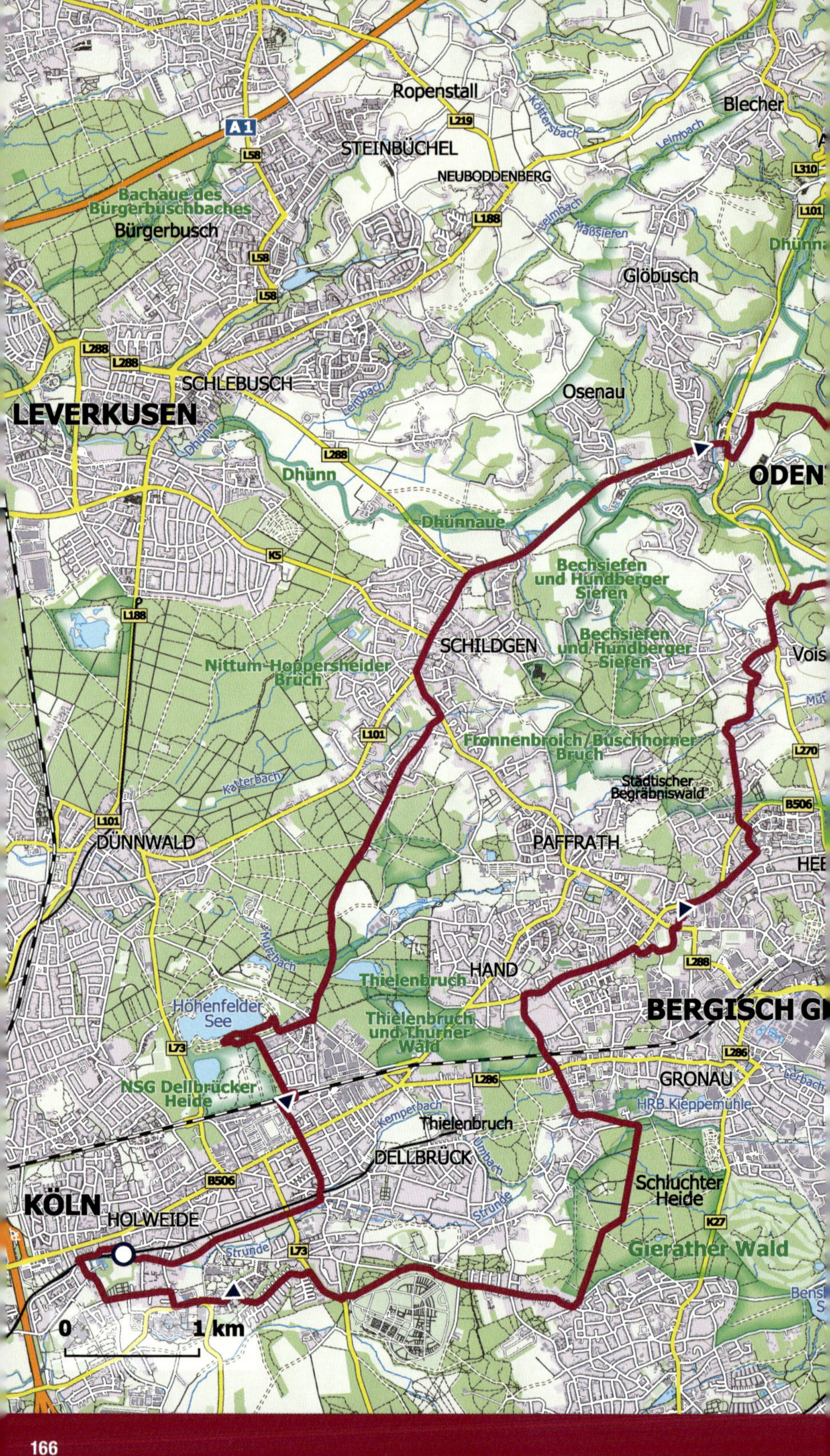
Ropenstall
Blecher
A1
L219
STEINBÜCHEL
NEUBODDENBERG
L58
L310
Bachaue des
Bürgerbuschbaches
Bürgerbusch
L188
L101
L58
Glöbusch
L58
L288
L288
SCHLEBUSCH
LEVERKUSEN
Osenau
Dhünn
L288
ODEN
Dhünnaue
K5
Bechsiefen
und Hundberger
Siefen
L188
SCHILDGEN
Bechsiefen
und Hundberger
Siefen
Nittum-Hoppersheider
Bruch
L101
Fronnenbroich/Buschhorner
Bruch
L270
Städtischer
Begräbniswald
L101
B506
DÜNNWALD
PAFFRATH
Thielenbruch
HAND
L288
Höhenfelder
See
BERGISCH G
Thielenbruch
und Thurner
Wald
L73
L286
NSG Dellbrücker
Heide
L286
GRONAU
HRB Kieppemühle
Thielenbruch
DELLBRÜCK
B506
Schluchter
Heide
KÖLN
HOLWEIDE
K27
L73
Gierather Wald
0
1 km

Große Dhünntalsperre
Auf dem Heidfeld
L310
Neschen
Große Dhünntalsperre
Große Dhünntalsperre
Scheuren
Büscher Bach
Scherfbachtal
Bechen
B506
Hundsiefen
Komelsberg
Scherfbachtal
Naturpark Bergisches Land
In der Wungenburg
Kalkbuchenwald zwischen Hove und Weyermühle
Eikamp
Im Morgen
BERGISCHES LAND
KÖLN
Steeger Berg
Spitze
Dürscheid
L286
Herrenstrunden
Schlade
Feuchtwiese bei Keller
Strundetal
Asselborn
Gärten der Bestattung
Pütz Roth
Gärten der Bestattung
SAND
Herkenrath
L289
L298
Hombachtal
L329
Bärbroich
L329
Hardt
Moitzfeld
BENSBERG
L136
L195
Krebsbachtal
Volbachtal

*Die schönsten Kilometer ab*

# 19 KÖLN

*Start/Ziel*

## KÖLN HAUPT-BAHNHOF

*Rundtour*

*60,7 Kilometer*

*330 Höhenmeter*

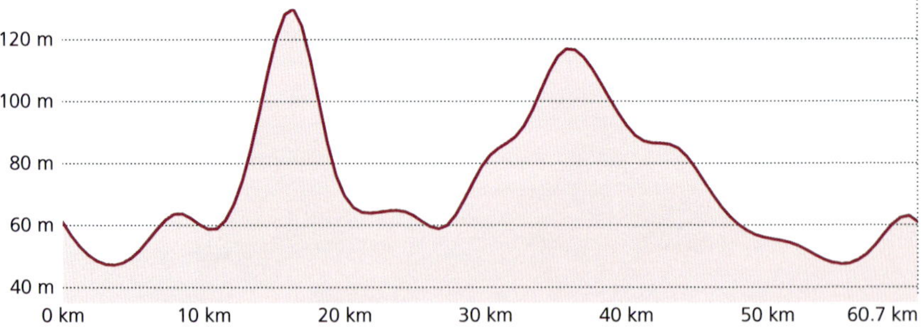

Blick auf Köln mit dem Hauptbahnhof.

**Von Köln Hauptbahnhof starten wir zum Schloss Paffendorf im Kreis Bergheim. Nach einer Rast führt uns die Tour weiter über den Glessener Mühlenhof zur sehenswerten Abtei in Brauweiler. Dann geht es über Brauweiler und Lövenich auf guten Radwegen und verkehrsberuhigten Straßen wieder zurück nach Köln.**

Die Tour eignet sich für alle Fahrräder und für Familien.

Von hier starten wir unsere Tour von der Stadt aufs Land. Mit ca. 320.000 Reisenden und 1.200 Ab- und Anfahrten täglich zählt der Hauptbahnhof zu den meistfrequentierten Fernbahnhöfen der Deutschen Bahn. Der Hauptbahnhof soll zukünftig nach außerhalb ver- legt werden, damit im Zentrum mehr Platz für Wohnraum geschaffen wird, so die Pläne.

Der Dom zu Köln, wie er auch bezeichnet wird, gleich nebenan ist natürlich nicht zu übersehen. Nachdem Erzbischof Rainald von Dassel die Gebeine der „Heiligen Drei Könige“ geraubt haben soll und nach Köln brachte, wurde der Bau der Kathedrale 1248 in Auftrag gegeben. Man wollte der enormen Menge an herbeieilenden Pilgerinnen und Pilgern gerecht werden, die die Gebeine sehen wollten, und außerdem Macht demonstrieren. Fertiggestellt wurde der Dom jedoch erst 1880 durch die Preußen,

Schloss Paffendorf in Bergheim.

es brauchte also mehr als 600 Jahre bis zur Vollendung. Heute sind viele Besucherinnen und Besucher fasziniert von der Pracht des Doms und der kirchenarchitektonischen Meisterleistung. Was sich wirklich im Sarkophag befindet, dürfen wir alle unserer Fantasie überlassen. Mit einer Höhe von 156 Metern ist der zum Weltkulturerbe zählende Kölner Dom das höchste Gebäude der Stadt. Wir fahren weiter Richtung Ringe auf der Komödienstraße und auf ihrer Verlängerung am Regierungspräsidium vorbei. Es geht bald darauf links auf den Friesenwall und gleich rechts-links zum Rudolfplatz. Hier erreichen wir die Aachener Straße, in die wir rechts einbiegen und der wir nun für ein längeres Stück folgen. Durch den Carola-Williams-Park am Aachener Weiher vorbei geht es immer geradeaus.

Rechter Hand kommen wir am Melatenfriedhof vorbei. Der 435.000 Quadratmeter große Zentralfriedhof ist mit ca. 60.000 Grabstätten der größte der Domstadt. Zahlreiche Prominente und Lokalprominente haben hier ihre letzte Ruhestätte gefunden, darunter auch Mitglieder der Bankiersfamilie Oppenheim, die Maler August Sander und Erich Sander sowie der Radrennfahrer Albert Richter. Für Interessierte werden Friedhofsführungen angeboten. Mit seinem alten Baumbestand und den hübschen Bepflanzungen dient das Gräberfeld für einige, insbesondere ältere Menschen, als kleiner Naherholungsort in der Stadt. Aber auch so mancher jüngere Läufer nutzt eine von zahlreichen Bänken, die hier fest installiert sind, zur Verschnaufpause. Weiter geradeaus auf der Aachener Straße führt unsere Tour durch die Stadttei-

# Highlights
am Wegesrand

**533**
Das Erklimmen des Kölner Doms dauert ca. 20 Minuten und ist zu empfehlen. 533 Stufen klettern wir dabei hinauf. Die Aussicht lohnt sich.

**Tiere im Stadtwald**
Der Lindenthaler Tierpark befindet sich unweit der Aachener- Straße in Lindenthal und ist besonders bei Kindern sehr beliebt.

**Wechselvolle Geschichte**
Benediktinerabtei, Arbeitsanstalt, Bettlerdepot, Konzentrationslager und Gestapo-Gefängnis: Die Abtei Brauweiler hat schon einiges gesehen. Wir können die Abteikirche, -höfe und den Park besichtigen und im Rahmen eines begleiteten Eintritts zu bestimmten Zeitfenstern die Innenräume und Gedenkstätte betreten.

**Bauernhof-Romantik**
Im Glessener Mühlenhof will man doch gleich auf einen Kaffee und Kuchen einkehren!

le Lindenthal und Braunsfeld, die mit eher hohen Mietpreisen glänzen.

Wir radeln durch Königsdorf und verlassen die Aachener Straße erst bei Kilometer 20, um der Erft, die gleich in den Erftflutkanal übergeht, Richtung Quadrath-Ichendorf zu folgen. Parallel zum Kanal geht es an Quadrath-Ichendorf und Bergheim vorbei. Erst in Bergheim nach den Gleisen machen wir nach rechts einen Schlenker weg vom Wasser, der uns zur Kleinen Erft bringt. Mit dieser gelangen wir wieder zur Erft zurück und nach insgesamt knapp 29 km zum Schloss Paffendorf. Das Gebäude wurde Mitte des 16. Jahrhunderts auf den Grundmauern einer Vogtei im Renaissance-Stil errichtet. 1861 bis 1865 wurde die einstige Burg dem Zeitgeschmack entsprechend im neugotischen Stil umgebaut. Heute ist hier die informative Dauerausstellung „Rheinische Braunkohle“ der RWE-Power untergebracht. Auch wenn wir wissen, dass das Verbrennen von fossilen Stoffen erheblich die Umwelt belastet, ist sie dennoch interessant. Das Wasserschloss und der Park muten märchenhaft an, die gepflegte Gartenanlage wurde 2004 in die

Pfarrkirche St. Nikolaus und Abtei Brauweiler.

Straße der Gartenkunst zwischen Rhein und Maas aufgenommen. Die kleine Brasserie am Schloss hat nur an den Wochenenden geöffnet. Man kann sich aber auch ein Picknick mitnehmen oder in der Umgebung etwas essen gehen.

Wir radeln weiter in Richtung Nordosten parallel zu den Bahngleisen, die wir nach rechts queren, wenn sie nach links knicken. Noch zwei Mal Gleise querend, biegen wir in Niederaußem rechts nach Oberaußem ab. Am Ende von Oberaußem hinter den Bahngleisen wenden wir uns nach links durch die Wiesen und Felder. Ungefähr bei Kilometer 38,5 geht es nach rechts zum Golfplatz Am Alten Fliess, den wir nach links queren, um zum Glessener Mühlenhof zu gelangen. Der Erlebnis-Bauernhof ist auch gemütlicher Einkehrort, an dem man sich mit Kuchen, Kaffee und anderen Leckereien stärken und von der Außenterrasse den freien Blick auf das Schloss genießen kann.

Es geht weiter durch Glessen und Dansweiler, nach ca. 45 km erreichen

wir die ehemalige Benediktinerabtei Brauweiler, die eine wechselvolle Geschichte hinter sich hat. Im 2. Jahrhundert stand hier etwa eine römische Villa, ab dem 11. Jahrhundert wurde das Kloster errichtet, immer wieder umgebaut und erst im 19. Jahrhundert vollendet. Während der Franzosenzeit war sie ein Bettlerdepot, die Preußen nutzten die Anlage als eine Arbeitsanstalt. Traurige Berühmtheit erlangte die Abtei in der Zeit des Nationalsozialismus, wo sie ab 1933 als Konzentrationslager und dann bis 1945 als Gefängnis der Kölner Gestapo missbraucht wurde. Heute ist die Abtei ein Ort des kulturellen Austauschs mit einem abwechslungsreichen Veranstaltungsprogramm. Zur Abtei gibt es übrigens eine kuriose Geschichte: Als im Jahre 1028 das Kloster zu Brauweiler gegründet wurde, weihte man es dem heiligen Nikolaus, und als kostbarsten Schatz soll ein echter Finger des Namenspatrons in einem kristallenen Behälter aufbewahrt worden sein. Eines Tages schickte der Abt einige Studenten durchs Erzbistum. Sie sollten in der ganzen Umgebung um Almosen bitten, damit das Kloster ausgebaut werden könnte. Damit das Ganze glaubwürdig erschien, gab man ihnen die Reliquie mit, um sie den Leuten als Beweis vorzuzeigen. Erblickten die Menschen den Finger, spendeten sie. Dabei ging die eine oder andere Spende wie von Geisterhand verloren. Für den Rückweg geht es über die Radwege von Lövenich und Braunsfeld durch die Stadt. In Lövenich wenden wir uns nach links, eine Brücke führt uns nach diesem Stadtteil über die A 1 und kurz darauf eine weitere über die Landesstraße 34 und die Bahngleise. Wir folgen diesen nach rechts und queren beim Bahnhof Köln-Müngersdorf/Technologiepark auf ihre andere Seite. Dahinter links fahren wir immer östlich im Zickzack, den Melaten-Friedhof nördlich streifend, durch die Stadt zurück zum Hauptbahnhof.

Rommerskirchen
Eckum
B477
Vanikum
Stommelerb
Stommeln
B59
Hüchelhoven
Rheidt
Rath
Ingendorf
Auenheim
B477
Büsdorf
Fliesteden
Niederaußem
Naturpark
Oberaußem
Glessen
BERGHEIM
Dansweiler
REGIERUNGSBE
KÖLN
Thorr
19
Königsdo
Quadrath-Ichendorf
Ahe
Heppendorf
A 61
SINDORF
Horrem
Habbelrath
Grefrath
B477
Götzenkirchen
20
Boisdorfer See
A 4
Naturschutzgebiet Parrig
Bürgewald Dickbusch und Lörsfelder Busch
Mödrath
Fürstenbergmaar
B477
Manheim-neu
KERPEN
0
2 km

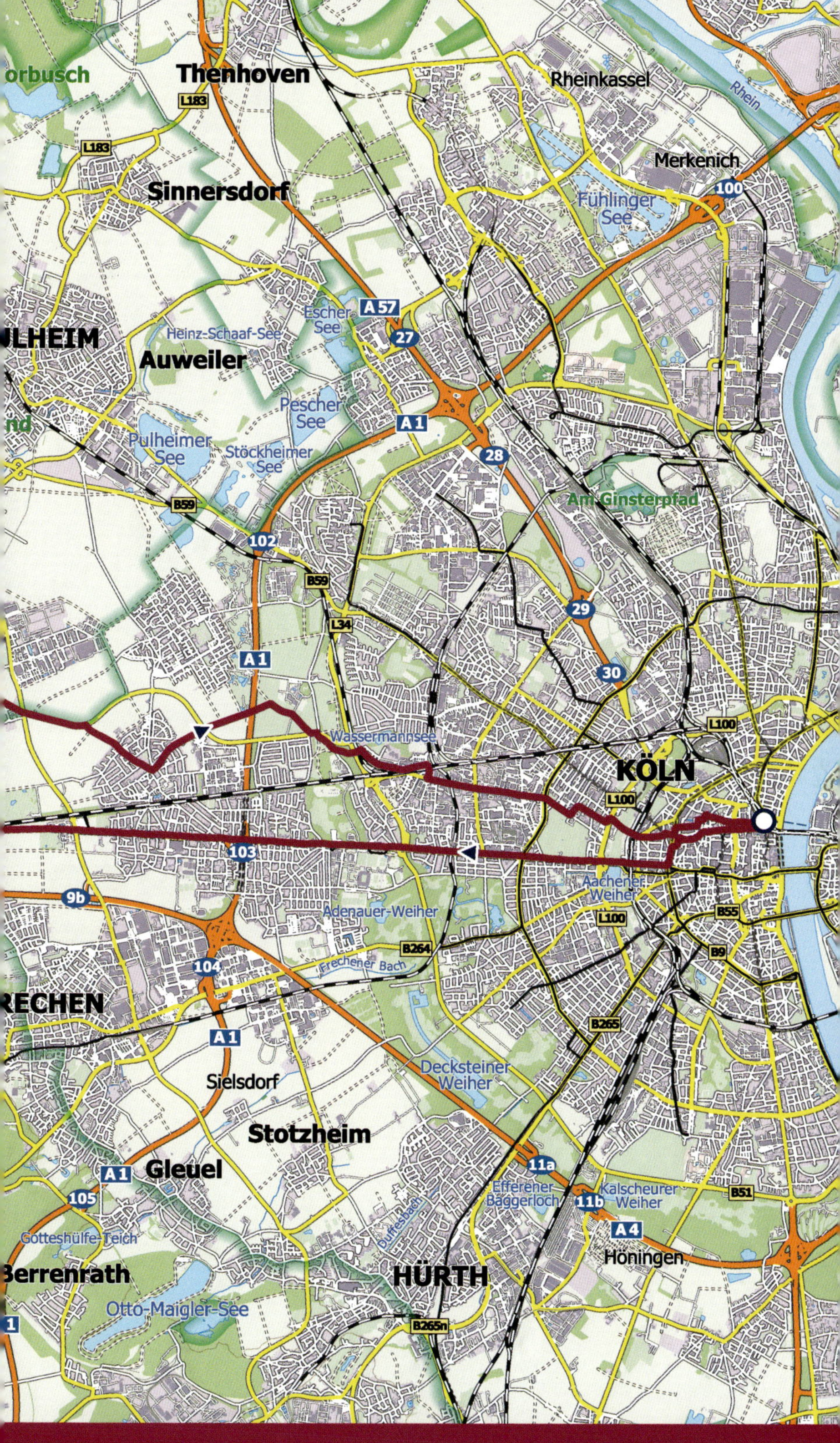
Thenhoven
Rheinkassel
Rhein
Merkenich
Fühlinger See
Sinnersdorf
Escher See
Heinz-Schaaf-See
Auweiler
Pescher See
Pulheimer See
Stöckheimer See
Am Ginsterpfad
Wassermannsee
KÖLN
Aachener Weiher
Adenauer-Weiher
Frechener Bach
Sielsdorf
Decksteiner Weiher
Stotzheim
Gleuel
Efferener Baggerloch
Kalscheurer Weiher
Höningen
Gotteshülfe-Teich
Berrenrath
HÜRTH
Otto-Maigler-See

*Die schönsten Kilometer ab*

# 20 JÜLICH

*Start/Ziel*

## JÜLICHER BÖRDE

*Rundtour*

*32,1 Kilometer*

*74 Höhenmeter*

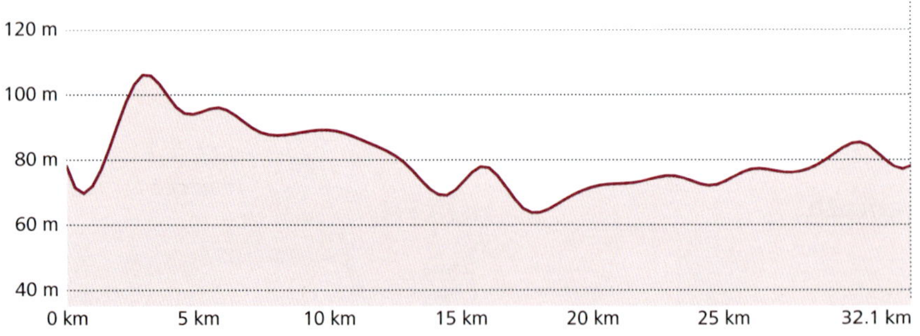

Die Zitadelle in Jülich ist ein beeindruckendes Tourhighlight.

**Eine beinahe autofreie Tour führt uns über die Felder der Jülicher Börde nach Linnich mit seinem bekannten Glasmalereimuseum. Entlang der Rurauen geht's mit Bademöglichkeit im Barmener See zurück zur Festungsstadt Jülich.**

Gut geeignet für Familien mit Anhänger. Nur kurze moderate Steigungen, überwiegend gut fahrbarer Schotterweg, teils Asphalt. Badesachen nicht vergessen! E-Bike-Ladestation: Am Glasmalereimuseum Linnich.

Wir starten am Brückenkopfpark Jülich, der mit weitläufigen Spielplätzen und seinem Tierpark ein überregionaler Publikumsmagnet ist. Hier finden auch regelmäßig tolle Events statt, wie das Epochenfest an Pfingsten, eine Reise durch die Epochen. Unsere Orientierung ist meist das rot-weiße Knotenpunktnetz. Zunächst radeln wir auf der Allee Rurauenstraße Richtung Koslar und queren die Hauptstraße dem Wegweiser nach Engelsdorf folgend.

Leicht aufwärts passieren wir eine Pferdekoppel und tauchen rasch in die Stille der weitläufigen Felder der Jülicher Börde ein. Wir befinden uns auf einem Teilstück der Via Belgica, die einst als 400 km lange römische Heerstraße Köln mit der Atlantikküste verband. Ein Wegekreuz mit der Aufschrift „Wanderer bist du bereit heute zu gehen in die Ewigkeit“ lädt zu einem Halt ein, doch die Ewigkeit darf gern noch etwas warten. Also weiter und

Bänke wie hier bei Linnich sind ein perfekter Zwischenstopp.

direkt die nächste Straße rechts abbiegen in den kleinen Ort Engelsdorf, bis wir die schon 1080 erwähnte Burg Engelsdorf erreichen, die Privatgelände ist. Wir folgen der Route Richtung Merzenhausen über weite Felder und erhaschen nach 200 Metern, wenn wir uns umdrehen, noch einen Blick auf die Burg. An der Landstraße angekommen, folgen wir dieser etwa 1 Kilometer nach rechts bis Merzenhausen und durchfahren den von alten Bauernhöfen geprägten Ort, bevor wir Ederen abbiegen. In Ederen lädt uns die 1896 erbaute Willibrordus Kapelle und der gleichnamige Brunnen ein, kurz innezuhalten, bevor wir Richtung Welz abbiegen. In Welz geht es neben dem Welzer Brauhaus (in den Sommermonaten Sa 14–21, So 11–20 Uhr) links ab Richtung Linnich, und wir folgen der Route auf einem von bunten Wildblumen gesäumten Schotterweg. Eine wundervolle Bank mit Blick über die weiten Felder nimmt uns in Empfang, kurz bevor wir eine Abzweigung erreichen und rechts auf die Hauptstraße abbiegen. Du denkst, es ist Zeit für eine Pause? Exakt, denn nach etwa 500 m erreichst du BerSha's Eismanufaktur (in den Sommermonaten tgl. 12–21 Uhr, Mahrstr. 31, 52441 Linnich). Der Hauptstraße durch Linnich folgend erreichen wir das Deutsche Glasmalerei-Museum (Di–So 11–17

# Highlights
am Wegesrand

**Km 10**
Direkt hinter der Willibrordus Kapelle versteckt sich der Willibrordus Brunnen, dessen Quellwasser früher sogar Pilger aus den Niederlanden anzog. Der Sage nach nahmen im Mittelalter die Ritter der Umgebung zum Schutz um Mitternacht im Brunnen oder Bach ein Bad, bevor sie in den Kampf zogen.

**Legende**
Die Geschichte vom Nulandtkreuz erzählt vom versunkenen Ritter, der wütend auf der Jagd nach einem Gefangenen gerufen haben soll: „Nicht in Gottes Namen, nein, in des Teufels Namen fahre ich hindurch!“, worauf seine Kutsche in den Fluten der Rur versank.

**43 m**
So dick sind die Wälle zwischen den Bastionen der Zitadelle Jülich an der breitesten Stelle. Die imposante vierzackige Festung ließ sich Herzog Wilhelm V. Mitte des 16. Jahrhunderts erbauen, nachdem ein verheerender Brand die Stadt zerstörte.

**Ice, Ice, Baby**
Ich liebe die selbstgemachten Eisspezialitäten und den Cappuccino bei BerSha's Eismanufaktur. Dazu gibt's tolle Snacks wie Bagels und Poffertjes.

Uhr, Rurstraße 9–11, 52441 Linnich), das sehenswerte und landesweit einzige Museum für Flachglasmalerei. Bevor wir uns kurze Zeit später vor der Rur rechts auf den RurUfer-Radweg begeben, lohnt sich ein kurzer Abstecher links zum Place de Lesquin, der uns neben einem Brunnen mit Bodenfontänen auch mit einem Rastplatz mit Klettergerüst überrascht. Ich musste einfach zwischen den Fontänen durchlaufen und mich abkühlen!

Zwei Kilometer weiter erreichen wir das 1875 nach Plänen des Wasserbauinge-

Schloss Kellenberg bei Barmen besitzt einen breiten Wassergraben.

nieurs Prof. Otto Ludwig gebaute Linnicher Rurwehr. Ludwig hat europaweit Talsperren entworfen, zum Beispiel das Jugendstilkraftwerk in Heimbach und die Urfttalsperre. Das Linnicher Rurwehr diente der Bewässerung des Mühlenteichs zum Mühlenbetrieb. Wir sind dem Fluss bereits begegnet, er fließt unter dem Glasmalereimuseum hindurch. Immer am Wasser entlang folgen wir dem schönen RurUfer-Radweg Richtung Jülich bis unterhalb von Floßdorf. Dort verlassen wir ihn und folgen auf gleicher Rurseite einem schmalen Weg, der wenig später auf den Mühlenteich trifft. An der Brücke rechterhand neben dem Mühlenteich lohnt es sich anzuhalten. Hier befindet sich eine Replik vom Nulandtkreuz, das zu Ehren von Freiherr von Nulandt errichtet wurde, der 1681 beim Versuch ertrank, mit seiner Kutsche die Rur zu überqueren.

Im Naturschutzgebiet Kellenberger Kamp hinter der Brücke findest du ein besonderes saisonales Highlight: Etwa Ende April tüncht das Blaue Hasenglöckchen den Waldboden in ein herrliches Blau und ist überregionaler Magnet für Naturliebhaber.

Wir bleiben auf dem Weg, passieren das Mühlrad der um 1500 entstan-

denen Kellenberger Mühle und erblicken Schloss Kellenberg, umgeben von einem breiten Wassergraben. Der Weg mündet anschließend in einen schmalen Pfad. Vorsicht in der Kurve und am Ende, denn er mündet direkt auf den Bürgersteig! Wir biegen links ab, folgen kurz darauf dem Wegweiser Richtung Barmener See und können dort am Badestrand des Baggersees ins Wasser springen. Denselben Weg vom See zurückfahrend, biegen wir eine Straße weiter links in den Steineweiher ab und folgen ihm etwa 500 m, bis wir die Franz-von-Sales Straße erreichen. Links abbiegend erreichen wir eine Knotenpunktmarkierung, von der wir weiter Richtung Knotenpunkt 15 fahren. Unser Weg führt uns am hübschen Seeufer entlang, bis wir die Rur über eine hölzerne Brücke überqueren und rechts dem RurUfer-Radweg zurück nach Jülich folgen. Wir erreichen die Brücke zum Brückenkopfpark. Wer die sehenswerte Festung Zitadelle und die letzte Einkehr am Jülicher Marktplatz auslassen möchte, kann rechts über die Brücke zum Startpunkt abkürzen.

Wir biegen links ab in Richtung Zitadelle, überqueren den Probst-Bechte-Platz und folgen der Route rechts. Vor der Einfahrt zum Parkplatz biegen wir links auf den Radweg entlang der beeindruckenden Festung der 1545 von Baumeister Alessandro Pasqualini erbauten Zitadelle Jülich ab, der ältesten Zitadelle nördlich der Alpen. An der Pasqualini-Brücke folgen wir rechts dem Weg entlang des Schlossplatzes, auf dem du Mitte Juli den Jülicher Weinsommer genießen darfst. Weiter geht es rechts durch die Fußgängerzone, und wir lassen in einem der Restaurants am Jülicher Marktplatz gemütlich die Tour ausklingen. Wir verlassen die Innenstadt durch die Kleine Rurstraße und den Anfang des 14. Jahrhunderts erbauten Hexenturms und kehren vor der Rur wieder rechts auf den RurUfer-Radweg zurück. Ihm folgend überqueren wir an der Brücke zum Brückenkopfpark den Fluss und erreichen kurze Zeit später den Startpunkt Brückenkopfpark Jülich.

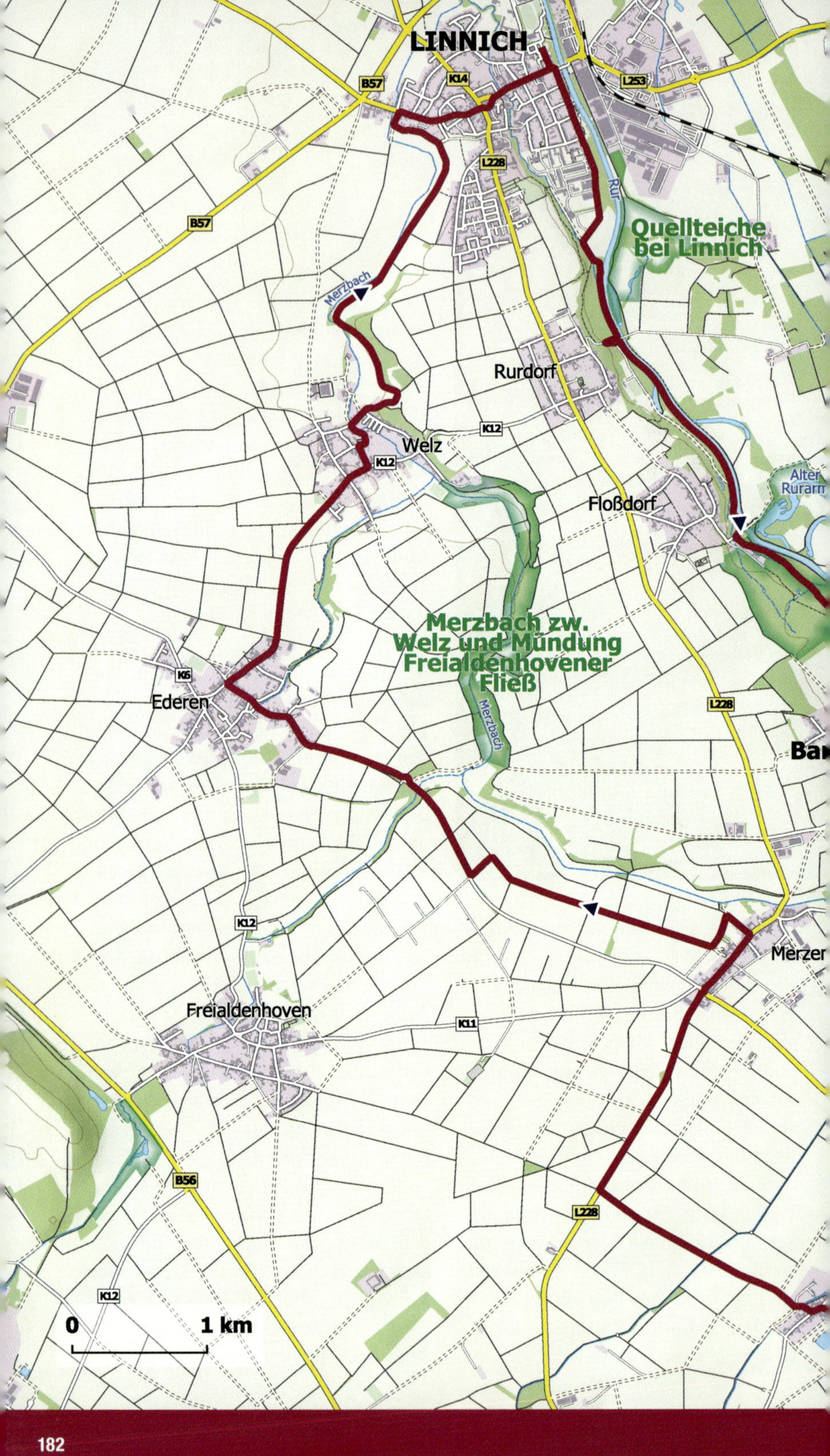

LINNICH
B57
K14
L253
L228
Rur
Quellteiche bei Linnich
Merzbach
Rurdorf
K12
Welz
Alter Rurarm
Floßdorf
Merzbach zw. Welz und Mündung Freialdenhovener Fließ
K6
Ederen
L228
Merzbach
K12
Merzen
Freialdenhoven
K11
B56
L228
K12
0
1 km

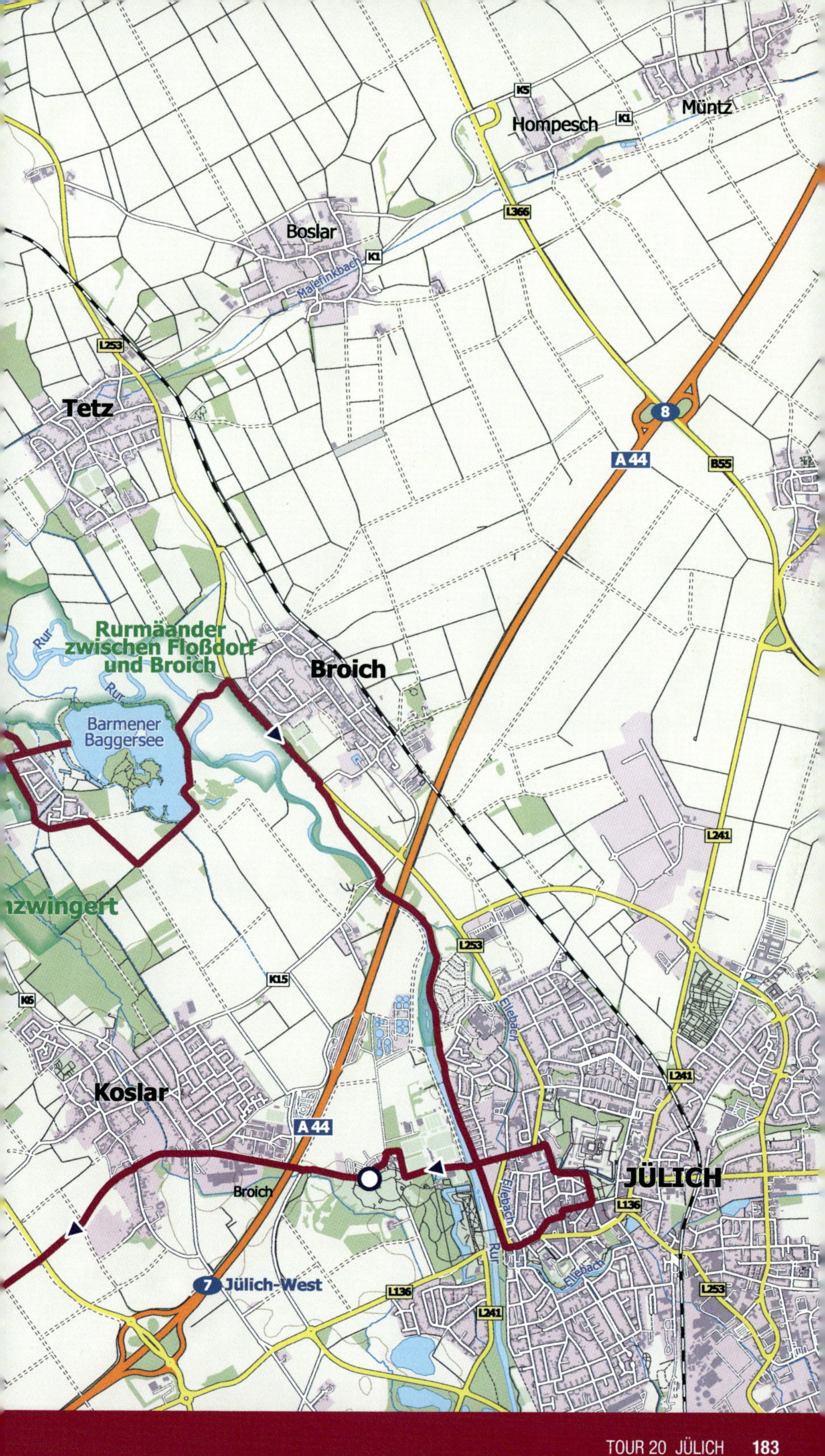
Hompesch
Müntz
K5
K1
L366
Boslar
Malefinkbach
L253
Tetz
8
A 44
B55
Rurmäander
zwischen Floßdorf
und Broich
Rur
Broich
Barmener
Baggersee
L241
zwingert
L253
K15
K6
Ellebach
Koslar
A 44
JÜLICH
Broich
L136
7 Jülich-West
L136
L241
L253

*Die schönsten Kilometer um den*

# 21 TAGEBAU HAMBACH

*Start/Ziel*

## HAMBACH

*Rundtour*

*45,9 Kilometer*

*112 Höhenmeter*

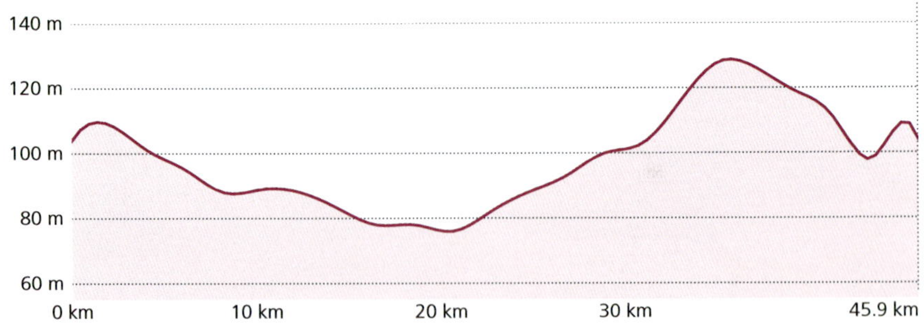

Energiewahnsinn – unglaubliche Ausmaße des Braunkohletagebaus.

**Fast autofrei geht es um den Tagebau Hambach. Dabei umfährst du sowohl die rekultivierte Sophienhöhe als auch den offenen Tagebau. Du erahnst die gigantischen Dimensionen auf der Karte und realisierst sie mit Rad und Muskelkraft.**

Flache Tour, für Familien mit Anhänger geeignet, zur Hälfte asphaltiert, zur Hälfte gut fahrbare manchmal etwas holprige Wirtschaftswege. E-Bike-Ladestellen: FORUM :terra nova 4x Schuko, Gaffel Häusgen Hambach Schuko

Wir folgen vom Wanderparkplatz Hambach dem Weg links vorbei an der Schranke Richtung Elsdorf und der Beschilderung VIA Exkurs durch den Lindenberger Wald. Der Stieleichen-Hainbuchen-Maiglöckchen-Wald erstreckte sich einst von hier bis zum Hambacher Wald auf der gegenüberliegenden Seite des Tagebaus auf 4.100 ha. Nur etwa 550 ha des heute geschützten Fauna-Flora-Habitats sind übrig geblieben und bieten seltenen Tierarten wie der Bechsteinfledermaus einen Lebensraum. An der Schutzhütte biegen wir rechts ab, weiter VIA Exkurs folgend. Wir passieren einen Parkplatz mit dem Rettungspunkt (RP) 43 und halten uns Richtung Bergheim. Die Orientierung für die folgenden 18 km ist einfach: Folge dem Weg am Fuße der Sophienhöhe. Heute rekultiviert, hat die aus dem

Platz zum Nachdenken über regenerative Energien am Aussichtspunkt Terra Nova 1.

Abraum des Tagebaus künstlich entstandene Sophienhöhe 10 km2 Fläche und eine Höhe von ca. 300 m ü. NN. Wir folgen dem gut fahrbaren Wirtschaftsweg, kommen an RP 20 vorbei. Auf den fruchtbaren Ackerflächen der Jülicher Börde wechseln sich Kartoffeln mit Getreide, Mais, Zwiebeln, Zuckerrüben und Möhren ab. Hochsitze auf den Feldern Richtung Sophienhöhe lassen erkennen, dass der Wald einiges an Wildbestand zu bieten hat. Und es stimmt, hier treibt sich so einiges von Rot- bis Schwarzwild herum. Bunte Schmetterlinge tanzen über Wildblumenstreifen, die ab und an die Felder säumen. Wir passieren den früheren Standort der Höller Mühle, die 1983 durch einen Blitzschlag zerstört wurde. Während der Modellflugplatz auf der linken Seite an uns vorüberzieht, sehen wir mit etwas Glück die Kapriolen eines Modellfliegers am Himmel. Die nächsten Kilometer folgen wir einem aalglatten Asphalt-Speedway, beliebt bei Rennradfahrern und Triathleten, die uns sportlich überholen. Tja, wir genießen halt unser Radvergnügen!

An einem großen auf der Straße aufgemalten Schild mit „Vorfahrt gewähren“ biegen wir rechts ab zum nur 100 m entfernten Tagebau Aussichtspunkt Terra Nova 4. Hier musst du hoch, um einen ersten Eindruck der gewaltigen Tagebaudimensionen zu bekommen. Ja, da fährst du heute komplett herum! Weiter geht’s auf dem Radweg Richtung Terra Nova, immer geradeaus am Tagebaurand entlang. Es lohnt sich am nächsten Aussichtspunkt Terra Nova 2 noch einen Halt einzulegen. Zwar führt nur rechts eine lange Treppe etwas unscheinbar hinauf, doch die Aussicht auf den Tagebau von dieser Stelle raubt dir den Atem. Du verstehst, warum selbst Astronauten von der ISS die Tagebaue noch erkennen können. Europas größte Tagebauflä-

# Highlights
## am Wegesrand

**100.000 km**
So lang war das frühere Straßennetz des römischen Reichs, das die Route VIA Erlebnisraum Römerstraße erlebbar macht. Die Römerstraße verlief von Jülich geradewegs nach Köln, heutzutage steht dort die Sophienhöhe und du musst um den riesigen Tagebau fahren, um dorthin zu gelangen.

**500 Hektar**
Das ist die Restfläche des einst etwa 4000 Hektar großen Hambacher Walds, für dessen Erhalt über Jahre hinweg Klimaaktivisten gekämpft haben und der heute auch international Symbol für den Kampf gegen den Klimawandel ist.

**KM 33**
Eigentlich beschlossene Sache, dem Tagebau zum Opfer zu fallen, rettete der Kohleausstieg in letzter Minute das erstmals 1158 erwähnte Morschenich-Alt. Die meist verlassenen Häuser mit teils zugemauerten Türen und Fenstern vermitteln eine morbide Atmosphäre. Wird es wieder ein lebendiger Ort der Zukunft?

chen kannst du aus zwei Blickwinkeln betrachten. Einerseits als technische Meisterleistung mit fast 100 m hohen und 13.000 Tonnen schweren Baggern. Andererseits gehören die Kohlekraftwerke zu den größten Klimakillern Europas. Erst der beschlossene Kohleausstieg begrenzte den Abbau und rettete den Rest des Hambacher Walds. Nur 1,6 km weiter erreichst du den Aussichtspunkt Terra Nova 1, der neben einem tollen Spielplatz auch das Restaurant FORUM :terra nova mit Außenterrasse bietet (tgl. 12–20 Uhr, Kerpener Str./Nordrandweg, 50189 Elsdorf). Wir folgen der ersten Ausfahrt des Kreisverkehrs weiter am Tagebaurand entlang. Für den Tagebau mussten mehrere Dörfer weichen und niemand weiß, wie lange der ausgeschilderte Ort Manheim noch existieren wird.

Wir überqueren über eine Brücke die Gleisanlagen und dann die Hauptstraße, um dem Radweg weiter rechts Richtung Zülpich für etwa 3 km parallel zur B 477 bis zu einem Kreisverkehr vor der Autobahn zu folgen. Über den Radweg fahren wir geradeaus bergab durch die Unterführung und biegen hinter ihr rechts ab nach

Jetzt aber mal in den Tagebau schauen – vom Ausblick Terra Nova 4.

Geilrath, einem kleinen Ort, eingekeilt zwischen Tagebau, Autobahn sowie den Schienen der Deutschen Bahn und der Kohlebahn. An der Georgskapelle vorbei geht es weiter geradeaus, dem Radwegweiser Richtung Düren folgend. Linkerhand begleiten uns die Gleise der Deutschen Bahn, rechterhand die Trasse der Kohlebahn. Wir orientieren uns Richtung Buir und biegen links durch die Unterführung nach Buir ab. Die rot-weißen Zwischenwegweiser weiter beachtend, durchfahren wir Buir. Am Knotenpunkt-Wegweiser radeln wir Richtung Tagebau Hambach etwa 50 m nach rechts, um der abknickenden Straße links zu folgen. Im darauf folgenden Kreisverkehr geht es rechts nach Elsdorf. Durch die Unterführung der Bahnlinie folgen wir dem Radweg, bis wir schließlich links Richtung Morschenich auf die L 257 abbiegen. Du radelst nun am legendären, von Umweltschützern schwer umkämpften Hambacher Wald entlang, der sich rechterhand erstreckt. Der 2018 von Aktivisten erwirkte Rodungsstopp sowie das von der Bundesregierung beschlossene vorzeitige Auslaufen der Braunkohlegewinnung bis spätestens 2038 haben den Wald gerettet, wenngleich auch in Hambach noch bis 2029 gebaggert werden soll. Nach

etwa 1,6 km Landstraße erreichen wir Morschenich-Alt, durch den Schutz des Waldgebiets gerade noch vor den Baggern gerettet, nachdem fast alle Bewohner den Ort bereits verlassen mussten, und auf dem Ortsschild „Ort der Zukunft" genannt. Kurze Zeit später verlassen wir ihn und folgen der Straße, während am Horizont die Voreifel auftaucht. Wir überqueren die Gleise über eine Brücke und biegen rechts in die Straße Am Kieswerk. Der asphaltiere Weg führt uns am Kieswerk vorbei in einem Bogen nach links. Wir gelangen an die L 264 und folgen dem Radweg rechts für etwa 7 km Richtung Jülich, teils die Straße begleitend, teils durch Wald und später über Felder. Etwa 50 m nach dem Wegweiser überqueren wir links eine Brücke über die Landstraße nach Hambach.

Nach der Brücke auf dem asphaltierten Weg links haltend, gelangen wir zur Triftstraße, der wir nach rechts über die Große Forststraße in die Bachstraße folgen. Ein kurzer Abstecher nach links erlaubt uns einen Blick auf die 1180 entstandene Burg Obbendorf. Zurück an der Bachstraße geht es erst links, dann rechts bis ans Ende der Herzogstraße, wo uns Schloss Niederzier Hambach erwartet. Über die Schlossstraße gelangen wir nach rechts in die Große Forststraße, denn dort können wir uns im Restaurant Gaffel Häusgen Hambach mit einem tollen Gastgarten im Hof stärken (Do–Sa 17–22, So, Feiertage 11–21 Uhr, Große Forststraße 176, 52382 Niederzier). Wir setzen unsere Tour entlang der Straße fort, biegen vor der Bushaltestelle Hambach Sägewerk rechts in den Güstener Weg und folgen dem Wegweiser Via Exkurs. Wir fahren geradeaus in den Waldweg, passieren eine Schranke und überqueren die Landstraße wieder über die Brücke. Von hier folgen wir dem unbefestigten Waldweg geradeaus bis zum Fuß der Sophienhöhe, biegen links ab und folgen den letzten 100 m weiter dem Schild Via Exkurs zum Ziel Wanderparkplatz Hambach.

Bettenhoven
Güsten
L213
Höllen
L12
Oberembt
200
Ellebach
L264
Hambach
L12
Ellebach
Niederzier
Krauthausen
L12
Iktebach
Iktebach
Mühlenteich
Oberzier
Ellebach
Selhausen
B56
Rur
Ellebach
Ellen
Ellebach
Huchem-Stammeln
Köttenich
L257
K35
B56
A 4
0
1 km

L277
B55
Escher Fließ
Elsdorfer Fließ
K41
B477
L361
BERGHEIM
ZIEVERICH
18 Bergheim
A 61
Erftflutkanal
Erft
Neu-Etzweiler
Esch
Angelsdorf
ELSDORF
Grouven
Thorr
L276
Giesendorf
Berrendorf-Wüllenrath
B477
L277
Heppendorf
Naturpark Rheinland
Manheim
enich
A 4
L276
Buir
Neffelbach
Blatzheim
L327
B477

*Die schönsten Kilometer ab*

# 22 INDEN

*Start/Ziel*

## PARKPLATZ INDEMANN

*Rundtour*

*30,2 Kilometer*

*223 Höhenmeter*

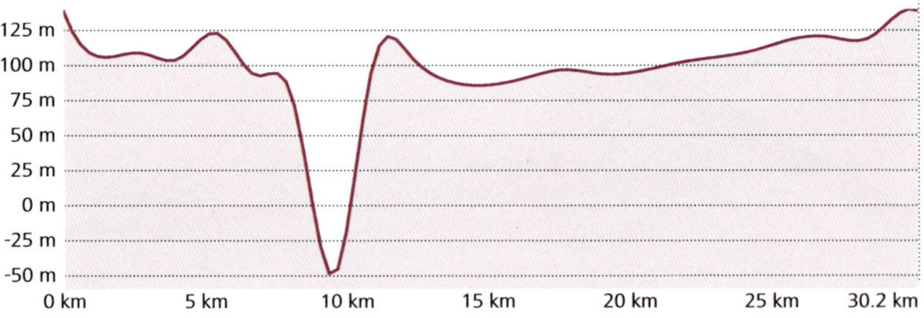

Rittergut Müllenark mit bewegter Geschichte.

**Wir umrunden den aktiven Tagebau Inden. Der Weitblick vom Indemann, dem Aussichtsturm am Freizeitzentrum, zeigt uns das Gestern des Tagebaus und die Zukunft der Region mit ihren neuen Perspektiven hier und am entstehenden See. Zum Abschluss gibt's tolle Spiel- und Einkehrmöglichkeiten.**

Weite Streckenteile über gut fahrbare, aber manchmal für Anhänger etwas holprige Wirtschaftswege wechseln sich mit Radwegen ab. Meist flach, einige kurze steilere Anstiege. E-Bike-Ladestelle: Indemann vor dem Infopoint mehrere Schuko während der Öffnungszeiten.

Vom Parkplatz Indemann machen wir uns auf zum Indeufer. Wir rollen die Straße der Goltsteinkuppe hinab bis zum Ende der Serpentinen und überqueren die Kreuzung. Über die Inde hinweg folgen wir der Straße und biegen an ihrem Ende rechts bergauf ab. 250 m weiter wechseln wir rechts auf den unbefestigten Schwarzen Indeweg entlang des renaturierten Gebiets oberhalb des Indelaufs. Etwas vor uns sehen wir das Kraftwerk Weisweiler, das durch den Tagebau versorgt wird, und biegen nach etwa 1 km rechts ab, weiter dem Schwarzen Indeweg folgend. Vorbei an einer Schranke geht es vorsichtig bergab bis zur Inde. Wir folgen dem rechten Weg unter der Kieswerk-Brücke hindurch auf einem von Wildblumenstreifen begleiteten Weg Richtung Himmelsleiterbrücke. Bevor wir auch diese

Feldraine blau getüncht vom hübschen Natternkopf.

unterfahren, radeln wir unter Förderbändern hindurch, die Braunkohle zum Kraftwerk führen. Dieser Wegabschnitt ist etwas hügelig und wir dürfen an dem folgenden steileren Stück ruhig schieben, bis wir dem Hinweis „Zum Kapellchen“ folgen. An der Gedächtniskapelle können wir von der kleinen Steigung verschnaufen. Weiter rollen wir über den Feldweg, den im Sommer leuchtend blau blühender Natternkopf säumt. An seinem Ende passieren wir eine Schranke und biegen, der Wegmarkierung folgend, links in einen schmalen Pfad ein. Am Gedächtniskreuz 100 m weiter halten wir uns rechts. Wir radeln nun zwischen großen Windrädern hindurch und erblicken schon bald einen Aussichtsturm in Baggerform, von dem wir die Aussicht genießen können. Der Braunkohleabbau erfolgt nämlich mit riesigen Schaufelradbaggern. Parallel zum Abbau wird Schüttgut wiederverfüllt, um die Rekultivierung der Landschaft zu ermöglichen. Als letzte Rekultivierungsmaßnahme soll der Tagebau nach seiner Stilllegung mit Rurwasser befüllt werden, um einen See entstehen zu lassen. Wir folgen weiter der Radroute oberhalb der renaturierten Inde Richtung Kirchberg. Halte Ausschau nach den vielfältigen Wildblumen – tatsächlich ist die Renaturierung des Flussufers hier besonders gelungen.

Etwa 100 m vor Ende des Weges folgen wir dem grün-weißen Wegweiser Zum Lohberg und machen nach etwa 80 m einen kurzen Abstecher rechts hinunter zum flachen Indeufer, einem

# Highlights
## am Wegesrand

**22.000.000 t**
Das ist die Jahresförderung von Braunkohle des Tagebaus Inden. Mehrere Dörfer und Kirchen mussten dafür weichen. Die 2003 eingeweihte Gedächtniskapelle steht genau an der Stelle, wo einst die auch „Dom des Jülicher Landes“ genannte neuromanische Kirche von Lohn stand.

**Km 18**
Um das Rittergut Müllenark gab es schon im 13. Jahrhundert ein langes kriegerisches Tauziehen zwischen dem Jülicher Fürstenhaus und den Kölner Erzbischöfen. Schließlich lag die erzbischöfliche Enklave mitten im Jülicher Land.

**40.000**
Hier steht der 36 Meter hohe stählerne Indemann mit seinen drei Aussichtsplattformen. Er bietet diverse Superlative: Der 280 t schwere Koloss besteht aus 20.000 Bauteilen und wird mit insgesamt über 40.000 LEDs illuminiert.

meiner Lieblingsspots bei dieser Tour, da der Fluss hier so hübsch verläuft. Du verlässt das Indeufer zurück zum Weg. Wenn du etwas abkürzen möchtest, führt dich der Weg nach rechts über eine sehenswerte Steilstrecke zum nächsten Highlight unserer Tour, dem Aussichtspunkt Kirchberg. Da die Durchfahrt verboten ist, musst du dein Rad aber das 300 m lange Stück schieben. Alternativ fahren wir zurück zum Wegweiser Zum Lohberg, biegen rechts ab, folgen dem Radroutenhinweis wieder nach rechts und etwas später Richtung Kirchberg Zentrum kurz bergauf. An der Kuppe der Straße biegen wir sofort scharf nach rechts, fahren am Friedhof vorbei, folgen dem Linksknick auf schmalem Weg und biegen nach rechts in einen schmalen Kiesweg zum Aussichtspunkt Kirchberg. Wir folgen dem etwas ruckeligen Tagebaurandweg weiter im Uhrzeigersinn um den Tagebau und halten uns rechts oberhalb der Inde, bis wir auf dem schmaler werdenden Weg über eine kleine Brücke kommen. Wir fahren nun ein kurzes

Wer grüßt hier? Aussichtsplattform Indemann mit Freizeitmöglichkeiten.

Stück auf der Schophovener Straße, bevor wir auf den Radweg wechseln, der uns vorbei am Weiler Viehöven mit seiner 1874 erbauten Kapelle Viehöven führt. Wirf einen Blick hinein! Wir erreichen Schophoven, wo wir der Radroute durch den Kreisverkehr folgen, die Kirche passieren und links in den Josefweg Richtung Krauthausen biegen. Rechts über die Fuchsstraße fahren wir bis zur Krauthausener Straße. Hier folgen wir an der Kreuzung dem Wegweiser Richtung Inden-Altdorf und erreichen nach 200 m das Rittergut Müllenark mit einer bewegten Geschichte, die bis ins 12. Jahrhundert reicht. Es befindet sich in RWE-Hand, wie auch der Tagebau, und lässt sich nicht besichtigen.

Zurück an der Kreuzung halten wir uns nun Richtung Düren, überqueren die Rurbrücke und biegen nach links auf den RurUfer-Radweg ab. Am neuen Rastplatz Kleiner Indemann können wir eine Pause einlegen. Wir folgen dem RurUfer-Radweg ein Stück weit Richtung und biegen 500 m weiter links ab, um einen Imbiss in der ausgeschilderten Gaststätte Alt Bonsdorf einzunehmen (Mi, Fr 11–14 u. ab 17 Uhr, Do, Sa ab 17 Uhr, So, Feiertage

ab 11 Uhr, In der Ruraue 14, 52459 Inden). Der sanft dahinfließenden Rur entlang geht es weiter zur Rurbrücke Richtung Inden. Hier überqueren wir den Fluss. Nun biegen wir links ab Richtung Inden. Gerade einmal 200 m vom Tagebaurand entfernt rollen wir auf einem breiten, glatt asphaltierten Weg, bis wir den Ort Merken erreichen. Am Ortseingang folgen wir nicht dem Wegweiser, sondern fahren geradeaus, um den 1930 erbauten Wasserturm Merken zu bewundern, der heute als Wohnhaus dient. Hinter ihm folgen wir der Straße links, bis wir an der Hauptstraße wieder auf die Radroute Richtung Tagebau rechts einbiegen. Von hier aus haben wir bereits wieder unseren Startpunkt Indemann im Blick! Wir folgen dem Radweg bis fast zur Autobahn, um dann weiter Richtung Knotenpunkt 41 zu fahren. Dabei bleibt der Blick unweigerlich am nahen Kohlekraftwerk Weisweiler hängen. Während linkerhand die bewaldeten Hügel der Voreifel auftauchen, folgen wir für 2,5 km dem Radweg parallel zur A 4. Wir passieren den Lucherberger See, dessen Fortbestand bedingt durch den Tagebau ungewiss ist. Nach einem kurzen Anstieg durch Lucherberg erreichen wir den Knotenpunkt und biegen rechts in die Hochstraße, dann wieder rechts in die Sebastian-Stassen-Straße, um schließlich links über Grünstraße und Obstwiese der Beschilderung Goltsteinkuppe zu folgen. Einmal noch rechts abbiegen Richtung Indemann und wir erreichen unseren Start, den Parkplatz Indemann. Auf der Goldsteinkuppe gibt es neben einem großen Spielplatz auch Minigolf und Fußballgolf. Und im Minigolf Café Bahn 19 (bei trockener Witterung Mo–Fr 13–20, Sa–So u. Ferien 11–20 Uhr, Indemann, 52459 Inden) oder im Restaurant Indemann 1 (Mi–Do 12–21, Fr–So 11.30–21 Uhr, Indemann, 52459 Inden) kannst du nun auf deine Tour anstoßen. Aber vorher erklimmst du den Indemann (Sommersaison tgl. 10–20 Uhr, Indemann, 52459 Inden/Altdorf) für einen letzten fantastischen Rundblick!

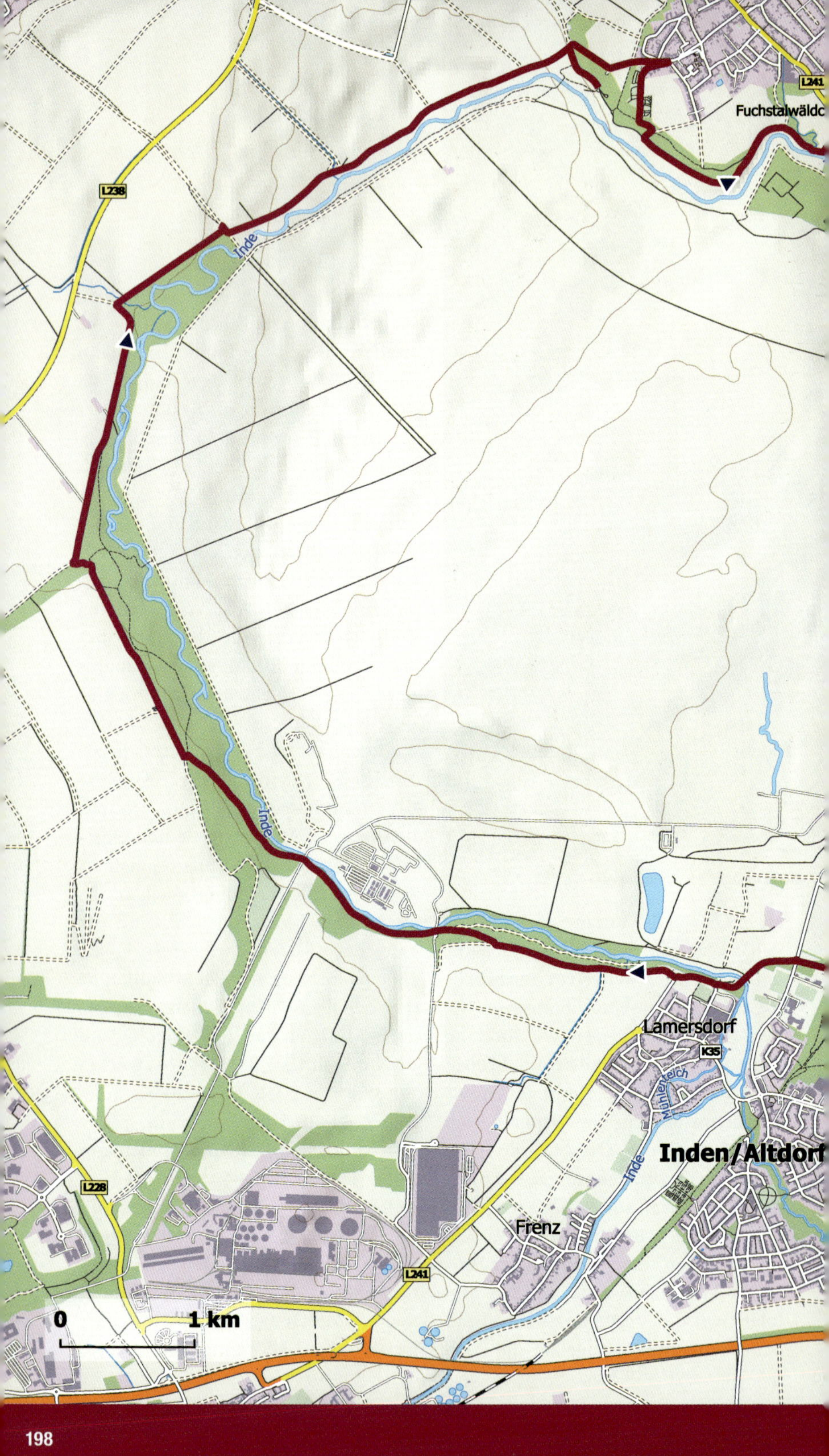
L241
Fuchstalwäldc
L238
Inde
Inde
Lamersdorf
K35
Mühlenteich
Inde
Inden/Altdorf
L228
Frenz
L241
0
1 km

enwald-Indemündung
L253
Hahn
Altenburg
Rur
Viehöven
Selgersdorf
Daubenrath
Iktebach
Iktebach
Iktebach
Iktebach
K13
B56
Selgersdorfer Dresch
Mühlenteich
Haus Ores
Schophoven
Krauthausen
K43
Schlichbach
L12
K43
Rur
Schlichbach
Schlichbach
Lucherberg
Merken
Lucherberger See
L12
K35
K35

*Kohlehalden-Hopping im Aachener Revier*

# 23 MAULWURFLAND

*Start/Ziel*

## PARKPLATZ BAESWEILER

*Rundtour*

*28,3 Kilometer*

*117 Höhenmeter*

Bergehalden durchziehen die weite flache Landschaft wie Maulwurfshügel.

**Diese Tour führt dich entlang ehemaliger Steinkohlebergwerke und ihrer weithin sichtbaren Halden, die wie Maulwurfshügel über das Aachener Revier verteilt sind. Dabei bekommst du Einblicke zu Energieformen und Ausblicke über die flache Landschaft.**

Flache Tour mit wenig Höhenmetern und guten Oberflächen. Meist asphaltiert, gut für Familien mit Anhänger fahrbar. E-Bike-Ladestelle: Museum Energeticon 3 x Schuko

Los geht's in Baesweiler am Parkplatz Carl-Alexander-Park links bergauf zum Kreisverkehr. Wir nehmen die erste Ausfahrt rechts Richtung Carl-Alexander-Park und nutzen den Radweg bis Knotenpuntkt 53. Den Ausblick von der Bergehalde Carl-Alexander gegenüber heben wir uns für das Ende unserer Tour auf. Wir rollen entlang der Bergehalde Richtung Herzogenrath, unsere Route führt uns bald durch Holthausen. Über die querende Thornstraße geht's geradeaus auf dem asphaltierten Wirtschaftsweg weiter entlang einiger Felder. Linkerhand taucht bereits der nächste Hügel auf, die Bergehalde Grube Adolf. In seine Richtung abbiegend erreichen wir Knotenpunkt 34 und biegen rechts ab Richtung Herbach.

Über einen gepflasterten Weg führt uns der Weg kurz mit starkem Gefälle bergab und links Richtung HZ-Her-

898 m tief war der Franzschacht der Grube Anna, der hier unterm Rad liegt.

bach. Weiter rechts Richtung Wurmtal befinden wir uns auf einem Teilstück der West-Bike Route. Wir fahren durch Herbach an einem Kriegerdenkmal vorbei weiter geradeaus und überqueren die Hauptstraße. Vor Hofstadt folgen wir der Rechtskurve. Wir umrunden nun den Hügel der ehemaligen Braunkohle-Abgrabung Ottilie. Es geht rasant bergab durch den Rimburger Wald zum Knotenpunkt 35 und links weiter Richtung HZ-Zentrum. Der Weg wird bald unbefestigt, über Bahngleise hinweg radeln wir entlang eines Sandsteinblocks der Nivelsteiner Sandwerke weiter, begleiten nun ein Stück den Fluss Wurm und halten uns dem Schutzgebiet Wurmtal folgend Richtung Herzogenrath. Die hier natürlich mäandrierende Wurm markiert in diesem Bereich die Grenze zwischen Deutschland und den Niederlanden. Am Knotenpunkt 22 biegen wir rechts ab Richtung HZ-Zentrum. Auf der rechten Seite liegt die Baalsbrugger Mühle hinter einer kleinen Brücke, von der ein Wanderweg entlang der Wurm startet. Wir bleiben auf der Straße und befinden uns einige Meter weiter in den Niederlanden – für etwa 800 m, denn dann sind wir bereits wieder in Deutschland. Nach einer Kirche wenden wir uns links Richtung Alsdorf, unterqueren eine markante Eisenbahnbrücke und biegen nach dem Kreisverkehr rechts in die für Radfahrer freie Fußgängerzone von Herzogenrath. Von Knotenpunkt 18

# Highlights
am Wegesrand

**Km 9**
Das Schutzgebiet Wurmtal ist eins der wenigen Gebiete in Deutschland mit einem natürlich mäandrierenden Flussabschnitt, sodass du dein Rad kurz abstellen solltest, um durch ein Gatter zum kleinen Fluss Wurm hinabzugehen. Hier lebt auch der Biber, gut an seinen Nagespuren an den Bäumen zu erkennen.

**898 m**
So tief führte der Franzschacht nach unten. Hier stehst du auf einer vertieften kreisrunden Fläche genau dort, wo er einst in die dunkle Tiefe hinabführte. Das aktuell höchste Gebäude der Welt, der Burj Kalifa in Dubai, ist zum Vergleich „nur“ 828 m hoch.

**Panorama**
An der Bergehalde Carl-Alexander-Park wartet noch ein Highlight: 80 Höhenmeter führen dich teils durch Baumkronen über Treppen mit Schwebestegen hinauf zu einem fantastischen Panorama. Wie Maulwurfshügel liegen die umliegenden Bergehalden vor uns.

geht‘s links weiter Richtung Alsdorf über Broichbachtal. Wir folgen der Route über den Parkplatz Bergerstraße und biegen vor einem Weiher links ab. Vorher pausieren wir beim Restaurant Seehof mit seiner hübschen Seeterrasse (Mi–Fr ab 17 Uhr, Sa–So ab 11.30 Uhr, Erkensmühle 21, 52134 Herzogenrath). Wir begleiten den Weiher weiter am Parkplatz entlang und biegen rechts ab. Vor dem nächsten Parkplatz nehmen wir rechts den schmalen Abzweig, um dann der Radmarkierung Richtung HZ-Noppenberg zu folgen. Ein Stück am Seeufer radelnd folgen wir dem Waldweg durch das Broichbachtal, dessen 8,2 km langer Broicher Bach ein Zufluss der Wurm ist. Wir erreichen in Noppenberg eine Kapelle, radeln nun geradeaus Richtung Alsdorf und überqueren einen kleinen Bach auf unbefestigtem Weg.

Am Wegekreuz fahren wir links und erreichen Knotenpunkt 27, um unseren Weg rechts Richtung Alsdorf fort-

Von der Bergehalde Carl-Alexander das ganze Aachener Revier im Blick.

zusetzen und schließlich auf einem Radweg Alsdorf zu erreichen. Links von uns befindet sich ein weiterer Maulwurfshügel, die Bergehalde Anna. Wir überqueren etwa 400 m weiter die Straße rechts über die Ampel und gelangen zum Tierpark Alsdorfer Weiher (kostenfrei zugänglich, tgl. 10–18 Uhr, Theodor-Seipp-Straße, 52477 Alsdorf). Gegenüber liegt das Boat House (ab März Mi–Fr 14–19.30, Ferien ab 11, Sa–So 11–20 Uhr), hier kannst du Tretboote leihen, Adventure-Minigolf spielen und etwas Kühles trinken. Wir folgen dem Radweg zurück bis zur Ampel, überqueren die Straße und fahren rechts bis zu einer weiteren großen Kreuzung, die wir überqueren, um dann sofort links den Radweg bergauf zu radeln. Nach Überquerung des Bahnübergangs befinden wir uns wieder auf der Radroute, nun Richtung Knotenpunkt 28. Wir folgen ihm, indem wir die Straße überqueren, ein Stück bergan fahren und die Straßenseite wechseln.

Am Steigerweg machen wir einen Abstecher zum bereits in Sicht befindlichen Fördergerüst Hauptschacht Anna und stehen in der Mitte des Platzes auf dem früheren Franzschacht. Wir fah-

ren zurück zur Straße und folgen dem rötlich gepflasterten Radweg rechts. Dabei passieren wir den markanten alten Wasserturm, erreichen nach ihm einen Kreisverkehr und überqueren die Straße zum gegenüberliegenden Restaurant Eduard (Mi–Do 11–22, Fr–Sa 11–23, So 11–21 Uhr, Konrad-Adenauer-Allee 7, 52477 Alsdorf), in dem du prima rasten kannst. Es liegt im gleichen Gebäude wie das anschaulich über die Energieformen aufklärende Museum Energeticon (Di–So 11–17 Uhr). Das Museum will nicht nur junge Menschen für die Engergiewende begeistern. Wir fahren wieder zum Kreisverkehr und radeln Richtung Baesweiler. Dabei halten wir uns zunächst immer geradeaus und umfahren verwinkelt die Alsdorfer Burg, eine typisch rheinische Wasserburg aus dem 15. Jahrhundert, die heute als Standesamt dient. Etwas weiter erreichen wir Knotenpunkt 59 und halten uns links Richtung Baesweiler. Wir passieren Baesweiler in Richtung Knotenpunkt 54, um schließlich an einem Kapellchen links abzubiegen. Wir bleiben bis zum Knotenpunkt 54 auf dem Radweg durch die Stadt und halten uns nun Richtung Knotenpunkt 53, um im Kreisverkehr Richtung Carl-Alexander-Park geradeaus zu fahren. Wieder am Knotenpunkt 53 vom Beginn unserer Tour angelangt, radeln wir diesmal den Zickzackweg hinauf zum Carl-Alexander-Park mit seinem markanten roten Gebäude und einem ausgedehnten Spielplatz. Auf der Terrasse des im Gebäude befindlichen Barbaros (tgl. 12–24, So bis 22 Uhr, Carl Alexander Park, 52499 Baesweiler) genießen wir einen Kaffee. Vom Gebäude aus kannst du optional einen tollen Weg hinauf zum Aussichtspunkt der Halde gehen. Zurück am Ausgangspunkt fahren wir wieder zum Kreisverkehr. Am rechterhand gelegenen CAP 21 (Di–Do, So 9–22, Fr–Sa 9–23 Uhr, Carl-Alexander-Pl. 1, 52499 Baesweiler) können wir hervorragend essen, bevor wir über den Kreisverkehr bergab nach 200 m unseren Parkplatz erreichen.

Broichhausen
Wurmtal nördlich Herzogenrath
NIEDERLANDE
DEUTSCHLAND
HERBACH
Übach
Dynamit
K11
Ophoven
HOFSTADT
Finkenrath
PLITSCHARD
Übachta
Merkstein e
Heidb
Floesser
Floes
Wurm
L47
Nivelstein
Wildnis
Worm
Streiffeld
Schleyp
MERKSTEIN
K5
Alt-Merkstein
Magerau
L232
Baalsbruggen
K29
Nordst
Thiergarten
Ritzerfeld
Frohen Siffe
Bierstraß
HERZOGENRATH
LIMBURG
NOPPENBERG
AFDEN
L223
Ruif
Unteres Broichbach südlich Noppenber
0
1 km

BAESWEILER
L225
L225
BOSCHELN
Bergehalde Carl-Alexander
B57
L232
L240
L164
B57;L240
L240
NEUWEILER
Alter Wetterschacht Anna III
BUSCH
ALSDORF
SCHAUFENBERG
L47
Bergehalde Anna II
L47
ZOPP
WOHNANLAGE ZOPPER HOF
B57
SIEDLUNG OST
Bergehalde Anna I östlich Zopp
K10
KELLERSBERG
Broicher Bach
B57
Broicher Bach
Alsdorfer Weiher
Broicher Bach
K3

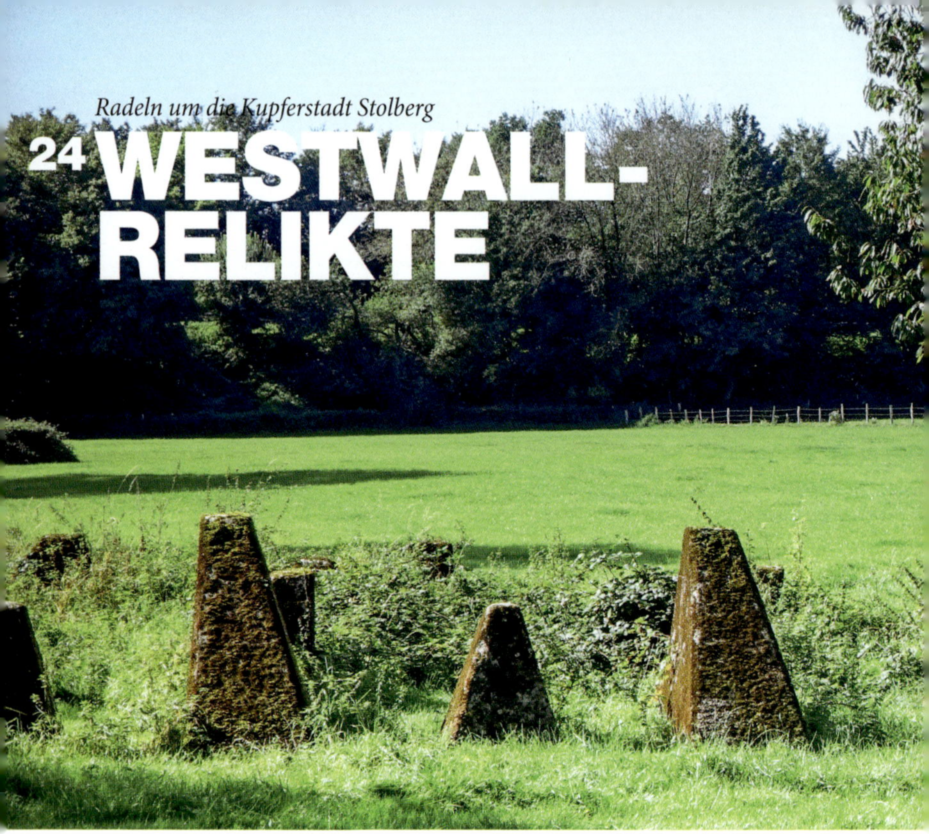

Radeln um die Kupferstadt Stolberg
24 WESTWALL-
RELIKTE

*Start/Ziel*

# WANDERPARKPLATZ SCHLANGENBERG

*Rundtour*

*36,3 Kilometer*

*273 Höhenmeter*

350 m
325 m
300 m
275 m
250 m
225 m
200 m
175 m
0 km
5 km
10 km
15 km
20 km
25 km
30 km
36.3 km

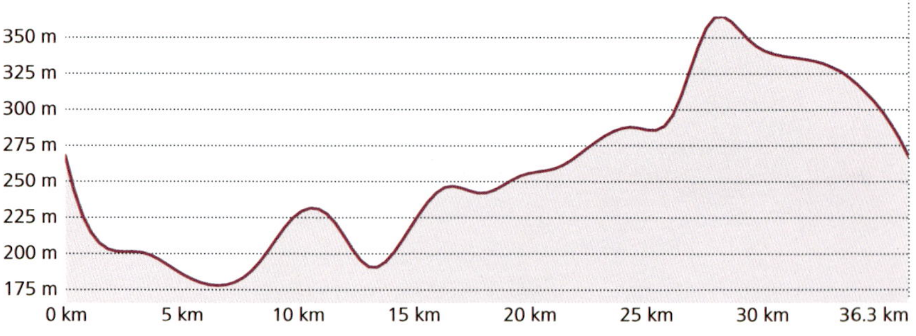

Panzersperren als Westwall-Relikte direkt am Weg.

**Wir begeben uns auf die Spuren des Westwalls des NS-Regimes. Vorbei an abgewrackten Panzern und bizarren Panzersperren führt uns die Tour von der Kupferstadt Stolberg über ein Teilstück des Vennbahnwegs und durch dichte Eifelwälder.**

Tour auf teils unbefestigten, aber gut fahrbaren Wegen mit einigen kurzen Steigungen bis circa 8 %. Wegen des militärischen Sperrbereichs am besten am Wochenende fahren, alternativ Streckenabschnitt auslassen. E-Bike-Ladestelle: Restaurant Birkenhof 6 x Schuko

Uns vom Wanderparkplatz Schlangenberg rechts haltend, biegen wir gleich links auf den Weg über die Felder ab. Wir erreichen Knotenpunkt 93 an der Zweifaller Straße und wenden uns nach links, um etwa 200 m weiter über Knotenpunkt 92 auf den linksseitigen Radweg zu wechseln und entlang einiger alter Industriegebäude Richtung Knotenpunkt 91 in die Innenstadt von Stolberg zu radeln. Am Ende der Zweifaller Straße biegen wir in Richtung der bereits in Sicht befindlichen höher gelegenen Burg ab, folgen dem Wegweiser Richtung STO-Altstadt und machen einen Abstecher über Stolbergs Kopfsteinpflaster Richtung Knotenpunkt 89 Stolberger Burg.

So gelangen wir zum Wahrzeichen der Stadt, der Burg Stolberg, die umgeben

Stolbergs Altstadt überrascht mit hübschen Gassen.

von kleinen verwinkelten Gassen und alten Gemäuern auf einem mächtigen Kalksteinfelsen oberhalb des Vichtbachtals liegt. Nach teilweiser Zerstörung im Zweiten Weltkrieg wurde sie so wieder aufgebaut, wie sie zu Beginn des 18. Jh. ausgesehen hatte. Für eine Rast bietet sich auf dem Rückweg zu Knotenpunkt 91 das urige Gasthaus Weißes Rößl mit Biergarten und gemütlichem Innenhof an (Mo–Di, Do–Fr 16–21, Sa–So 12.30–21 Uhr, Burgstraße 35, 52222 Stolberg). Von Knotenpunkt 91 biegen wir rechts in den Steinweg Richtung Knotenpunkt 87 Stolberg Hbf und begleiten für eine längere trecke den kleinen Fluss Vicht. Kurz vor der Kreuzung Rhenaniastraße erblicken wir auf der gegenüberliegenden Straßenseite Knotenpunkt 87 und erreichen diesen über die Ampel. Wir orientieren uns Richtung Knotenpunkt 98 STO-Münsterbusch auf einem leicht ansteigenden Weg und folgen an einer Weggabelung der Beschilderung auf einen schattigen Waldweg. Entlang des romantisch mäandrierenden Münsterbachs erreichen wir an der Bushaltestelle Buschmühle die Straße.

Hier wollen wir einen Exkurs in das militärisch genutzte Naturschutzgebiet Münsterbusch machen, sofern es nicht gesperrt ist (Zugangszeiten des Standortübungsplatzes beachten: Zutritt verboten Mo–Fr 7–17 Uhr oder bei gehisster roter Flagge!). Dazu biegen wir nicht der Radroute folgend ab, sondern nehmen den Weg geradeaus über den Parkplatz in das Naturschutzgebiet hinein, wo Naturschutz und militärische Nutzung eine überraschende Koexistenz finden. Der Platz dient vor allem Kraftfahrausbildungen nicht nur des Militärs, sondern auch des Technischen Hilfwerks und Roten Kreuzes. 1937 in Betrieb genommen, durchquerte auch der Westwall das Gelände, das Verteidigungssystem an der Westgrenze

# Highlights
## am Wegesrand

**150 m**
Stolbergs Altstadt überrascht uns mit verwinkelten Gassen und ihrem Wahrzeichen, der Burg Stolberg mit Ursprung im 12. Jahrhundert. Unter der Burg verläuft übrigens ein 150 Meter langes Stollensystem, das im 19. Jahrhundert als Kühlraum und Weinkeller genutzt wurde.

**Bunt**
Die 1647 erstmalig erwähnte Haumühle war 1851 bis 1937 unter wechselndem Besitz Tuchfabrik und Färberei. Dabei lieferte der Münsterbach nicht nur weiches Wasser zum Färben, sondern auch die nötige Antriebskraft.

**Mehlspeisen**
Von 15–17.30 Uhr gibt's im Restaurant Birkenhof frische Pfannkuchen und Waffeln! Und auch sonst erwarten uns eine riesen Kuchenauswahl und tolle Gerichte.

des Deutschen Reichs, das mit Panzersperren, Gräben und 22.000 Bunkern 1936–1940 als Kriegsvorbereitung errichtet wurde. Alternative Route: Sollte das Gebiet gesperrt sein, folgst du von der Bushaltestelle links über die Inde Knotenpunkt 97 und dann 98 und setzt die Tour von dort fort.

Der breite unbefestigte Weg führt uns bergauf durch das Naturschutzgebiet Münsterbusch, bis wir einen Modellflugplatz erreichen und dem Weg links folgen. Auf der rechten Seite rückt ein alter Panzer in Sicht, den wir staunend begutachten. Wir folgen für etwa 400 m dem Weg über eine Wegkreuzung entlang der Lichtung, um dann am Infoschild „Naturschutzgebiet Brander Wald" links abzubiegen. Wir passieren zwei weitere abgewrackte Panzer und finden bei genauem Hinschauen im Gebüsch getarnt auch noch einen dritten. Zum Glück sind wir hierzulande in friedlichen Zeiten, und so nutzen Kinder die Panzer im Naturschutzgebiet häufig als Klettermöglichkeit. Jetzt geht es kurz steil bergab und an der Kreuzung links. Wir folgen dem unbefestigten Weg mit teils schlechter Wegdecke für etwa 900 m. Über einen kleinen Parkplatz am Waldausgang geht es dann weiter bergab auf einem asphaltierten Weg. Am Ende des Gefälles stoßen wir

Zeit für einen Burgblick über Stolbergs Altstadt

wieder auf die Radroute und biegen am alten Industriegebäude der Haumühle, einer ehemaligen Tuchfabrik und Färberei, ab, dem Wegweiser rechts Richtung Knotenpunkt 98 STO-Breinig folgend. Wir überqueren bergauf die Aachener Straße und den Fluss Inde, bis wir in Büsbach in den Weg Im Priesterland abbiegen.

Auf schmalem asphaltiertem Weg begleiten wir eine hübsche Feldlandschaft und folgen Knotenpunkt 98 Richtung AC-Kornelimünster in den Ort Dorf hinein, um hinter der kleinen typischen Eifelkirche rechts in die Marienstraße abzubiegen. Wir verlassen Dorf und wenden uns nach rechts Richtung Knotenpunkt 31 AC-Kornelimünster. Wir lassen uns in den historischen Kern von Kornelimünster hinabrollen und passieren den Abteigarten. Wir radeln weiter zum Korneliusmarkt, auf dem jährlich über Frohnleichnam ein sehenswerter historischer Jahrmarkt stattfindet. Im Café Restaurant Napoleon können wir eine Pause einlegen (Mo–Mi, Fr–Sa 14–23, Do 16–23, So 12–23 Uhr, Korneliusmarkt 54–56, 52076 Aachen-Kornelimünster). Wir verlassen den Platz

Richtung Knotenpunkt 31 AC-Zentrum, fahren den Napoleonsberg auf dem freigegebenen Gehweg hinauf, überqueren die Straße und biegen gleich links ab Richtung Vennbahn/Ravel.

Einige Meter weiter fahren wir links auf den Vennbahnweg auf, überqueren 700 m weiter das Iterbachviadukt – kurz anhalten und hinunterschauen – und genießen für 6 km den preisgekrönten Radweg. Dabei bewundern wir auch den alten Bahnhof Walheim, in dessen Bahnhäuschen eine Puppe die Lage überblickt. Schau mal zur zweiten Etage hinauf! In Schmithof biegen wir kurz nach einem Rastplatz an Knotenpunkt 33 links ab und verlassen den Vennbahnweg in die Frennetstraße Richtung Knotenpunkt 34 Roetgen. Entlang hübscher Eifelhäuser durchradeln wir das Eifeldorf, überqueren die befahrene Monschauer Straße und erreichen Knotenpunkt 34, von dem wir geradeaus Richtung Knotenpunkt 99 Zweifall fahren.

Seltsam anmutende Betonhöcker auf den Weiden rechterhand rücken ins Blickfeld. Sie sind Reste der Panzersperren des Westwalls. Du konntest sie vielleicht auch in Schmithof schon sehen und wirst ihnen gleich noch einmal begegnen. Wir biegen auf dem Radweg rechts Richtung Roetgen ab, überqueren 200 m weiter die Straße auf den linksseitigen Radweg und folgen etwa 100 m weiter einem Waldweg links Richtung Stolberg. An dieser Stelle findest du noch einmal freistehende Elemente des Westwalls, die du dir hier aus der Nähe ansehen kannst. Bald schon führt der Waldweg herrlich bergab. Nach etwa 4 km erreichen wir an Knotenpunkt 99 wie gerufen das Restaurant Birkenhof mit einer hübschen Gartenterrasse (Di–So ab 10 Uhr durchgehend, Küche 12–21 Uhr, Mulartshütter Str. 20, 52224 Stolberg). Gestärkt und erfrischt geht es jetzt bergab immer der Nase nach zu Knotenpunkt 1 Stolberg und weiter durch den Wald über Knotenpunkt 93 Stolberg zurück zum Wanderparkplatz Schlangenberg.

1 Europaplatz
EILENDORF
Atscher Wald
A 44
ROTHE ERDE
FORST
SCHÖNFORST
BEVERAU
Lützow-Kaserne
Theodor-Körner-Kaserne
DRIESCHER HOF
3 Aachen-Brand
Brander Wald
FREUND
LINTERT
BRAND
Indetal
NIEDERFORSTBACH
Wasserbecken Niederforstbach
Klauserwäldchen
KORNELIMÜNSTER
2 Aachen-Lichtenbusch
1 Grenzübergang Lichtenbusch
SCHLECKHEIM
NÜTHEIM
Lichtenbusch
OBERFORSTBACH
Freyenter Wald
DEUTSCHLAND
BELGIEN
Höckerlinie
Walheim
WALHEIM
Friesenrath
Schmithof
0 1 km

DONNERBERG
Werth
STOLBERG
Altstadtpark Gehlens Kull
Werther Heide und Napoleonsweg
Gressenich
LIESTER
Hammerberg
Waldgebiet Hammerberg
Mausbach
Krewinkel
Steinbruchbereich Bärenstein
Mausbachtal
Auf der Rüst
Derichsheck
Horstbend Mausbachquelle
Steinbruchbereich Brockenberg
Vicht
Großer und Kleiner Kranzberg
Kluckensteine
Schlangenberg
Jägersfahrter Fischbachtal
Zweifall
Hohes Venn-Eifel
Solchbachtal mit Hassel- und Gieschbach
Vichtbachtal mit Grolis-, Schlee- und Lensbach
Zweifaller und Rotter Wald
Hürtgenwald
Vichtbach
Fischbach
Elgertssief
Konesief
Hasselbach
Gieschbach
Krebsbach
Solchbach
Omerbach
L238
L11
L12
L24
K6
200
400

*Eifelwildnis um Simonskall und*

# 25 KALLTALSPERRE

*Start/Ziel*

## SIMONSKALL

*Rundtour*

*25,3 Kilometer*

*298 Höhenmeter*

500 m
400 m
300 m
200 m
0 km 5 km 10 km 15 km 20 km 25.3 km

Entspannter Blick auf die Kalltalsperre.

**Auszeit entlang eines wilden Eifelbachs und um eine Talsperre – mitten im Naturpark Eifel. Wir erklimmen einige Höhenmeter und lassen uns bergab den Wind ins Gesicht blasen, um zum Abschluss schlemmen zu dürfen. Optional: Hochseilgarten!**

Mittlerer Anspruch an die Kondition mit 260 Höhenmetern zwischen tiefstem und höchstem Punkt, mit E-Bike einfach. Wegen der Höhenmeter und eines Teilstücks Bundesstraße nicht für Kinder geeignet. Hochseilgarten optional, ohne diesen reduziert sich die Strecke auf 22 km.

Wir starten vom Parkplatz Simonskall nach links vorbei am Hotel Haus Sonneneck Richtung Marienkapelle, zu der es bereits nach 180 m links abgeht. Nachdem wir eine Brücke mit einem hübschen Kunstwerk des Brückenheiligen Nepomuk überquert haben, stellen wir unsere Räder ab und gehen den kleinen steilen Weg zu Fuß bis zur Kapelle. Ich mag den kleinen Abstecher hierhin, stimmt mich die Kapelle doch auf die Ruhe ein, die uns auf unserer Eifelrunde erwartet. Wir kehren zurück zur Straße und folgen dem ursprünglichen Weg weiter Richtung Knotenpunkt 62 Simmerath. Zunächst führt er uns für etwa 1,6 km entlang der schmalen, zwischen schroffem Fels und sanft dahin plätscherndem Bach verlaufenden Straße. Dann folgen wir dem rot-weißen Radhinweis über eine Brücke und nutzen,

Die Route führt mitten durch die Sandsteinformation des Kaiserfelsens.

gleich rechts abbiegend, den Forstweg für etwa 300 m, um ihn wieder über eine Brücke auf den weiter ansteigenden unbefestigten Weg zu verlassen. Über eine weitere kleine Brücke gelangen wir schließlich zurück zur Straße, die wir nach links über die markante Straßenbrücke überqueren. Direkt dahinter biegen wir rechts auf den Parkplatz Kallbrück ab. Der quirlige Wasserlauf, den wir über all die Brücken ständig queren, ist die Kall, ein kleiner klarer Bach mit der Charakteristik eines Bergbachs. Wir überqueren den Parkplatz und halten uns Richtung Kalltalsperre, die noch ein paar auf der sanften Steigung gut zu bewältigenden Höhenmeter über uns liegt. An der Weggabelung nehmen wir den Weg weiter links bergauf, bis wir Knotenpunkt 62 erreichen.

Mit einem etwa 150 m langen Abstecher nach rechts erreichen wir die Staumauer der Kalltalsperre und genießen Ruhe und Ausblick. Wenn du so gerne über Staumauern radelst wie ich, dann hast du jetzt die Gelegenheit, denn wir kehren später nicht mehr hierhin zurück. Anschließend fahren wir zurück zum Knotenpunkt 62 und halten uns Richtung Knotenpunkt 18 Simmerath. Dabei passieren wir eine kleine Schutzhütte und begeben uns auf den etwa 5 km langen Talsperrenrundweg. Dem glatt asphaltierten Weg folgen wir mit Blick auf die Talsperre und zwischen der Sandsteinformation des Kaiserfelsens hindurch. Wir folgen dem Weg, bis wir schließlich oberhalb der Pegelanlage Kallbach ankommen, an der wir nach rechts abbiegen und das kleine Stau-

# Highlights
am Wegesrand

**Kohlenhydratspeicher**
Im Café Kern gibt's tollen Kuchen! Ich kann dir den gedeckten Apfelkuchen ans Herz legen! Warme Gerichte und Biker-Pakete wie Spaghetti Bolognese zum Auffüllen der Kohlenhydrate werden angeboten, da direkt nebenan ein Bikepark für Downhiller und Freerider liegt.

**6,24 km**
So lang ist der Kallstollen, der bereits 1926 vor dem Bau der Kalltalsperre bis zu 180 m tief in die Schichten gegraben Wasser von Kall- und Keltzerbach zur Dreilägerbachtalsperre führte. Er war nach seinem Bau der längste Wasserüberleitungsstollen Deutschlands.

**Km 3**
Mal plätschert das Wasser der Kall gemütlich dahin, mal rauscht es, über unzählige Felsblöcke in seinem Bett sprudelnd, gen Tal. Vom Ufer dem Schauspiel folgend, fühlen wir uns sofort wie im Urlaub. Alles erscheint leuchtender in der feucht-kühlen Umgebung, selbst die ockerfarbenen Schnecken erscheinen farbintensiver als sonst.

werk schiebend überqueren. Bei warmem Wetter kannst du deine Füße und Handgelenke im kühlen Wasser oberhalb des Stauwerks kühlen. Dem Weg nach rechts folgend begleiten wir die Kalltalsperre mit fantastischer Aussicht auf das glitzernde Wasser. Zwischendurch können wir die Füße auf einer Relaxliege mit Seeblick hochlegen und erreichen schließlich die zweite Seespitze. Nach einem weiteren kleinen Stauwerk biegen wir nach kurzer Steigung, dem Wanderweg 12 Kalltal-Kelsterbach folgend, nach rechts über eine Brücke mit Holzgeländer ab. Wir passieren den Entnahmeturm der Kalltalsperre und biegen direkt danach scharf links bergauf ab.

Nun geht es auf dem steilsten Stück der Tour für 2,5 km stetig bergauf, bis wir schließlich den höchsten Punkt unserer Route erreichen. Wir bleiben immer geradeaus auf dem Waldweg,

Glasklar und kalt – so fließt die Kall durchs Tal.

passieren einige Windkrafträder und die Schutzhütte „Kalltalsperre“, erbaut 1962 vom Verein Naturpark Nordeifel. Erst an Knotenpunkt 9 halten wir uns nach rechts Richtung Knotenpunkt 10 Germeter. Wir genießen nach dem Anstieg den Fahrtwind auf dem nun für etwa 1,4 km schnurgerade bergab führenden Waldweg, bis wir am Ende des Wegs kurz vor dem Ort Raffelsbrand eine Wegschranke in Form eines großen Tors durchqueren und auf die Straße stoßen. Nun folgen wir Knotenpunkt 10 nach rechts etwa 600 m bergab entlang der B 399, verlassen diese links und folgen gleich wieder nach rechts weiter dem Weg.

Wer bis jetzt noch nicht genügend sportliche Aktivität in den Beinen hat, kann sich beim Klettern im Hochseilgarten so richtig austoben (und auch noch die Arme auspowern). Dafür folgst du, statt abzubiegen, der B 399 etwa 600 m weiter, biegst links in die Wollseifener Straße und folgst ihr 600 m, bis sie wieder auf die B 399 mündet. Etwa 40 Meter links liegt auf der rechten Seite der Hochseilgarten Hürtgenwald (März–Okt. Sa–So, Feiert. 11–18 Uhr, Vorabbuchung gewünscht, GPS Kletterwald: 50.66578/6.34296, 52393 Hürtgenwald). Die Kletterzeit beträgt ungefähr zweieinhalb Stunden im Anschluss

an die Einweisung. Dann kann man dort rumkraxeln, wo man sonst nicht hinkommt – zwischen den Baumkronen. Dabei befindet man sich 3 bis 15 Meter über dem Boden! Um auf die Route zurückzukehren, fährst du zurück zum Abzweig Richtung Knotenpunkt 10.

Wir durchqueren nun ein Waldgebiet und erreichen kurz danach Vossenack mit dem Knotenpunkt 10. Hier halten wir uns rechts Richtung Knotenpunkt 36 über die Straße Im Oberdorf, von der wir nach rechts in die Straße Ralscheid abbiegen. Bald geht es steil bergab. Wir folgen dem Wegverlauf rechts bis zu einem Wegekreuz, das uns bei toller Aussicht über das Tal förmlich dazu auffordert innezuhalten. Wir folgen dem Weg weiter bergab nach rechts über einen holprigen Asphaltweg, der bald in einen Forstweg übergeht. Nach einer kleinen Brücke geht es auf dem mittleren Weg wieder bergauf. Nach Knotenpunkt 36 leitet uns Knotenpunkt 62, der uns idyllisch durch das hübsche Tal zu unserem Startplatz im kleinen Ort Simonskall zurückführt, der 2019 gerade einmal 42 Einwohner zählte.

Zum Abschluss der Tour kannst du Hunger und Durst hervorragend im Café Kern mit seiner Außenterrasse stillen (Di, Do, Fr 12–17, Mi 10–17, Sa 10–18, So 9–18 Uhr, Simonskall 25, 52393 Hürtgenwald-Simonskall). Als Alternative liegt direkt gegenüber das Landhotel Kallbach, ebenfalls mit großer Außenterrasse (tgl. 12–20.30 Uhr, Simonskall 24–26, 52393 Hürtgenwald-Simonskall). Und wenn es die Zeit zulässt, solltest du Kallbach's Adventure Golf nicht auslassen, einen großzügigen Platz auf 3.000 km2 Fläche mit Kunstrasenbahnen auf 18 Löchern, eingebettet in Bachläufe und Findlinge (tgl. 10 Uhr bis Einbruch der Dämmerung, abweichend bei schlechter Witterung, Simonskall 24–26, 52393 Hürtgenwald-Simonskall). Hier ist nichts von strikter Golfettikette zu merken, stattdessen stehen Spiel und Spaß im Vordergrund.

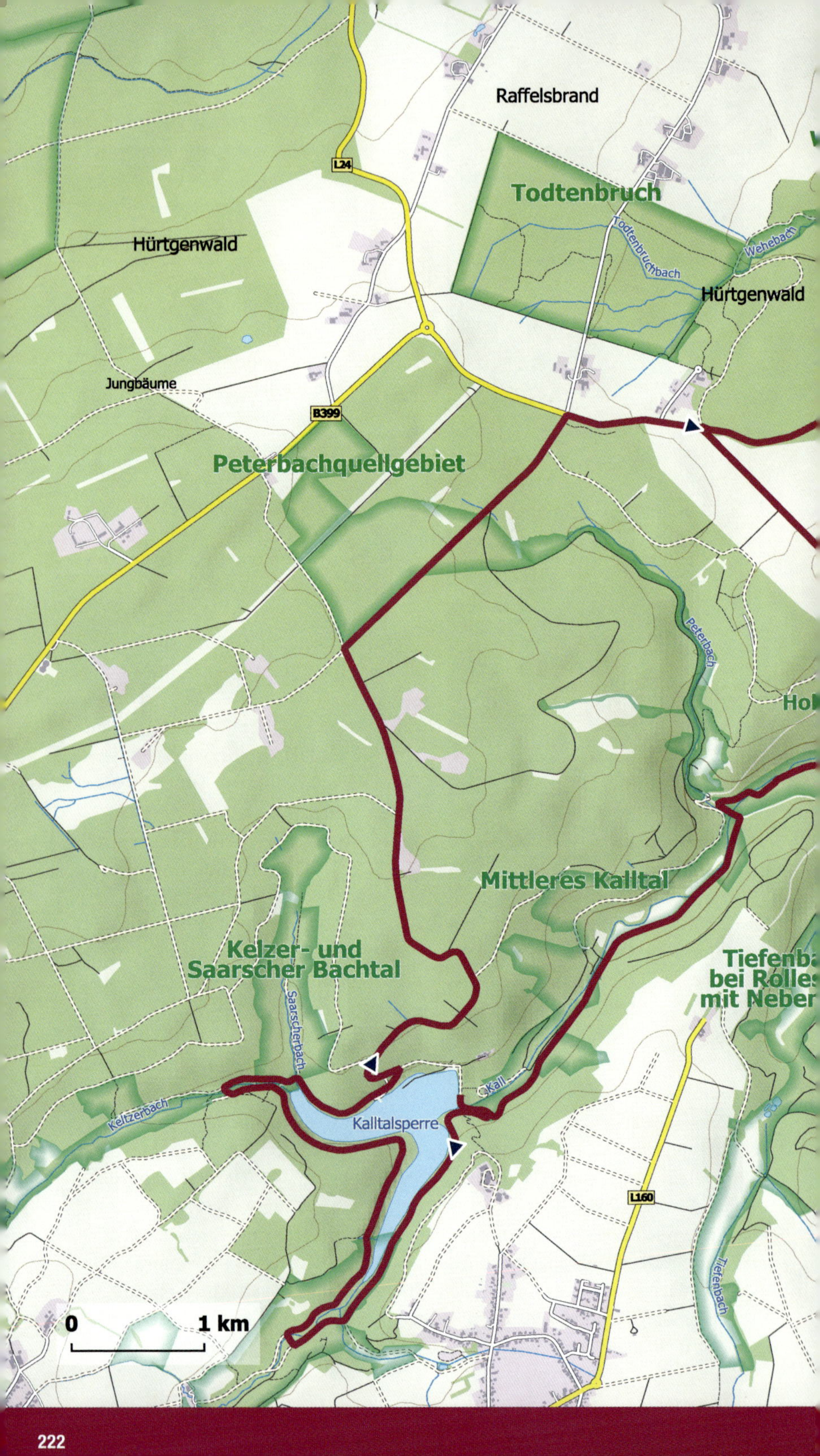
Raffelsbrand
L24
Todtenbruch
Todtenbruchbach
Wehebach
Hürtgenwald
Hürtgenwald
Jungbäume
B399
Peterbachquellgebiet
Peterbach
Mittleres Kalltal
Kelzer- und Saarscher Bachtal
Saarscherbach
Keltzerbach
Kall
Kalltalsperre
L160
Tiefenbach
0
1 km

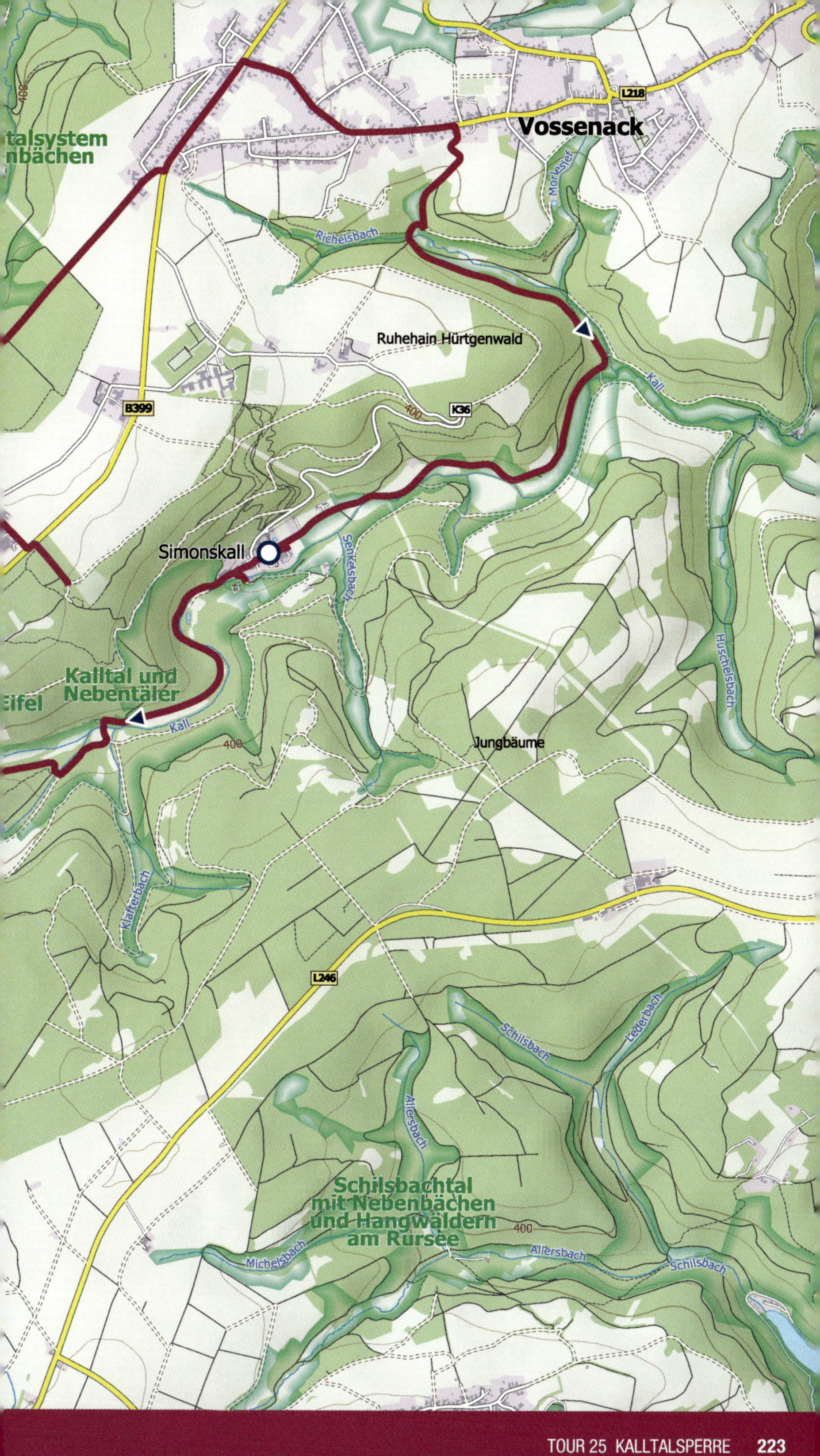
talsystem
nbächen
Vossenack
L218
Morlesief
Richelsbach
Ruhehain Hürtgenwald
B399
K36
400
Kall
Simonskall
Senkelsbach
Kalltal und
Nebentäler
Eifel
Kall
400
Huschelsbach
Jungbäume
Klafterbach
L246
Schilsbach
Lederbach
Allersbach
Schilsbachtal
mit Nebenbächen
und Hangwäldern
am Rursee
400
Michelsbach
Allersbach
Schilsbach

Die 34 Meter hohe Kalltalsperre.

*Einen ganzen Tag baden und genießen*

# 26 RURSTAUSEE

*Start/Ziel*

## PARKPLATZ RURBERG

*Rundtour*

*29,7 Kilometer*

*215 Höhenmeter*

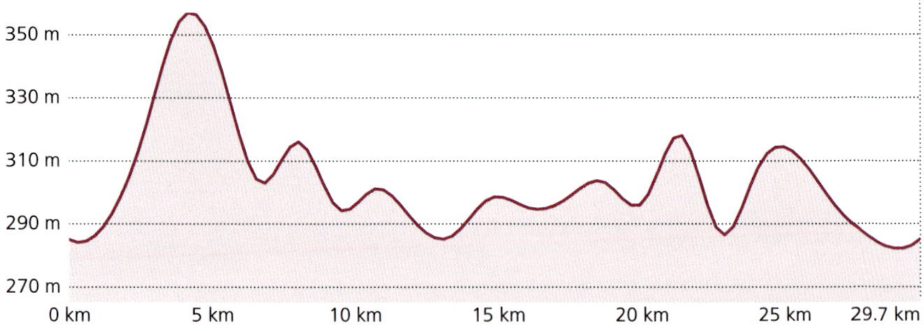

Sanfte Morgenstunden am Rurstausee.

**Die Tour führt ab Rurberg einmal um den wunderschönen Rurstausee, überquert die Staumauer und bietet neben schönen Einkehrpunkten auch tolle Bademöglichkeiten, genau das richtige für heiße Sommertage in der Eifel!**

Tour auf weitgehend wassergebundenen Wegen, teils Asphalt, für Familien mit Anhänger fahrbar, jedoch einige kurze steile Anstiege. Mit mehreren Badestellen gut geeignet für Kinder, Badesachen nicht vergessen! E-Bike-Ladestelle: Touristeninfo Rurberg, 3 Ladeboxen je 2x Schuko.

Vom Parkplatz Rurberg fahren wir bergab und biegen an der Touristeninformation ab auf den Eiserbachdamm, der den zu unserer rechten Seite gelegenen Eiserbachsee vom Rursee trennt. Wir halten uns links Richtung Heimbach und fahren über den Paulushofdamm, der Rursee und Obersee abgrenzt. Auf der anderen Seite rechts liegt die Anlegestelle Rurberg Obersee, von der du mit dem Schiff auf dem Obersee zur Urftstaumauer oder nach Einruhr fahren kannst. Wir halten uns zur Umrundung des Rursees links weiter Richtung Heimbach. Der Weg geht bald in einen schmalen asphaltierten Weg über und führt uns auf den nächsten 2 km etwa 100 Höhenmeter gut fahrbar hinauf, ehe wir an der Weggabelung links dem Radwegweiser Richtung Staudamm Schwammenau-

Schiffsverkehr an der Staumauer Schwammenauel

el folgen. Es lohnt sich, immer wieder einmal auf diesem sehr natürlichen Abschnitt durch die Bäume zum Rursee hinabzuspähen. Moment, Rursee, Rurstausee oder Rurtalsperre – wie heißt er denn jetzt? Eigentlich ist es der Rurstausee, natürlich wird er als Stausee begrenzt durch eine Staumauer, die Rurtalsperre. Und im Volksmund wird er einfach „der Rursee“ genannt. Egal wie du ihn nennst, seine gewundenen Ufer und hübschen Buchten bieten Erholung pur. Das glitzernde Wasser mit seinen kleinen Segelbooten und den grünen Bergrücken der Eifel bietet ein faszinierendes Panorama. Ab und an zieht ein weißes Boot der Rursee-Schifffahrt seine Linien im Wasser zwischen den Anlegestellen des Rursees.

Nach etwa 9 km kommen wir über den Parkplatz Büdenbach und überqueren die Staumauer Schwammenauel. Sie bildet den Abschluss des Rursees, der mit den Vorsperren Obersee und Eiserbach 203,2 Mio. $m^3$ Stauvolumen besitzt und damit der zweitgrößte Stausee Deutschlands ist! Ist dir eigentlich schon aufgefallen, dass die Rur ohne „h“ geschrieben wird, anders als die Ruhr im Ruhrgebiet? Ursprünglich wurde auch die Eifel-Rur mit „h“ geschrieben, doch zur Unterscheidung wird es seit etwa 1900 weggelassen. Im Laufe der Zeit wurden Ortsnamen angepasst, aber Einruhr am Obersee ist nach wie vor ein unverändertes Relikt dieser Zeit.

Kurz nachdem wir die Staumauer überquert haben, biegen wir links

# Highlights
am Wegesrand

**77,4 m**
Das ist die Höhe der 1934–1938 erbauten Talsperre Schwammenauel, die 1939 in Betrieb genommen wurde. Wenn du über die Krone fährst, legst du 480 m zurück. Beim katastrophalen Hochwasser 2021 konnten die Wassermassen nicht mehr gesteuert abgegeben werden und liefen über den Überlauf der Staumauer ab.

**Glasklar**
Das Wasser des Rursees hat an allen Badestellen eine hervorragende Qualität und im Sommer eine angenehme Badetemperatur. Hier an der Badestelle der Woffelsbacher Bucht kannst du auch Kanus ausleihen und den See ausgiebig erkunden!

**Km 23**
Das Café am Ferienhof ist für mich Erholung pur und überrascht dich, sobald du ums Eck den Fachwerk-Innenhof betrittst. Egal ob Cappuccino, Kuchen oder Deftiges, ich wäre am liebsten immer geblieben. Geht auch, denn der Hof vermietet gemütliche Ferienhäuschen. Teil der Wochenendtour zum Rursee!

ab Richtung Rurberg. Etwas oberhalb liegt hier die Terrasse des Hotels Restaurant Seehof, an dem es sich lohnt, eine Pause einzulegen (Selbstbedienung Apr.–Okt. Di–So 12–18, Nov.–März Sa–So 12–18, à la carte Di–So 18–21 Uhr, Schwammenauel Seehof 10, 52396 Heimbach). Wenn du Lust hast, kannst du vom Anleger Schwammenauel (Ablegezeiten Sa–So stündl. 11–16, Mo–Fr 11, 13 u. 15 Uhr), dem Heimathafen des 37 m langen Flaggschiffs Stella Maris der Rursee-Schiffahrt, ein Stück weiterfahren. Du kannst von hier sowohl unseren Etappenort Woffelsbach als auch Start und Ziel der Tour in Rurberg anfahren und so die Tagestour um 13 oder 18 km verkürzen. Wir folgen dem Weg weiter um den Rursee, dessen Streckenprofil sich auf dieser Seite deutlich flacher zeigt. Nur ab und zu gibt es auf dem meist nicht asphaltierten, aber guten Weg kurze knackige Stei-

Ein Yachthafen in Vorbereitung auf den Winter am Ufer von Woffelsbach.

gungen, die aber durch schöne Abfahrten wieder belohnt werden. Wir sind halt in der Eifel, ganz ohne Höhenmeter geht's hier nicht. Wir erreichen bergauf eine Anhöhe, hier können wir einen Abstecher 300 m hinunter zum Strandbad Beach Club Eifel (Mo–Di 12–20, Mi–Do 11–21, Fr, So 11–22, Sa 11–23 Uhr, Eschaueler Weg 99, 52385 Nideggen) machen und am Badestrand Eschauel schwimmen gehen (DLRG-überwacht in den Sommerferien von NRW und an Wochenenden). Auch hier gibt es wieder eine Anlegestelle, den Schiffsanleger Schmidt-Eschauel, von dem du mit dem Schiff weiterfahren kannst bis Woffelsbach oder Rurberg. Du willst weiterradeln und bekommst einfach nicht genug von dem tollen Rundweg? Das kann ich verstehen! Wir halten uns geradeaus Richtung Woffelsbach. Nach einer weiteren Steigung erreichen wir eine Abzweigung und halten uns an der Weggabelung links Richtung Woffelsbach. Wir folgen der Route bergab bis zur Bushaltestelle im Ort, hinter der wir links in den Promenadenweg für etwa 500 m entlang Woffelbachs hübschem Rurseeufer abbiegen. Linkerhand liegt die kostenfreie Badestelle der Woffelsbacher Bucht (DLRG-überwacht in den Sommerferien von NRW und an Wochenenden) und ich

kann dir wärmstens empfehlen, hier ins kühle erstklassige Wasser des Rursees zu springen. Treppen führen zum Wasser, Badesteg und -insel laden zum Baden ein. Definitiv meine Lieblingsbadestelle am Rursee! Am Ende des Promenadenwegs, der in eine Einbahnstraße mündet, radeln wir bergauf in die Uferstraße, um rechts der Seestraße zu folgen, bis wir etwa 300 m weiter wieder rechts in die Oberhausener Straße zum Café am Ferienhof abbiegen (Di–Fr 8.30–18, Sa 8.30–19, So 8.30–18 Uhr). Eine Einkehr ist Pflicht, denn hier gibt's den schönsten Innenhof, den besten Kaiserschmarrn und die leckersten Flammkuchen!

Vom Café fahren wir zurück auf die Wendelinusstraße, auf der wir bei der Bushaltestelle abgebogen waren. Wir folgen ihr bis zur Hauptstraße bergauf und orientieren uns an der rot-weißen Radmarkierung Richtung Rurberg. Wir begleiten die Straße Wingertsberg auf dem Fahrradweg und biegen anschließend links bergab Richtung Rurberg ab. In Rurberg biegen wir hinter dem Campingplatz links ab und bleiben auf dem Weg Richtung Heimbach. Bald erreichen wir Rurbergs Uferpromenade, passieren die Anlegestelle Rurberg und nutzen etwas weiter die Seeterrasse am Café Henn (Mo, Fr 8–11, Di–Do, Sa–So 8–15.30 Uhr, Seeufer 1, 52152 Rurberg) oder das Ufercafé (Mo–Fr 9–19, Sa–So 8–19.30 Uhr, Seeufer 8, 52152 Rurberg) für eine abschließende Einkehr. Übrigens, in Rurberg und Woffelsbach findet alljährlich im Juli auch das Volksfest „Rursee in Flammen“ statt, das Feuerwerk kannst du dir sogar vom Schiff aus ansehen. Zum Abschluss fährst du noch einmal links über den Eiserbachdamm und biegst rechts ab zum Naturfreibad am Rurseezentrum. Hier wurde ein Sandstrand mit Flachwasserzone für Kinder angelegt (DLRG-überwacht in den Sommerferien von NRW und an Wochenenden Mai–Aug.). Das Naturfreibad ist ganzjährig kostenfrei zugänglich. Am Badestrand vorbei erreichst du über einen kleinen Weg wieder unseren Startpunkt am Parkplatz Rurberg.

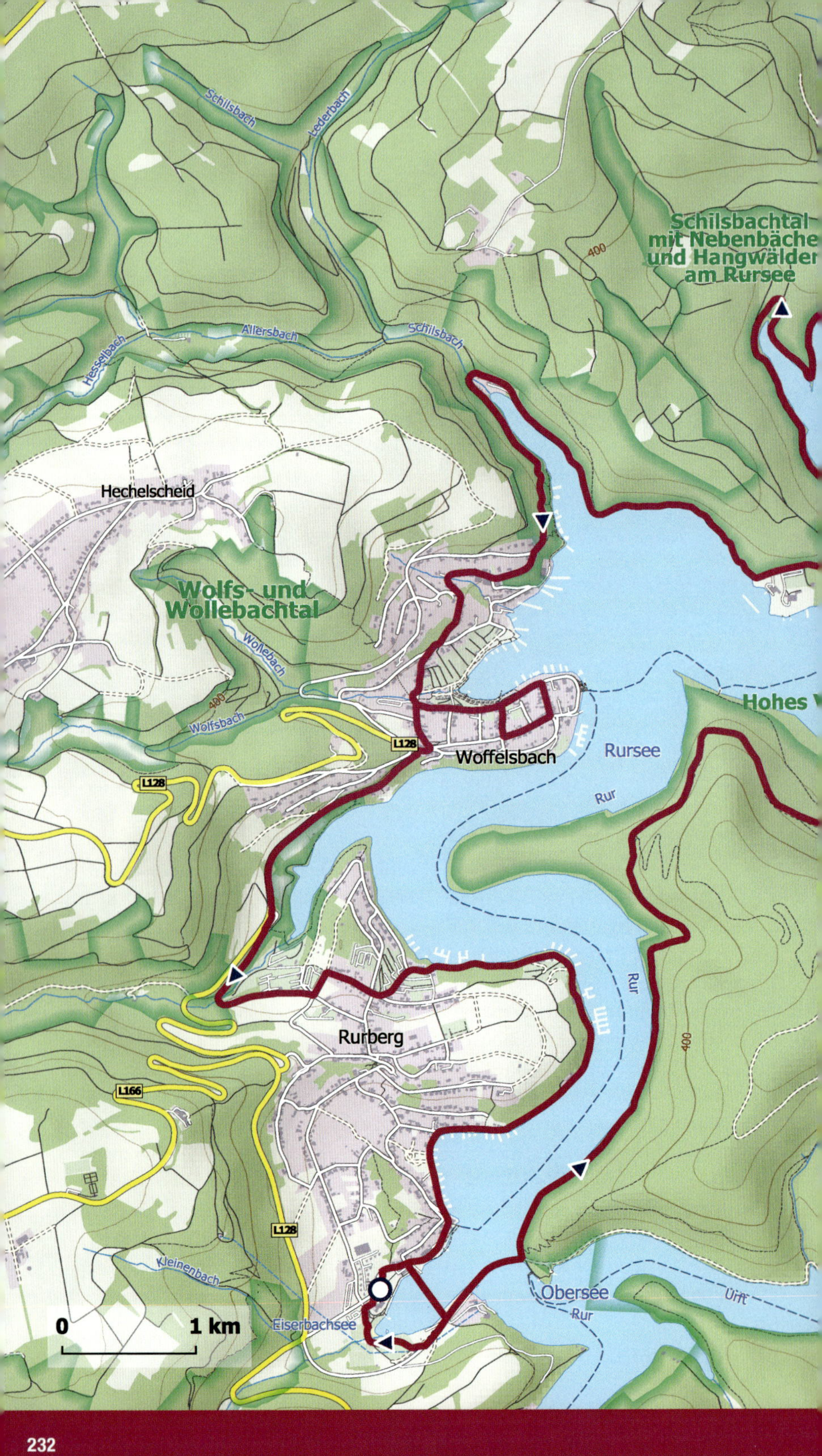
Schilsbach
Lederbach
Schilsbachtal
mit Nebenbäche
und Hangwälder
am Rursee
400
Hesselbach
Allersbach
Schilsbach
Hechelscheid
Wolfs- und
Wollebachtal
Woßebach
400
Wolfsbach
L128
L128
Woffelsbach
Rursee
Hohes
Rur
Rur
Rurberg
400
L166
L128
Kleinenbach
Obersee
Rur
Uft
Eiserbachsee
0
1 km

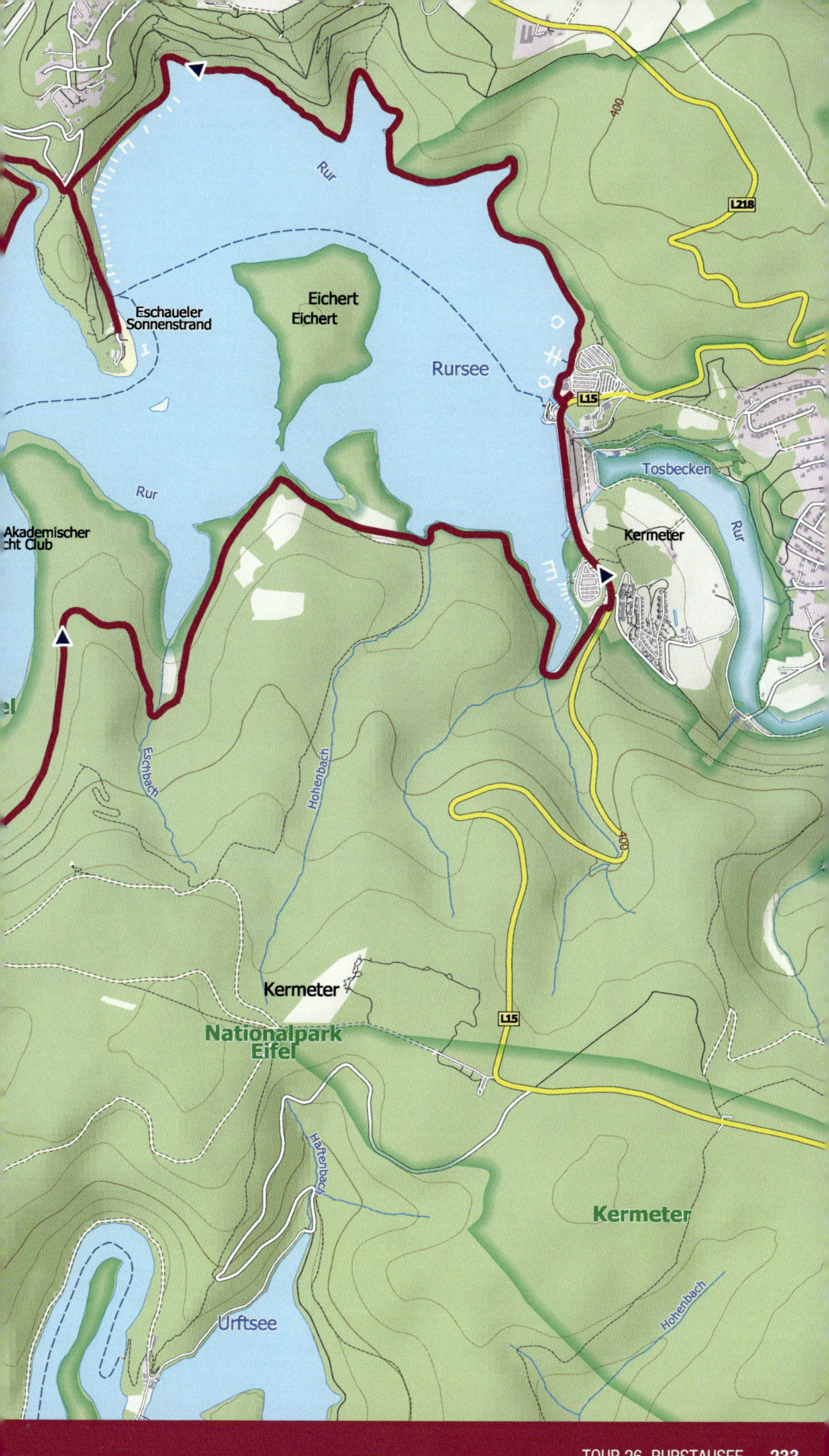
Rur
Eichert
Eichert
Eschaueler
Sonnenstrand
Rursee
L218
400
L15
Tosbecken
Rur
Kermeter
Akademischer
cht Club
Rur
Eschbach
Hohenbach
400
Kermeter
L15
Nationalpark
Eifel
Haftenbach
Kermeter
Hohenbach
Urftsee

*Es geht zum schönsten Schloss in Nordrhein-Westfalen*

# 27 KÖLN

*Start/Ziel*

## BAYENTHAL-GÜRTEL

*Rundtour*

*30,1 Kilometer*

*95 Höhenmeter*

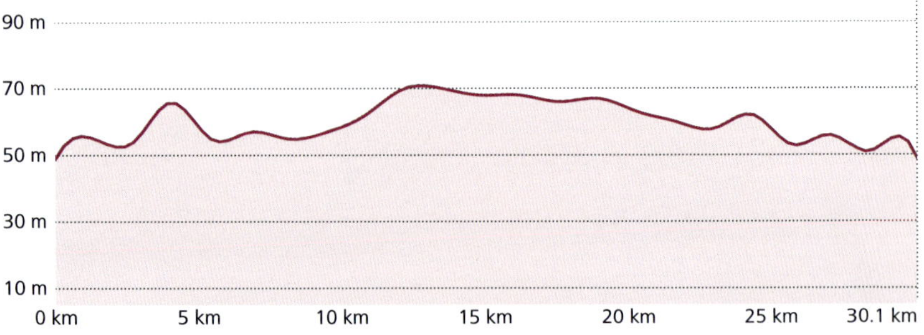

Wir starten und beenden unsere Tour im Kölner Stadtteil Bayenthal.

**Vom Bayenthalgürtel geht's dem Rhein entlang, durch den Grüngürtel über Meschenich nach Brühl zum einzigartigen Schloss Augustusburg. Der Schlosspark mit seinen atemberaubenden Bepflanzungen zählt zu den schönsten Europas. Das Zentrum von Brühl gleich um die Ecke bietet viele Cafés und Restaurants. Dann über Hürth zurück.**

Die Tour führt durch den Grüngürtel und über Radwege zum Ziel.

Die Tour führt vom Bayenthalgürtel zunächst ein kurzes Stück am Rhein entlang und geht später rechts ab Richtung Forst Botanischer Garten. Der Stadtteil Bayenthal ist eher gehoben und gehört zum Bezirk Rodenkirchen. Im 19. Jahrhundert wurden hier unter anderem Dampfmaschinen gebaut. Übrigens ist Köln als Industrie- und Erfinderstadt bekannt, so wurde in Deutz der Otto-Motor erfunden und entwickelt. Zudem gab es in Bayenthal einige Brauereien, die das typische Bier für Köln, das Kölsch, brauten. Zum Brauen des Kölsch gibt es feste Regeln. So darf sich das Bier nur Kölsch nennen, wenn es obergärig und nicht weiter als 10 km vom Zentrum der Stadt entfernt gebraut wurde. Es wird im Gegensatz zum bayerischen Bier in schmalen Gläsern serviert, die unsere Freunde aus Süddeutschland allzu gerne als Reagenzgläser mit Obergärigem bezeichnen. Apropos,

Etwas abseits unserer Route liegt in Marienburg die architektonisch interessante Kirche St. Maria Königin.

auch in Köln begeht man einmal pro Jahr ein Oktoberfest außerhalb der Stadt mit Bottichen voll bayerischem Bier und riesigen Weißwürscht.

Wir befinden uns schon am Anfang des Grüngürtels vorbei an Marienburg. Der teure Stadtteil ist auch als das Beverly Hills von Köln bekannt, da hier viele Prominente zu Hause sind und waren, Tina Turner lebte beispielsweise einige Jahre hier. Auch viele Fußballstars, die stets bemüht sind, für den 1. FC Köln mit einem Tritt oder mehreren das Runde ins Eckige zu schießen, haben sich hier niedergelassen.

Wir radeln weiter durch den Äußeren Grüngürtel. Der gesamte Grüngürtel hat unter Einbeziehung beider Rheinseiten eine Länge von 50 km. Sportanlagen, Restaurants, Radwege und künstlich angelegte Seen reihen sich aneinander. Ungefähr bei Km 4 biegen wir nach links in die Brühler

# Highlights
## am Wegesrand

**Villenkolonie**
Gleich hier fängt der Stadtteil Marienburg an. Eine Villa neben der anderen und ein Mix aus alter und neuer Architektur, genau wie im gesamten Köln. Viele Prominente lebten und leben in diesem Teil der Stadt.

**Reitfreuden**
Rechts der Brühler Landstraße kurz nach Höningen liegt das Gut Konrader Hof. In der Pferdepension wird unter anderem auch Reitunterricht angeboten.

**km 24**
Der Kalscheurer Weiher zählt zu den insgesamt vier künstlich angelegten Gewässern im Grüngürtel. Auch er ist Bestandteil des Naturschutzgebietes. Der direkt am See gelegene Kiosk bietet Snacks und Getränke, um sich vielleicht auch für eine Bootsfahrt zu stärken.

Landstraße/B 51 ab. Am straßenbegleitenden Radweg durch den Stadtteil Rondorf geht es vorbei an kleinen Ortschaften wie Höningen mit sehr dörflichem Charakter. Ringsum befinden sich ehemalige Gutshöfe und Bauernhöfe, die man in den 2000er-Jahren zu Wohnungen mit sehr schönen Innenhöfen, bepflanzt mit Apfelbäumen und blühenden Blumen, umgebaut hat. Wir folgen der Straße nach Meschenich, wo wir die Bundesstraße verlassen, um in einer S-Kurve den Ort zu erkunden.

Weiter nach Süden parallel zur Brühler Landstraße, die in die Kölnstraße übergeht, ereichen wir Brühl und biegen nach zweimaliger Querung der Bahngleise beim Jüdischen Friedhof links ab. Über die Jordanstraße und ihre Verlängerung nach rechts und vor dem Bahnhof von Brühl unter den Gleisen hindurch erreichen wir bei

Schloss Augustusburg, eine der ersten bedeutenden Schöpfungen des Rokoko in Deutschland.

Kilometer 13 das Brühler Wirtshaus am Schloss und Schloss Augustusburg. Die Einkehr heben wir uns für nach dem Schlossbesuch auf. Schloss Augustusburg wurde ursprünglich als Wasserburg und Bollwerk gegen die Stadt Köln im 14. Jahrhundert erbaut. Dieser zum UNESCO-Kulturerbe zählende Prachtbau des Rokoko wurde in der Tat zu einem wahren Meisterwerk umgebaut. Eine Führung ist sehr zu empfehlen, der Prunk der Innenräume ist wirklich betörend. Die Besichtigung ist nur in Zusammenhang mit einer Führung möglich, die im Eintrittspreis enthalten ist. Der riesige Schlosspark, der sich in alle Richtungen hin erstreckt und bis in den Wald reicht, erinnert verblüffend an alte französische Schlossgärten. Das ca. 2 km entfernt gelegene Jagdschloss Falkenlust gehört ebenfalls zum Brühler Schloss und wird gerne mitbesichtigt, zählt die Anlage doch zu den schönsten Europas. Der Schlosspark von Augustusburg und Falkenlust gilt wegen seiner sorgfältigen Rekonstruktion als eines der authentischsten Bei-

spiele barocker französischer Gartenkunst des 18. Jahrhunderts in Europa und als Denkmal der Gartenkunst von internationalem Rang.

Sehr empfehlenswert ist das Brühler Wirtshaus am Schloss neben dem Bahnhof von Brühl, mit einem schönen, großen Biergarten und sehr gutem Essen sowie aufmerksamem Service (Reservierung ratsam). Von simplen warmen Brezen mit Kräuterbutter über Lachsgerichte bis hin zu Riesengarnelen, Steaks, Tapas und typisch rheinischen Spezialitäten kann man sich hier gehobenere Küche zu Gaumen führen. Anschließend wieder vorbei am hinter Bäumen versteckten Max-Ernst-Museum und am Schloss nähern wir uns nicht weit der Altstadt von Brühl mit ihrer Fußgängerzone, die mit etlichen Cafés und Restaurants aufwarten kann. Viele Geschäfte laden zu einem kleinen Stadtbummel ein.

Über „An der Synagoge" und immer weiter nach Norden verlassen wir Brühl und radeln bei Kilometer 19,5 durch Hürth, das mit dem Kölner Radsport eng verbunden ist, wohnen und trainieren hier doch Radprofis wie André Greipel und andere durch die Tour de France bekannt gewordene Radrennfahrer. Köln war Anfang des 20. Jahrhunderts eine Radsportmetropole von internationalem Rang. Bekannt aus jener Zeit ist vor allem der Bahnradsport-Weltmeister Albert Richter. Er lehnte sich gegen das Naziregime auf, indem er sich weigerte, die Hand zum Deutschen Gruß zu erheben und ließ sich unbeirrt von seinem jüdischen Trainer Ernst Berliner betreuen. Albert Richter bezahlte den Widerstand mit seinem Leben. Es ist wichtig, diesen mutigen Menschen in Erinnerung zu behalten. Die Eifelstrecke und die A 44 querend kommen wir zurück in den Grüngürtel. Wo wir auf den Herweg stoßen, biegen wir links ab, um über die Brühler Straße und den Raderberggürtel zurück zum Ausgangspunkt zu gelangen.

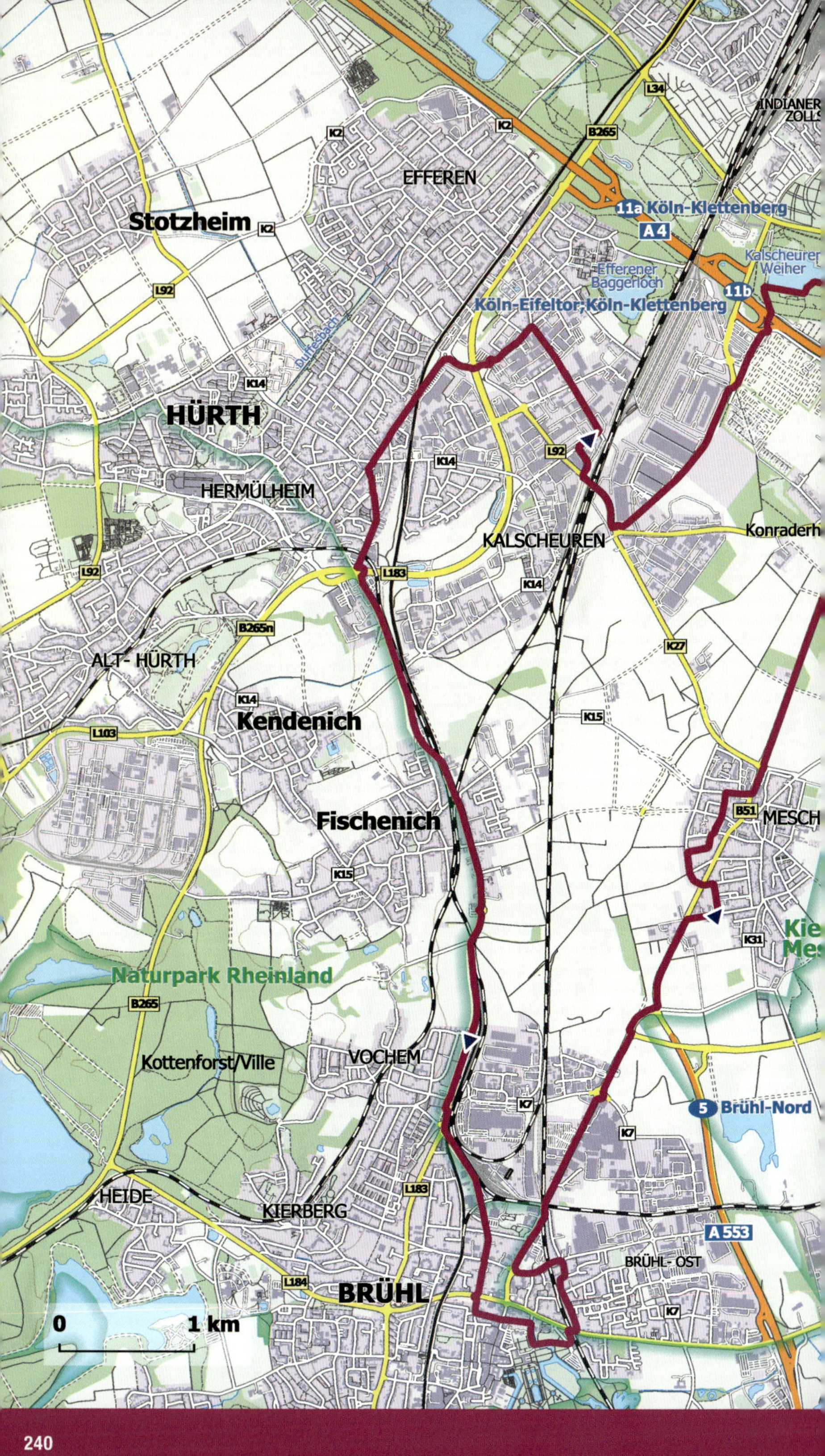

Stotzheim
EFFEREN
INDIANER
ZOLLS
11a Köln-Klettenberg
A 4
Kalscheurer
Weiher
Efferener
Baggerloch
11b
Köln-Eifeltor;Köln-Klettenberg
Duffesbach
HÜRTH
HERMÜLHEIM
KALSCHEUREN
Konraderh
ALT- HÜRTH
Kendenich
Fischenich
MESCH
Naturpark Rheinland
Kottenforst/Ville
VOCHEM
5 Brühl-Nord
HEIDE
KIERBERG
A 553
BRÜHL- OST
BRÜHL
0
1 km
K2
L34
B265
L92
K14
L183
B265n
K27
K15
L103
B51
K31
K7
L184

KÖLN
K12
RADERTHAL
MARIENBURG
L34
B51
B9;B51
L300
A 4
RODENKIRCHEN
1
Verteilerkreis Köln
K26
Wasserwerkswäldchen
4. Wald für Köln
12 Kreuz Köln-Süd
K28
Galgenbergsee
HOCHKIRCHEN
A 555
L92
RONDORF
HAHNWALD
L150
Giesdorf
3 Köln-Rodenkirchen
L300
SÜRTH
Immendorf
K15
L186
Am Godorfer Hafen
GODORF
A 555
L150
4 Köln-Godorf
Hafenbecken II
Hafenbecken I
Rhein
LANGEL
K22
L182
L300

*Durch die Heide zu einer europäischen Einzigartigkeit*

# 28 BILDERBUCH BURG

*Start/Ziel*

## RÖSRATH

*Rundtour*

*28,3 Kilometer*

*200 Höhenmeter*

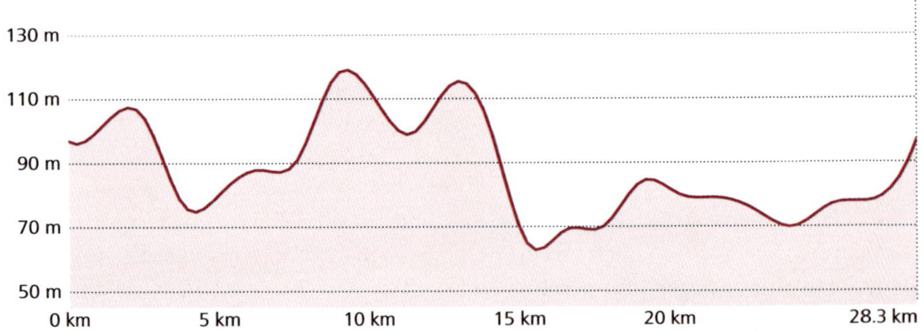

Die Burg Wissem in Troisdorf beherbergt das Bilderbuchmuseum.

**Vom Rösrather Bahnhof geht es nach Süden auf sicheren Radwegen und durch ruhige Ortschaften zur Burg Wissem. Hier kann man das einzige Bilderbuchmuseum Europas besichtigen sowie einen Besuch im Restaurant planen. Der Rückweg führt durch die Wahner Heide zurück zum Bahnhof.**

Eine Mischung aus Radwegen und verkehrsberuhigten Straßen sowie Feld- und Waldwegen mit den üblichen kleinen Unebenheiten

Wir starten unsere Tour in Rösrath, südöstlich von Köln im Rheinisch-Bergischen Kreis gelegen, das bekannt für das Mittelalterschloss Eulenbroich ist. Es diente einst dem Adel und dem Klerus als Residenz, heute werden hier standesamtliche Ehen geschlossen. Zudem gibt es in dieser Stadt einige Baudenkmäler zu sehen, die sämtlich unter Denkmalschutz stehen. Rösrath hat heute knapp 30.000 Einwohner. Im 19. Jahrhundert wurde hier wie in vielen Gebieten der Region Bergbau betrieben. Rösrath hat übrigens starke städtepartnerschaftliche Verbindungen zu Frankreich, weswegen es in Saint-Nom-la-Bretèche die Straßenbezeichnung „Allée de Rösrath“ gibt. Eine Bahnfahrt vom Kölner Hauptbahnhof bis zum Bahnhof Rösrath dauert etwa 20 Minuten. In der Nähe befindet sich ein Park-and-Ride-Parkplatz. Vom Bahnhof aus radeln wir in Richtung

Bekommst du auch schon Fernweh? Es geht am Flughafen Köln Bonn entlang.

Süden und biegen nach 20 Metern in die Hauptstraße ab. Bei ca. Kilometer 1,1 km halten wir uns halb links in die Beienburger Straße und biegen dann links in den Pestalozziweg ab.

Wir durchqueren auf ihm die Wahner Heide nach Westen, bis wir über den Wolfsweg nach links zum Flughafen gelangen. Der ehemalige Truppenübungsplatz entwickelte sich mit seinem rund 100 Hektar großen Gelände zu einem der größten Personen- und Frachtgut-Flughäfen Deutschlands. Die Stadt Köln, das Land Nordrhein-Westfalen, die Bundesrepublik Deutschland, die Stadt Bonn, der Rhein-Sieg-Kreis und der Rheinisch-Bergischer Kreis sind in ihrer Funktion als Gesellschafter an Führung und Entwicklung des Flughafens beteiligt. Der Köln-Bonner Flughafen gehört zu den wenigen, die auch Nachtflüge zulassen dürfen. Es gab in der Vergangenheit daher so manchen Protest der Anwohnerinnen und Anwohner, die erfolgreich waren und zu besseren Ergebnissen im Lärmschutz geführt haben. Wir durchqueren die Wahner Heide nach Süden, den Flughafen zu unserer Rechten. Wo sich der Weg etwas vom Flughafen entfernt, taucht neben uns das Wasserbüffel-Gehege auf. In Altenrath biegen wir beim Kreisverkehr rechts Richtung Troisdorf ab.

Durch die schöne Wahner Heidelandschaft und durch Wald kommen wir zur Burg Wissem in Troisdorf-Mitte. Seit 1982 beherbergt die Burg das einzige Museum für Bilderbuchkunst und Jugendbuchillustration Europas. Die Sammlung gibt einen Überblick über die wichtigsten Strömungen und Stile der Bilderbuchillustration der letzten 100 Jahre, eine Schmökerstube für Kinder lädt zum Verweilen ein. Die Anlage ist ein Zentrum des kulturellen Austauschs für die ganze Region geworden, nachdem es unter anderem um ein

# Highlights
am Wegesrand

**Piepmätze im Park**
Nahe der Burg Wissem liegt der idyllische Vogelpark. Die 21.000 Hektar große Wald- und Parklandschaft grenzt an die Wahner Heide und beherbergt 15 verschiedene Vogelarten.

**Burger für Bürger**
Wer gut amerikanisch oder mexikanisch essen gehen will, ist im Touch Down genau richtig. Die bieten gute Burger, Fritten, Salat und Steaks an. Es wird frisch zubereitet und ist einfach lecker amerikanisch.

**Km 5**
Der Flughafen Köln Bonn steht in Bezug auf seine Größe auf Platz 7 der deutschen Flughäfen. Von hier starten etliche Flüge nach Spanien, auf die Kanaren und die Balearen sowie in die Türkei und auf die griechischen Inseln.

**Wasserliebende Wiederkäuer**
Auf dem Weg sind Wasserbüffel an der Tongrube im Wildgehege anzutreffen, welche für die Erhaltung der Weidelandschaften und der Diversität sehr wichtig sind.

„Portal zur Wahner Heide“, das „Museum für Stadt- und Industriegeschichte Troisdorf“, ein Umwelt-Lernzentrum für Kinder und eine Kreativwerkstatt ergänzt wurde. Ein Restaurant und die Touristeninformation komplettieren das Angebot. Im dazugehörigen Park können, basierend auf Ideen von Hugo Kükelhaus, an vierzehn Stationen die menschlichen Sinne geschärft werden. Hier haben wir die halbe Strecke unserer Tour hinter uns gebracht. Über die Straße am Hirschpark verlassen wir Troisdorf nach Osten und wenden uns nach dem Waldfriedhof nach links. Durch die Wahner Heide geht es nun nach Nordosten Richtung Lohmar.

Unser Weg trifft auf die Agger, der wir für die nächsten 2,5 km folgen, vorbei an Wäldern und Feldern mit einer interessanten Sicht auf die Umgebung. Die 69,5 km lange Agger ist ein Nebenfluss der Sieg, die wiederum ein Nebenfluss des Rheins ist. Der Name Agger ist keltischen Ursprungs und bedeutet „fließendes Wasser“. Bei der ersten Brücke ginge es rechts nach Lohmar hinein. Die Stadt ist ein äußerst begehrter Wohnort nicht weit von Köln

Teich im Lohmarer Wald.

und dennoch ländlich und weitläufig. In und um Lohmar finden sich mehrere Burgen, die meist zu Restaurants und Eventlocations umgebaut worden sind. Erwähnenswert ist das Schloss Auel, in dem schon Napoleon Bonaparte, Zar Nikolaus von Russland und Kaiser Wilhelm II. zu Gast gewesen sein sollen. Die Stadt Lohmar betreibt die Musik- und Kunstschule Lohmar, die deutschlandweit hervorragende Erfolge erzielen konnte und mehrere bekannte Künstler und Projekte hervorbrachte. Durch sie kommen knapp 800 Kinder, Jugendliche und Erwachsene in den Genuss eines qualifizierten Musik- und Kunstunterrichts. Das alle zwei Jahre stattfindende Gitarrenforum sorgt immer wieder für Aufsehen und Anerkennung. Aus der Lohmarer Kulturlandschaft ist die Schule nicht mehr wegzudenken. Zudem gibt es zahlreiche Chöre und Orchester, die teils kirchlich organisiert sind. Man kann also mit Fug und Recht behaupten, dass in ganz Lohmar nicht nur in der Badewanne oder unter der Dusche gesungen wird. Kurz vor der Autobahn A 3 verlässt der Agger-Sülz-Weg die Ag-

ger und folgt nun der Sülz nach links. Wir queren die Autobahn und die Sülz und halten uns weiter nach Norden.

Bevor wir wieder zum Ausgangspunkt zurückkommen, meldet sich vielleicht der Hunger zu Wort. Bei Kilometer 24 erreichen wir an der Sülztalstraße das Restaurant Touch Down, Grill House und American Bar. Es liegt direkt am Weg und bietet leckere Hamburger, Fritten und andere Speisen zu bezahlbaren Preisen. Vielleicht reizt dich ein hausgemachter Hot Fudge Brownie zum Dessert? Auf der anderen Straßenseite gleich nebenan liegt der Krewelshof mit Hofladen, Schau-Käserei und im Sommer einem Maislabyrinth. Nach der Stärkung halten wir uns immer geradeaus und biegen dann rechts zurück auf die Hauptstraße, die wir schon vom Herweg kennen, in Richtung Rösrather Bahnhof. Bevor wir wieder den Zug besteigen, können wir noch einen Blick auf das Schloss Eulenbroich werfen, das auf dem Weg zum Bahnhof liegt und manchen vielleicht aus einer Folge des Tatorts aus Münster bekannt ist.

Mühlenbach
Mühlenbach
Wahner Heide
L284
RÖ
Turmhof
Brand
Flughafen
L489
L84
L99
Wahner Heide
GRENGEL
Sandbach
Förstch
Bieselwald
Flughafen
Köln/Bonn
Militärischer
Teil
WAHNHEIDE
Luftwaffenkaserne
Köln-Wahn
L489
L489
Entenbach
Scheuermühlenteich
Oberer
Scheuerteich
Scheuerbach
LIND
K20
Scheuerbach
Hirzenbachweiher
Standortübungsplatz
Wahner Heide
B8
Lind
Asselbach
Wahner
im Rhein-Si
Grüner
See
SPICH
L269
L269
B8
K20
K29
A 59
0
1 km

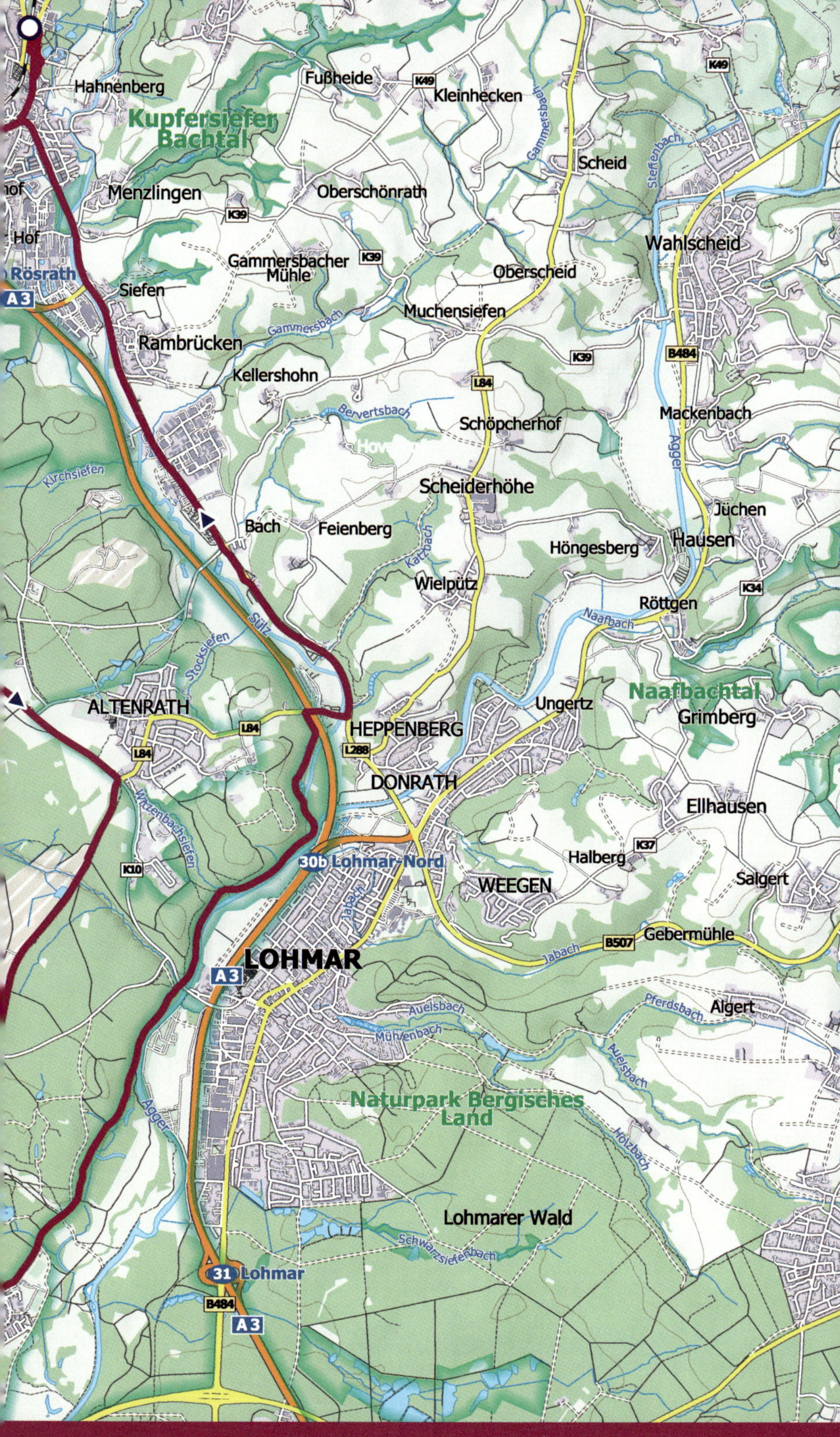
Hahnenberg
Kupfersiefer Bachtal
Fußheide
K49
Kleinhecken
Gammersbach
Scheid
Steffenbach
Menzlingen
Oberschönrath
K39
Hof
Rösrath
A 3
Gammersbacher Mühle
Oberscheid
Wahlscheid
Siefen
Muchensiefen
Rambrücken
Gammersbach
K39
B484
Kellershohn
L84
Bervertsbach
Schöpcherhof
Mackenbach
Agger
Kirchsiefen
Scheiderhöhe
Jüchen
Bach
Feienberg
Katzbach
Höngesberg
Hausen
Wielpütz
K34
Röttgen
Naafbach
Sülz
Stocksiefen
Naafbachtal
Ungertz
Grimberg
ALTENRATH
L84
HEPPENBERG
L288
DONRATH
Ellhausen
Wizzenbachsiefen
K37
Halberg
30b Lohmar-Nord
K10
Jabach
WEEGEN
Salgert
Gebermühle
B507
LOHMAR
A 3
Pferdsbach
Algert
Auelsbach
Mühlenbach
Naturpark Bergisches Land
Holzbach
Agger
Lohmarer Wald
Schwarzsiefenbach
31 Lohmar
B484
A 3

*Auf entspannten Wegen zum sportlichen Event*

# 29 SCHLOSS, KLETTERWALD UND PARK

*Start/Ziel*

## BAHNHOF HENNEF

*Rundtour*

*39,9 Kilometer*

*480 Höhenmeter*

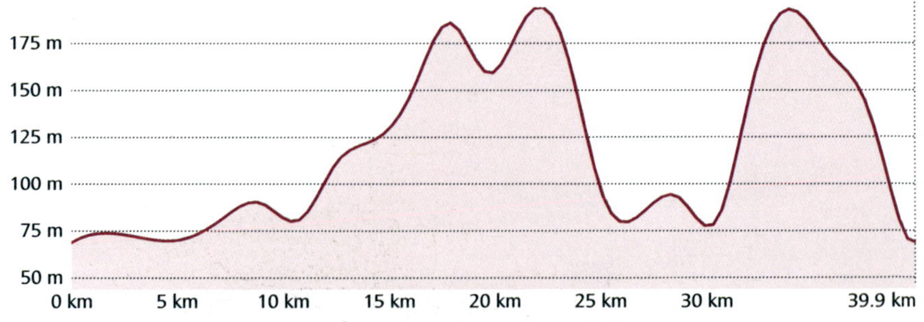

Blick von Blankenberg in das Siegtal bei Hennef.

**Vom Bahnhof Hennef führt die Tour auf schönen Wegen und teils entlang der Sieg zum Schloss Merten und zur Blankenburg. Nach einer Besichtigung gehts über den Kletterwald zurück zum Bahnhof Hennef.**

Eine Mischung aus Radwegen sowie verkehrsberuhigten Straßen und asphaltierten Wegen.

Vom Bahnhof Hennef starten wir auf unsere Rundtour. Das Gelände rund um den Bahnhof ist denkmalgeschützt und im privatem Besitz. Gleich nebenan befinden sich der Busbahnhof sowie ein Parkhaus. Hennef (Sieg) liegt im Rhein-Sieg-Kreis mit fast 100 Ortschaften am Fluss Sieg. Die Zahl der Ortsteile, die teils zu Ortschaften gruppiert sind, liegt noch höher. Daher trägt Hennef auch den Beinamen „Stadt der 100 Dörfer". Das ehemalige Kurtheater in Hennef zeigt besondere Filme und macht Veranstaltungen. Wir starten in östlicher Richtung über die Mittel- auf die Frankfurter Straße und im Kreisverkehr auf die Bröltalstraße in Richtung Lauthausen. Nachdem wir die Bahngleise über- und die A 560 untergequert haben, stoßen wir im Ortsteil Weldergoven auf die Sieg, der wir auf dem Siegtal-Radweg, teils am Fluss, teils uns etwas von ihm entfernend, nach Merten folgen.

Nach ca. 10 km erreichen wir das Schloss Merten. Das ehemalige Kloster Merten in Eitorf wurde im Laufe der Zeit zu diesem

Blühende Japanische Kirsche mit Burg Blankenberg im Hintergrund.

Schloss umgewandelt und 1930 um eine neobarocke Orangerie erweitert. Dort gibt es übrigens ein schönes Café mit leckeren selbstgebackenen Kuchen und Kaffee aus fairem Handel. Bis 1991 wurde das Schloss als Familien- und Erholungsstätte genutzt, dann ging es an die Betreiber des heutigen Altenpflegeheims. Das Schloss kann von außen besichtigt werden. Im erst 2012 angelegten Schlosspark wird eine große Vielfalt an Veranstaltungen wie beispielsweise Musikevents, Kunstausstellungen und Klanginstallationen angeboten. Bis in die 1980er-Jahre war der Ort Merten eine eigenständige Gemeinde. Heute zählt er zu den Stadtteilen von Eitorf. Die Kirche hat man aber im Dorf gelassen, ebenso wie den Kindergarten und den Friedhof. Merten mit seinem dörflichen Charakter verfügt über diverse Chöre und die Elterninitiative „Mertener Schlossgespenster“. Für Pferdeliebhaber*innen ist außerdem das 1960 gegründete große Union-Gestüt Merten noch interessant. Hier werden jährlich wiederkehrende Trecker-Treffen durchgeführt. Für Fahrradtourist*innen lohnt ein Besuch im aus allen Richtungen gut zu erreichenden Merten.

Wir verlassen nun den Siegtal-Radweg, indem wir hinter dem Schloss die Sieg überqueren und uns nach links halten. Es geht über Schiefen nach Eitorf in die Jakobstraße zum Restaurant Zorlu Feine Kost. Nun, nach insgesamt 15,5 km, ist es Zeit für eine Rast oder eine Lunchpause in diesem außergewöhnlichen Laden. Dieser interessante Mix aus Fachhandel, Café und Restaurant ist auf jeden Fall einen Besuch wert. Egal ob zum Einkaufen, zum Kaffeegenießen oder zum Essen, hier werden unsere Gaumen in jeglicher Hinsicht verwöhnt. Oder wir decken uns mit Köstlichkeiten für ein Picknick in einem der Parks ein.

# Highlights
## am Wegesrand

**200 Kräuter**
Im Kräutergarten in der Burg Blankenberg kann man nicht nur zahlreiche Heil- und Küchenkräuter entdecken, sondern auch Skulpturen.

**Altenpflegeheim und Schlossgespenster**
Das Schloss Merten wurde zu einem Altenpflegeheim umgebaut, der Schlosspark ist aber für jeden offen und zugänglich.

**300–500**
Die Stadt Hennef an der Sieg besteht aus mehr als 100 Ortschaften und ist unter anderem bekannt für den Wald Weingardsberg mit 300 bis 500 Jahre alten Bäumen.

**Noch Hunger?**
Wer vor oder nach dem Klettern noch Appetit verspürt, kann ihn im Haus Dürresbach stillen.

Über Josefshöhe und Wassack führt uns die Tour durch schöne Landschaften über Süchterscheid ins 8 km entfernte Blankenberg, einen Ortsteil von Hennef. Blankenberg war von 1245 bis 1805 eine eigenständige Stadt, zu der auch andere Orte in der Umgebung gehörten. Die Bedeutung des Namens Blankenberg liegt darin begründet, dass zur Sieg hin das blanke Gestein des Bergs sichtbar ist. Der gesamte mittelalterliche Ortskern der Stadt ist hervorragendend erhalten und wurde 1987 unter Denkmalschutz gestellt. So können wir uns an den Fachwerkhäusern erfreuen, die meist aus dem 17. und 18. Jahrhundert stammen. Die Ende des 12. Jahrhunderts erstmals erwähnte Burg ist die Ruine einer Höhenburg mit 152 Metern. Nach dem üblichen Besitzerwechsel zwischen Kirche und Fürstentümern ging die Anlage in Privatbesitz über. Die Familie lebt heute in der Vorburg, die natürlich nicht zu besichtigen ist. Die Hauptburg, aus deren Mitte der Bergfried als das höchste Bauwerk hervorragt (aber leider nicht bestiegen werden kann), ist heute im Eigentum der Stadt Hennef. 2006 wurde innerhalb der Burganlage ein Kräutergarten mit mehr als 200 Heil- und Küchenkräutern angelegt. Dazu passend kann man im historisch schön anmutenden

Burg Blankenberg an der Sieg.

Burggelände moderne Skulpturen erblicken. Seit 2000 werden jährlich wechselnde Kunstausstellungen unter dem Titel „Kunst auf der Burg Blankenberg“ veranstaltet. Die gesamte Anlage der Burg steht seit 1985 unter Denkmalschutz. Na dann, schauen wir doch einmal rein, wenn wir Zeit haben.

Nach diesen wunderbaren Eindrücken setzen wir unsere Tour nach Westen auf ruhigen Straßen und vorbei an Feldern und kleinen Ortschaften fort. Das größte Abenteuer kommt ja noch: Wir freuen uns auf den Hochseilgarten! Durch die Dörfer Greuelsiefen und Donorf kommen wir zurück ins Stadtgebiet von Hennef. Nachdem wir die A 560 und den Hanfbach überquert haben, wenden wir uns bei Kilometer 30,5 nach Süden. In einem großen Bogen geht es durch Wippenhohn, am Golfclub Rhein-Sieg e.V. vorbei und durch Söven wieder nach Norden zum Kletterwald Hennef. Diese liegt hinter der Sportschule. Übrigens, hier im Wald Weingartsberg auf Höhe der Sportschule gibt es zwei betagte Stieleichen zu entdecken, die 300 beziehungsweise 500 Jahre alt sind. Für die Schwindelfreien unter uns geht es dann in den Kletterwald. Wer hätte es gedacht – es gibt mehr als

275 Hochseilgärten in Deutschland, 45 davon in Nordrhein-Westfalen mit wachsender Tendenz. Befinden sich die Seile in einer Höhe, die eine Sicherung der Teilnehmer*innen nötig macht, spricht man von einem Hochseilgarten. In Niedrigseilgärten werden die Seile in Absprunghöhe (in der Regel unter einem Meter) angebracht. Sind die Elemente zwischen Bäumen installiert, nennt man dies Waldseilgarten oder Kletterwald. In einigen Fällen werden Seilgärten als Klettergärten bezeichnet. Allerdings kommt es bei Seilgärten weniger auf Klettertechnik an als vielmehr auf Schwindelfreiheit und Überwindung der eigenen Ängste. Im Kletterwald Hennef, in bester Lage zwischen Köln und Bonn, warten Spaß und Abenteuer mitten in der Natur. In den Wipfeln der Bäume warten naturnah installierte Parcours aus Seilen und Hindernissen darauf, von uns erklettert zu werden. Die Ausrüstung mit Helmen und Klettergurten mit marktführenden Sicherungssystemen macht das Klettern zu einem sicheren Vergnügen. Zurück zum Ausgangspunkt geht es über die Bergstraße nach Norden in Richtung Hennef. Vor der Kirche St. Michael biegen wir rechts ab in die Kurhausstraße, nach der Kriegergedächtnisstätte links und dann die zweite rechts zurück zum Bahnhof.

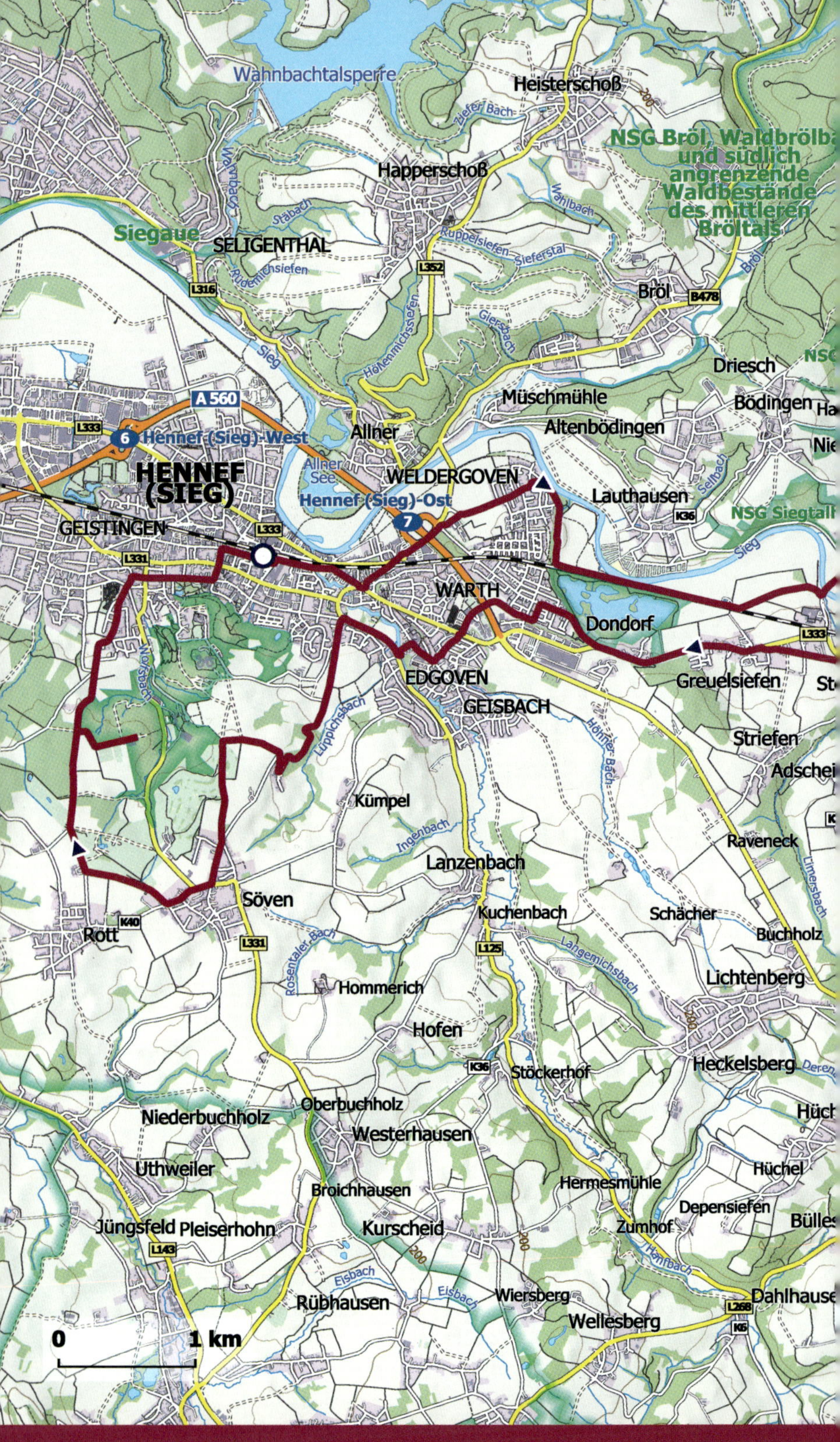
Wahnbachtalsperre
Heisterschoß
NSG Bröl, Waldbrölbach und südlich angrenzende Waldbestände des mittleren Bröltals
Happerschoß
Siegaue
SELIGENTHAL
Bröl
Driesch
Müschmühle
Bödingen
Altenbödingen
A 560
Hennef (Sieg)-West
Allner
HENNEF (SIEG)
Allner See
WELDERGOVEN
Lauthausen
Hennef (Sieg)-Ost
NSG Siegtal
GEISTINGEN
WARTH
Dondorf
EDGOVEN
GEISBACH
Greuelsiefen
Striefen
Kümpel
Raveneck
Lanzenbach
Söven
Kuchenbach
Schächer
Buchholz
Rott
Lichtenberg
Hommerich
Hofen
Stöckerhof
Heckelsberg
Oberbuchholz
Niederbuchholz
Westerhausen
Uthweiler
Hermesmühle
Hüchel
Broichhausen
Depensiefen
Jüngsfeld
Pleiserhohn
Kurscheid
Zumhof
Wiersberg
Rübhausen
Wellesberg
0
1 km

Fußhollen
Bechlingen
Holenfeld
Wilkomsfeld
Plackenhohn
K17
Derenbach
Königsbach
200
Stockum
Honscheid
Marksbach
L86
Mengbach
Dörferbach
Balenbach
Hohn
Bruch
Büsch
Schmelze
Sieg
HOMBACH
L87
LÜTZGENAUEL
HARMONIE
Erlenbach
L333
Bülgenauel
Auel
Mosbach
Schiefen
Merten (Sieg)
Bach
Josefshöhe
Stadt Blankenberg
Attenberg
Naturpark Bergisches Land
Krabach
Wassack
Mittelscheid
Scheidsbach
Ahrenbach
Irlenborn
L86
Süchterscheid
K19
L268
Ravensteiner Bach
K27
Hausen
Fernegierscheid
Ravenstein
Büsch
WESTERWALD
B8
K19
Darscheider Bach
Hülscheid
Uckerath
Kraheck
Lindscheid
Wasserheß
Buchheide
Eichholz
Schellberg
L171

*Vom Rhein ins Ahrtal*

# 30 FLÜSSE UND WEINBERGE

*Start/Ziel*

## BONN HAUPTBAHNHOF

*Rundtour*

*67 Kilometer*

*420 Höhenmeter*

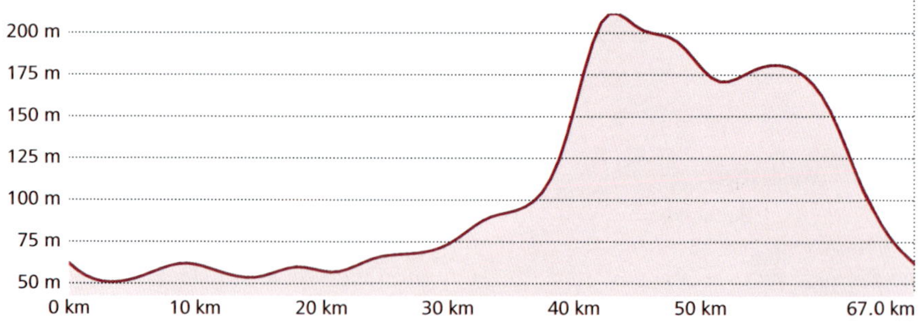

Blick über die einstige Hauptstadt Deutschlands.

**Ahrtal und Rheinromantik erwarten uns auf dieser Tour. Es geht vom Bonner Hauptbahnhof über Bad Neuenahr-Ahrweiler und Meckenheim zurück nach Bonn. Nach der Flutkatastrophe 2021 haben wir es immer noch mit teils zerstörten Häusern und brach liegenden Straßen, die uns aber nicht betreffen, zu tun. Viele Gebiete wurden wieder aufgebaut oder sind noch im Aufbau befindlich. Eine Besichtigung der Weinberge ist sehr zu empfehlen und die Winzer freuen sich über Gäste, die eine Weinprobe oder Weinwanderung buchen.**

Unter anderem am Rhein und der Ahr entlang. Auf Radwegen, davon zu Beginn 23 km am Rheinradweg, und auf verkehrsberuhigten Straßen.

Die Bundesstadt Bonn ist immer noch zweiter Regierungssitz der Bundesrepublik Deutschland. Nach dem Fall der Mauer und dem Regierungswechsel nach Berlin drohte Bonn in sich zusammenzubrechen. Viele Mitarbeiterinnen und Mitarbeiter standen vor der Entscheidung, entweder mit nach Berlin zu gehen oder den Verlust ihres Arbeitsplatzes innerhalb der Regierung in Kauf zu nehmen. Es ist jedoch in Teilen gelungen, Bonn politisch wie geschäftlich wieder auf Vordermann zu bringen. Wir halten uns am südöstlichen Ende des Bahnhofgeländes nach links, fahren zum Rhein und folgen ihm auf dem Rheinradweg nach Süden. Gleich zu Beginn liegt rechts von uns der Stadtgarten, wir passieren das Museum Ernst-

Weinberge im Ahrtal

Moritz-Arndt-Haus und kurz darauf die Villa Hammerschmidt, den Amtssitz des Bundespräsidenten. Bei der nächsten Rheinbrücke breitet sich der Freizeitpark Rheinaue rechts von uns aus. Immer weiter nach Süden erreichen wir den Stadtbezirk Bad Godesfeld. Die folgenden 14 km entlang des Rheins. Wunderschöne Panoramen in das Rheintal begleiten uns. Schloss Drachenburg ragt auf der anderen Flusseite am Berghang auf. Bei Rolandswerth radeln wir unterhalb eines der Wahrzeichen der Rheinromantik vorbei: dem Rolandsbogen, der auf einer Anhöhe oberhalb von uns liegt. Der Fensterbogen ist der verbliebene Rest der seinerzeitigen Burg Rolandseck, die 1122 als Schutzburg für das Frauenkloster auf Nonnenwerth begründet wurde.

Zwischen Remagen-Rolandswerth und Remagen-Kripp säumen 15 Arbeiten renommierter Künstlerinnen und Künstler das Ufer. Dieses Skulpturenufer hat das Arp Museum Bahnhof Rolandseck realisiert, das etwas erhöht am Hang in Rolandseck liegt. Neben dem Kunstmuseum, das Werke von Hans Arp, Sophie Taeuber-Arp sowie zeitgenössischen Künstlerinnen und Künstlern zeigt, ist Rolandseck für seinen

# Highlights
am Wegesrand

**320 km/h**
Vom Hauptbahnhof Bonn startet der ICE-Sprinter nach Berlin. Das ist besonders für viele ehemalige Bonner, die seit dem Regierungswechsel in Berlin arbeiten, sehr bequem, damit sie ihre zweite Heimat besuchen können.

**Km 36**
Hier in dem immer noch sehr schönen Bad Neuenahr-Ahrweiler können wir in den Tälern neue und wiederaufgebaute Häuser sehen sowie in den Weinbergen Wanderungen unternehmen und Weinproben genießen.

**4000 Jahre**
In Meckenheim fand man Belege für die ersten Ansiedlungen aus dem Jahre 4000 v. d. Z. Auch die Römer haben hier etliche Spuren hinterlassen.

Wald- und Wildpark bekannt. Hinter Oberwinter, einem weiteren Ortsteil von Remagen, kommen wir nach Remagen selbst, wo wir den Rheinradweg verlassen. Im Zickzack durchqueren wir die Stadt und halten uns über die Bahngleise am Gewerbepark vorbei und über die B 9 rechts nach Bad Bodendorf. Wir queren die Ahr und folgen ihr nach Westen, sie kurze Stücke zuerst links, dann rechts begleitend, bis Bad Neuenahr, das wunderschön eingebettet zwischen Weinbergen im Ahrtal liegt.

Beim Bahnhof erreichen wir das neue Spielcasino. Es wurde nach dem Zweiten Weltkrieg 1948 als erste deutsche Spielbank eröffnet, noch bevor der Kurbetrieb wieder aufgenommen werden konnte. Am 15. Dezember 1948 warf man anlässlich der Eröffnung des Betriebs die erste goldene Kugel mit der Zahl 10 in das Roulette. Noch heute ist sie die Glückszahl des Casinos. Nach der Flut 2021 war von dem ursprünglichen Gebäude nicht mehr viel übrig und es wurde 2022 vertraglich festgelegt, die Spielbank für die

Das Rheintal bei Oberwinter.

nächsten drei Jahre in den Bahnhof zu verlegen. Wir haben hier genau Halbzeit auf unserer Strecke – es bietet sich eine Einkehr an. Geradeaus weiter auf der Hauptstraße kommen wir am Neuenahrer Brauhaus vorbei, das einen überdachten Biergarten hat und gute regionale deutsche Küche in modernen freundlichen Räumen serviert. Alternativ liegt La Condordia, ein moderner Italiener auch mit Außenplätzen, nicht weit entfernt in Flussnähe, der für die Qualität seines Essens ein gutes Preis-Leistungs-Verhältnis hat.

Funde aus der Zeit von 1000 bis 500 v. d. Z. zeigen, dass Kelten in der Region ansässig waren und Ackerbau und Viehzucht betrieben. Auch aus der Römerzeit gibt es zahlreiche Funde, unter anderem die Villa Rustica am Silberberg, heute im Museum Römervilla zu besichtigen. Das Herrenhaus samt großem Badetrakt ist sehr gut erhalten, wodurch Besucher*innen einen sehr plastischen Einblick der gehobenen römischen Wohnlebensweise erhalten können. Es liegt ca. 3,5 km von unserer Route entfernt. Die heutige Stadt Bad Neuenahr-Ahrweiler entstand in Form einer Neubildung 1969 aus den beiden Städten Ahrweiler und Bad Neuenahr. Ahrweiler besitzt prächtige, aufwändig restaurierte Fachwerkhäuser und eine gut erhaltene mittelalterliche Stadtmauer, die teils durch die Flut 2021 zerstört und derzeit wieder neu aufgebaut wird.

In Bad Neuenahr setzen wir unseren Weg fort nach links auf die Heerstraße und fahren am Kreisverkehr geradeaus auf die Hemmessenerstraße Richtung

Lantershofen. Dann radeln wir nach Ringen und Eckendorf, wo wir das schmale Bachbett der Swift queren, und erreichen ca. 5,8 km weiter Meckenheim, eine Stadt mit äußerst interessanter Geschichte. Im Gebiet in und um Meckenheim wurden Besiedlungsspuren aus der Zeit um 4000 v. Chr. gefunden. Zur Zeit des Römischen Reichs entstand die Eifelwasserleitung, die Trinkwasser aus der Gegend um Nettersheim in die Colonia Claudia Ara Agrippinensium (das heutige Köln) führte und in der Meckenheimer Feldflur auf einer gemauerten Gewölbe- oder Aquäduktbrücke das Tal der Swist überquerte. Die Aquäduktbrücke über die Swist war einst ca. 1.400 m lang und bis zu 10 m hoch. Da sie ab dem 12. Jahrhundert als Steinbruch für Kirchen, Klöster und Burgen genutzt wurde, ist von der Brücke heute nichts mehr zu sehen. Nahe der Verbindungsstraße Meckenheim–Lüftelberg steht heute die Rekonstruktion eines Aquäduktpfeilers. 1787 zerstörte ein folgenschwerer Brand die gesamte Stadt. Nach den üblichen Machtverschiebungen zwischen Fürstentümern und Bistümern wurde Meckenheim wie die anderen Städte des Rheinlands Französisch. Im Zweiten Weltkrieg wurde die Stadt zu 70 % zerstört. Durch die Nähe zur Bundeshauptstadt Bonn stieg die Bevölkerungszahl vor allem in den 1970er- und 1980er-Jahren stark an. Nun ist es an der Zeit, sich wieder auf die Rückfahrt zum Bonner Hauptbahnhof zu machen und die letzten 15 km in Angriff zu nehmen. Wir nehmen die Bonner Straße Richtung Meckenheimer Allee und fahren durch den Kottenforst über Röttgen und durch den Ortsteil Endenich zurück zum Ausgangspunkt.

Apfelmaar
Gielsdorf
Oedekoven
Impekoven
Nettekoven
BONN
Naturschutzgebiet Waldville
Melbtal
Witterschlick
A 565
B56
Buschhoven
Tongrube Witterschlick
Röttgen
Volmershoven
NSG Waldville
Morenhoven
NSG Kiesgrube Flerzheim
Swist
Kottenforst
Flerzheim
Lüftelberg
Pech
Ramershoven
Villiprott
Villip
Naturpark Rheinland
RHEINBACH
A 61
MECKENHEIM
Adendorf
Arzdorf
Wormersdorf
NSG Rheinbacher Wald
Swistbachaue
Ersdorf
Fritzdorf
Gelsdorf
NSG Eifelfuss
Altendorf
Oeverich
RHEINLAND-PFALZ
Todenfeld
Beller
Vettelhoven
Altendorfer und Hilberather Bach
Ringen
Bölingen
A 57
Hilberath
Holzweiler
Berg
Quellgebiet Swistbach
Esch
Lantershofen
Kalenborn
B257
0
2 km
BAD NEUENAHR-AH

A 59
Holtorf
Stieldorf
Freckwinkel
Pleiserhohn
Dornheckensee
Oelinghoven
Uthweiler
Rübhausen
Bockeroth
Vinxel
A 562
Pützstück
Auensee
Stieldorferhohn
Eisbach
Oberpleis
Sand
Hartenberg
Bennerscheid
Bellinghausen
Rhein
Heisterbacherrott
Kellersboseroth
Willmeroth
Thomasberg
Hüscheid
A 3
Ittenbach
Hühnerberg
Quirrenbach
KÖNIGSWINTER
L331
Brüngsberg
Hövel
Steinbruch Lyngsberg
Naturpark Siebengebirge
Ließem
B9
Himberg
BAD HONNEF
Rottbitze
Niederbachem
Rodderberg
Rolandswerth
Oberbachem
Rederscheid
Kürrighoven
Schweifeld
Züllighoven
Breite Heide
Yachthafen Oberwinter
Kaolingrube Oedingen
Rheinbreitbach
Bandorf
Oedingen
WESTERWALD
Unkelbach
Unkel
Naturpark Rhein-Westerwald
Erpel
B42
Ockenfels
Rhein
REMAGEN
LINZ
Kripp
Bad Bodendorf
Rhein-Ahr-Eifel
B266
Mündungsgebiet der Ahr
B266
SINZIG
Leubsdorf
Ahr
Heimersheim

Mit Picknickkorb lässt sich gut Pause machen.

Die Route für unterwegs

# GPS-Daten zum Downloaden

Du planst und navigierst lieber digital? Für das Navigationsgerät deiner Wahl haben wir alle Touren auf unserer Webseite für dich.

**www.kompass.de/gps**

Damit kommst du direkt zum Download-Bereich. Einfach das richtige Produkt auswählen, herunterladen und auf das Zielgerät oder in die gewünschte App importieren.

*KOMPASS Radreiseführer – der perfekte Begleiter.*

Weitere Fahrradführer

# Lust auf eine Fahrrad-Reise bekommen?

Viele der vorgestellten Touren führen teilweise über Fahrradfernwege. Diese führen entlang von Flüssen, der Küste oder rund um Seen. Wenn du jetzt Lust auf mehr bekommen hast, dann ist so eine Tour vermutlich genau das Richtige für dich. Wir haben natürlich genau die richtigen Führer für dich als Begleitung. In unseren Radreiseführern zeigen wir dir neben der Strecke, was es alles entlang des Weges zu entdecken gibt. Egal, ob gemächlich mit dem Flussverlauf oder ambitioniert über die Alpen – es gibt für jedes Level die richtige Route. Natürlich auch für alle, bei denen der Motor etwas mithilft und so mehr Energie für die Aussicht bleibt.

Unser
# Autorenteam

Zwischen der Nordsee und den Bayerischen Alpen besteht ein Radwegenetz mit einer Gesamtlänge von rund 75.000 Kilometern. Keine Frage also, dass eine Präsentation der schönsten Fahrradrouten Deutschlands nur im Teamwork möglich ist. Verlag und Redaktion danken jenen Damen und Herren, die das Rheinland mit dem Fahrrad erkundet und beschrieben haben, sehr herzlich für die gute Zusammenarbeit. Ohne ihr Wissen und ihre Erfahrung wäre die Realisierung des vorliegenden Werkes nicht möglich gewesen!

- Ulrike Katrin Peters
- Thomas Machoczek
- Susanne Münch
- Elisabeth Odendahl
- Bernd Schadowski

# Impressum


1. Auflage 2024 Verlagsnummer 6033 ISBN 978-3-99154-125-7

Titelbild: Bike-Ausflug (© gstockstudio - stock.adobe.com)
Cover Rückseite: Wanderweg am Kanal (© Friedberg - stock.adobe.com)
Projektleitung: Jeff Reding
Grafische Herstellung und Kartenausschnitte: © KOMPASS-Karten GmbH
Kartenausschnitte: © KOMPASS-Karten GmbH unter Verwendung
OpenStreetMap Contributors (www.openstreetmap.org)

**Bildnachweis**: S. 3 © Sayed - stock.adobe.com S. 14 © MCM - stock.adobe.com; S.16, 22, 24, 30, 32, 34, 54, 56, 58, 64, 66, 68, 72, 74, 76, 90, 92, 94, 110, © Thomas Machoczek; S.18 © brudertack69 - stock.adobe.com; S. 26 © Claire Slingerland - stock.adobe.com; S. 38, 40, © Ruhr GrünHachmeister; S. 42, 82, 84, 86, 98, 100, 118, 120, 122 © Ulrike Katrin Peters; S. 46 © Frank Ebert - stock.adobe.com; S. 50, 106, 108, 126, 128, 138 © Susanne Münch; S. 48 © Stephan Sühling - stock.adobe.com; S. 62 © hespasoft - stock.adobe.com; S. 80 © T.O.Milinski - stock.adobe.com; S. 102 © Frank Hohnen; S. 114 © mitifoto - stock.adobe.com; S.116 © PETRA LENSSEN | PHOTOGRAPHY; S. 130 © shokokoart - stock.adobe.com; S. 134 © Sina Ettmer - stock.adobe.com; S. 136 © Tomas Riehle; S. 142, 144, 146, 176, 178, 180, 184, 186, 188, 192, 194, 196, 200, 202, 204, 208, 210, 212, 216, 218, 220, 226, 228 © Bernd Schadowski; S. 150 © akel150 - stock.adobe.com; S. 152 © Vladimirs - stock.adobe.com; S. 154 © Markus Quabach - stock.adobe.com; S. 156 © Omm-on-tour - stock.adobe.com; S. 160 © hanseat - stock.adobe.com; S. 162 © Adrian v. Allenstein - stock.adobe.com; S. 164 © Raphael Koch - stock.adobe.com; S. 168 © sborisov - stock.adobe.com; S. 170 © Matthias - stock.adobe.com; S. 172 © lunaundmo - stock.adobe.com; S.224 © Danny - stock.adobe.com; S. 230 © georg_weber - stock.adobe.com; S. 234 © Martin - stock.adobe.com; S. 236 © E. Schittenhelm - stock.adobe.com; S. 238 © Tom Bayer - stock.adobe.com; S. 242 © Klaus Büth - stock.adobe.com; S. 244 © mpix-foto - stock.adobe.com; S. 246 © armin_eckstein - stock.adobe.com; S. 250 © hespasoft - stock.adobe.com; S. 252 © Falko Göthel - stock.adobe.com; S. 254 © Uwe - stock.adobe.com; S. 258 © travelview - stock.adobe.com; S. 260 © julia_sergeeva - stock.adobe.com; S. 262 © Alice_D - stock.adobe.com; S.266 © Nailia Schwarz - stock.adobe.com; S. 270 © Alina Isakovich - Fotolia



**KOMPASS-Karten GmbH**
Karl-Kapferer-Straße 5, A-6020 Innsbruck
www.kompass.de/service/kontakt

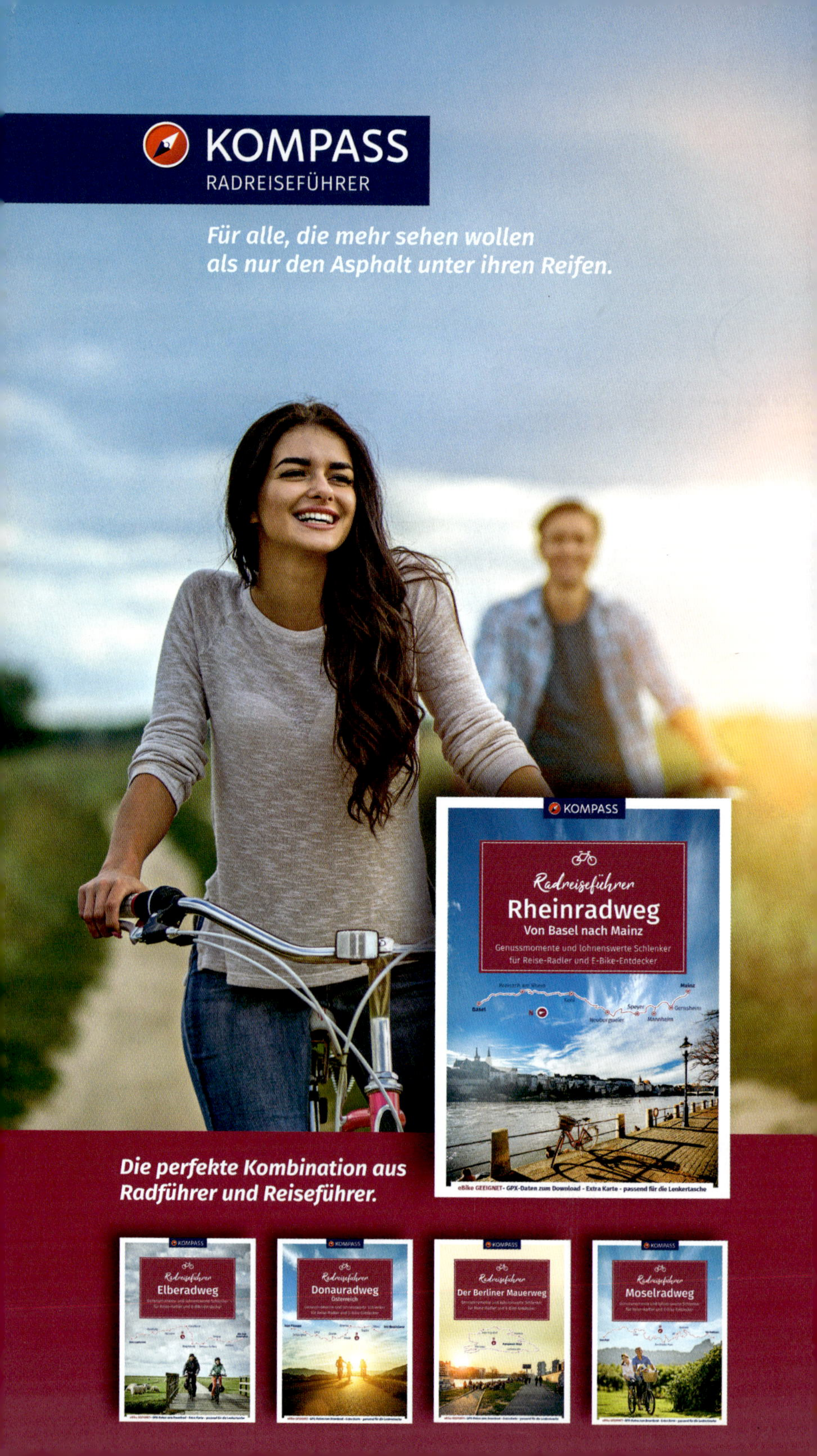
KOMPASS
RADREISEFÜHRER
Für alle, die mehr sehen wollen
als nur den Asphalt unter ihren Reifen.
KOMPASS
Radreiseführer
Rheinradweg
Von Basel nach Mainz
Genussmomente und lohnenswerte Schlenker
für Reise-Radler und E-Bike-Entdecker
eBike GEEIGNET · GPX-Daten zum Download · Extra Karte · passend für die Lenkertasche
Die perfekte Kombination aus
Radführer und Reiseführer.
Elberadweg
Donauradweg
Österreich
Der Berliner Mauerweg
Moselradweg